HOW COACHING WORKS

THE ESSENTIAL GUIDE TO THE HISTORY AND PRACTICE OF EFFECTIVE COACHING

コーチングの
すべて

その成り立ち・流派・理論から実践の指針まで

国際コーチング連盟（ICC）共同設立者
ジョセフ・オコナー ｜ アンドレア・ラゲス 著
Joseph O'Connor & Andrea Lages

株式会社グレディス代表取締役社長
杉井要一郎 訳
Yoichiro Sugii

英治出版

HOW COACHING WORKS
THE ESSENTIAL GUIDE TO THE HISTORY AND PRACTICE OF EFFECTIVE COACHING

by

Joseph O'Connor & Andrea Lages

Copyright © Joseph O'Connor & Andrea Lages 2007
Japanese translation rights arranged with
A&C Black, an imprint of Bloomsbury Publishing Plc
through Japan UNI Agency, Inc., Tokyo

訳者まえがき

　コーチングとは、こういうことだったのか。──5年前、本書の原書である *How Coaching Works: The Essential Guide to the History and Practice of Effective Coaching* を読み終えた時にこう感じたことを、今でもよく覚えています。

　当時、日本でもコーチングという言葉が定着し始めた頃で、私もまだ手探りの状態でコーチングを実践していました。そんな中、コーチングの誕生から発展までの経緯や、主要アプローチについての解説、コーチングがもたらす効果などについて包括的に語られている本書を読み、はじめて「コーチングの全体観」を掴むことができました。

　私は2004年から個人事業としてエグゼクティブ・コーチングを始め、2011年からオコナー氏が立ち上げたICC（国際コーチング連盟）の認定トレーナーとして、企業経営者やマネジャーの方々にコーチングを行っています。本書の訳者として、オコナー氏のパートナーとして、そして本書の1人の愛読者として、この本の魅力を日本の読者の皆さんにお伝えしたいと思います。

コーチングを学びたいすべての人へ
　本書は、「様々な知識を身につけて、もっと自分の幅を広げたい」と考えているコーチングの実践者から、「コーチングとは、一体どういうものなのだろう？」と思っているコーチングの初学者まで、コーチングを学びたいすべての人に向けて書かれた本です。
　『コーチングのすべて』というタイトルに偽りはなく、「コーチングに関する100冊分の知恵が凝縮されている」と言っても過言ではありません。

初学者の方にとっては、コーチングの成り立ちや理論、効果など、これ一冊でコーチングの基礎知識を身につけることができます。また、コーチングの代表的手法がわかりやすく記されているので、自分がどんな手法を使ってコーチングを行いたいかという、実践のイメージを養うこともできるでしょう。

　また実践者の方にとっては、既にご存知の内容もあるかもしれませんが、体系立った解説に触れることで、これまで学んだことを復習でき、さらに頭の中を整理できると思います。また、本書にはコーチングのあらゆる要素が凝縮されているので、いままで学習する機会がなかった理論や手法を体得するきっかけとなるかもしれません。

　私にとってこの本は「教科書」のような存在で、常に手元に置いて、折に触れて読み返しています。コーチングに関する用語や理論、歴史を繰り返し読んで咀嚼することで、それらの知識は自分の血肉となり、やがて自分自身の言葉でクライアントへのコーチングや、コーチのトレーニングができるようになります。

　この「自分自身の言葉で」というのが重要で、本に書かれている内容や誰かから習ったことの受け売りではなく、自分で理解して自分なりの表現を行うことで、コーチとしての力量は増し、ひいてはより一層クライアントの成長に貢献できるようになるのです。

コーチングの大家が示す「全体観」

　コーチングは、1990年頃から米国を中心に世界中で広まった能力開発手法で、日本でも2000年頃から経営者・マネジャー研修の一環として実践されています。同様のアプローチとして知られるカウンセリングが「治療」、コンサルティングが「解決策の提示」を目的にしているのに対して、コーチングはクライアントの目標達成を手助けする「支援」を主眼に置いているため、個人の能力向上の手段として最適だとされています。

　近年急速にコーチングが広まり、様々な関連書が書店店頭に並ぶ中で、本書の特筆すべき点は、「コーチングの大家」として知られる著者が、自身の圧倒的な知見をもとに、「コーチングの全体観」を示していることです。

オコナー氏、アンドレア氏夫妻は、これまで15年以上にわたり世界中でコーチングを行っています。60カ国6000人以上のコーチを輩出したICC（国際コーチング連盟）の共同設立者であり、また2002年に共同設立したランベント社はコーチングの品質に関してトップクラスの評価を得ており、ヨーロッパ・コーチング・メンタリング協会、ICF（国際コーチ連盟）、ICCから認定された唯一の企業です。

コーチングは、ポジティブ心理学やNLPと作用し合うなど、その手法は多岐にわたり、また流派や呼称、定義も様々なのですが、本書では百戦錬磨のコーチであるオコナー氏とアンドレア氏が、それら幅広い内容をわかりやすく、体系立てて示しています。

本書の構成

本書は3部構成です。第Ⅰ部では、これまであまり語られてこなかったコーチングの「歴史」を紐解きます。コーチの語源から始まり、黎明期を支えた人物、コーチングが広まった時代背景など、一連の流れが網羅されています。

続く第Ⅱ部では、主要6つのアプローチについて、提唱者の理論やケーススタディを用いながら、それぞれのアプローチの「強み」や「違い」をわかりやすく解説します。また最後には、各アプローチに共通する「コーチングの根本原理」に迫ります。

そして第Ⅲ部は、ビジネスシーンや日常生活におけるコーチングの効果を測る手法やツールを紹介し、コーチングの費用対効果について明らかにします。またその他に、近年議論となっている「発達段階」に応じたコーチング、「異文化間」におけるコーチングなどについても述べています。

さらに本書には、ビジネス・コーチングを広めた『はじめのコーチング』著者のジョン・ウィットモア氏、オントロジカルコーチングの基礎を築いたフェルナンド・フローレス氏、コーチング心理学の先駆者として知られるアンソニー・M・グラント氏など、錚々たる面々のコラムも収録されています。こういった方々の貴重な視座を得られるのも、本書の魅力の1つだと言えるでしょう。

コーチングのあるべき姿

　コーチングの本質は、学習や成長、変化を促して「人を助ける」ことにあります。あくまでも「人」が相手なので、コーチは原理原則を抑えながらも、クライアントに適したアプローチを選択する必要があります。

　たとえば、知らず知らずのうちにネガティブな言葉を使うのが癖になっている人、部下とオープンで前向きなコミュニケーションがとれずに悩んでいるマネジャーであれば、「ポジティブ心理学」のアプローチが効果的ではないか。または、威圧的な態度で接して相手を威圧させてしまっている人、ハイコンテクストで思考・会話する癖がついてしまいローコンテクスト文化では相手とうまく意思の疎通ができない経営者であれば、「行動コーチング」が適切ではないだろうか。……というように、その人の環境・状態をもとに本当に適切なアプローチを見出し、それを実践し効果を生み出していくことが、コーチングのあるべき姿なのではないかと私は思います。

　また、今日までどのような流れでコーチングは発展しつづけてきたのか、なぜコーチングは世界中で広まっていったのか、などという歴史的背景を認識した上で取り組むことで、「コーチング」そのものの意義をコーチ自身が深く捉えられるようになると思います。そしてより一層、コーチングという職業に誇りを持つことができるのではないでしょうか。

　最後に、本書の翻訳と出版にあたっては、英治出版の原田英治社長、高野達成さん、山下智也さん、アテナ・ブレインズの福田恭子さん、グレディスの水上由子さんに大変お世話になりました。本書が、1人でも多くの読者の、学習と成長、そして変化の一助となれば、訳者にとって望外の喜びです。

2012年10月

株式会社グレディス 代表取締役社長

杉井 要一郎

HOW COACHING WORKS
THE ESSENTIAL GUIDE TO THE HISTORY AND PRACTICE OF EFFECTIVE COACHING

コーチングのすべて ◆ 目次

訳者まえがき　1
イントロダクション　8

第Ⅰ部　コーチングの歴史

第1章　混沌の縁にあるコーチング　16

第2章　コーチングの歴史　人物編　27

第3章　コーチングの歴史　時代編　41

コラム　能力開発コーチング（ラーシュ・エリック・ウネストール）　63

第Ⅱ部　コーチングのモデル

第4章　インナーゲーム、GROW、コーアクティブ・コーチング　74

コラム　コーチングに関する考察（ジョン・ウィットモア）　96

第5章　インテグラル・コーチング　99

第6章　NLPコーチング　115

コラム　新時代のコーチング（ロバート・ディルツ）　133

第7章　ポジティブ心理学コーチング　139

コラム　臨床心理学からポジティブ心理学へ（キャロル・カウフマン）　157

第8章 行動コーチング 163

第9章 オントロジカル・コーチング 179

  コラム　フェルナンド・フローレスへのインタビュー 197

第10章 インテグレーテッド・モデル 202

第Ⅲ部　コーチングの効果

第11章 コーチングの効果測定 244

  コラム　コーチング心理学を振り返って（アンソニー・M・グラント） 258

第12章 発達コーチング 265

第13章 脱近代主義的コーチング 285

第14章 コーチングの未来 297

  付録　312
  参考文献　322
  原注　327

イントロダクション

● ──── **探求の旅**

　本書は、コーチングの根本原理を探し求めた、私たちの旅の物語です。

　希望を抱いて旅路を踏み出し、その道は見渡す限り遠くまで見え、太陽は輝き、何の問題も感じていませんでした。しかし、どんな旅にも問題は生じるものです。私たちの旅路も、自分たちが考えていたよりも入り組んだものになり、コーチングの根本原理は簡単には見つからず、また見つけたものは期待していたものとは違いました。本書はそうした探求の旅の記録です。

　私たち夫婦はコーチです。自分の職業を愛し、人々が学び、変化し、成長する手助けをすることに喜びを感じ、またコーチングをしながら自分たち自身が学び、変化することを楽しんでいます。

　これまで10年以上にわたって様々な国でコーチングを行ってきました。私たちがコーチングを始めた頃、ビジネス・コーチングとライフ・コーチングはヨーロッパではよく知られていましたが、南米ではほとんど知られていませんでした。妻のアンドレアは、ブラジルでビジネス・コーチとして働いており、名刺の肩書きは「コーチ」。それを見たほとんどの人は、アンドレアがどんな仕事をしているのか尋ねました――多くの人は彼女がサッカーチームに雇われていると思ったのです。

　スポーツ・コーチングはすでに定着したものとなっています。本書の執筆を始めたのはサッカーのワールドカップが開催された年で、私たちは有名なサッカー・コーチの活躍に夢中になりました。チャンスを逃した時、不審な判定があった後などに、テレビカメラは選手の顔だけでなくコーチの顔も映し出し、彼らの感情は世界中に放送され、コーチたちは突然、注目を浴びる存在となったのです。今では、コーチはチーム間、あるいは様々な国の間で移籍し、これ

まで選手にしか得られなかった高額の報酬を得ています。

　時代は変わり、ライフ・コーチングとビジネス・コーチングもこの10年で大きく発展しました。たくさんの人が自分のチャンスを最大限に活かすためにライフ・コーチを雇うようになり、ライフ・コーチを雇っていることは、同情ではなく興味の対象になっています。ライフ・コーチングは心理学者やカウンセラーの活動領域にも進出していますが、多くのライフ・コーチはその分野の資格をほとんど持っていないため、専門家たちが縄張りを徐々に取り戻しつつあります。コーチングが最も成長しているのはビジネス分野です。それは、ビジネスパーソンをコーチするのに心理学者や研究者である必要はなく、資格よりも実務経験が求められるからです。

　コーチングの人気が高まり、テレビもこの流行に乗り遅れまいと、アメリカで有名なライフ・コーチがトーク番組に出ているほどです。以前、ある男性が魅力的な若い女性に声を掛ける方法を、耳に隠したイヤホンで「コーチング」されるテレビ番組を見たことがありますが、これは誤解を与えるだけでコーチングとは言えません。

　今では、誰かを助けたり、アドバイスをしたりするあらゆる人が「コーチ」という肩書きを使っているようですが、10年前なら、彼らはおそらく「コンサルタント」と名乗っていたでしょう。多くの人がコーチを自称していますが、やっていることやそのやり方は大きく異なります。

　それでもコーチングの中心には、核となる概念、基本的なコンセプト、そして方法論が存在しているはずです。コーチとは何か？　コーチは何をするのか？　「コーチング」は職業なのか？　それとも一時的に流行しているビジネスアイデアなのか？　一種の行為なのか、修練法なのか、それとも学問的な分野なのか？　コーチングを定義することは本当にできるのか？　コーチングが変化のための方法論なら、それはどのように働き、どのような変化をもたらすのか？　——これらが、私たちが本書で解き明かそうとしている重要な論点なのです。

　コーチングが大きく発展を遂げた10年間、私たちはトレーニングを積み、

30カ国以上のコーチと対話を重ねてきました。コーチングには「根本原理」と「独特の方法論」があります。またコーチングには、中核的なメンタル・モデルと方法論が一式あり、多くの個人や組織が世界中でそれを用いて活動しています。コーチングは方法論であり、イデオロギーではありません。変化のための方法論であり、学び、成長し、最高の自分になるように人々を（そして、人々を通じて企業を）助けるものです。そして、他の方法と組み合わせて利用できる実用的な手段なのです。

さらに、コーチングは社会に定着するものであり、企業が飛びついてすぐに捨て去るような一時的な流行ではありません。あらゆる面で発展を続ける兆しを見せており、個人や企業が変わるための定評のある手段になりつつあります。

ご存じのようにビジネスは実用本位であり、持続的でなければなりません。コーチングは他の研究分野と連携し、変化するために他の方法論を取り入れることが求められています。また、その効果を示す研究による裏付けを必要とします。コーチングは期待された結果をもたらしているのでしょうか。他の分野に関連し、どのような行為を測定・評価するかについてのコンセンサスがなければ、コーチングのエビデンス（根拠）は断片的で必ずしも信用できないものになってしまうでしょう。本書の目的の1つは、この評価プロセスの助けとなるように、活動範囲の境界を定めることでもあります。

コーチングには多くの種類、名称、学派、アプローチがあります。本書では、最もよく知られた代表的なアプローチを6つ選んで詳述し、それらに共通する原理に目を向けています。そして私たちは、それぞれの関連性を探りました。例えば、インテグラル・コーチは行動的コーチと意見が合いそうだとか、NLPコーチはオントロジカル・コーチの働きに価値を認めるだろうとか、またどのコーチも、自分たちの仕事がインナーゲーム、GROWモデル、ポジティブ心理学とかなり一致していると考えているのではないか、といったことです。私たちは、何がうまくいき、何がうまくいかないのかを明らかにしたいと思ったのです。

本書では、すべてのコーチング学派の思想の最重要ポイントをまとめ、統一感のある、矛盾のない体系を構築しました。旅を始めたばかりの頃は、何を見

出せるのか見当もつかず、とにかく既存の先入観にとらわれないよう心がけました。私たちが定めた唯一の仮説は、すべての主要なアプローチに共通するコーチングの根本原理が存在するということでした。

　この本を書いた理由——それは、私たち自身がこうした本が必要だと考えていたからです。「コーチングとは何ですか？」と尋ねられるたびに、私たちは考えなければなりませんでした。「その質問に答えるには1冊の本が必要です」と私たちはよく言っていましたが、その「1冊の本」が、まさに本書なのです。

　本書にはコーチングに関する多くの概念が含まれていますが、コーチングは目的のための手段であり、目的そのものではありません。コーチングは、人々が幸福で充実した生活を送り、自分の可能性を実現し、最大限の成長を果たす手助けをする手段です。私たちの原動力となっているのは、この充実した生活をクライアントと私たち自身にもたらすことなのです。

　この本は、コーチングを効果的にするモデルや概念について紹介しますが、基本的に「ハウツー本」ではありません。エグゼクティブ・コーチ、ビジネス・コーチ、ライフ・コーチ、スポーツ・コーチなど、すべてのコーチの方が、本書によってコーチングという職業に対する見識を深め、クライアントに良い影響をもたらす存在になるための本です。またコーチになろうとトレーニング中の方であれば、将来就くことになるこの魅力的な職業に対する貴重な視点が得られるでしょう。マネジャー、教師、心理学者、セラピストの方であれば、本書によってご自身の技能と知識が広がると思います。コーチングを初めて学ぶ方にとっては、あきれるほど多種多様なコーチングの名称や資格、種類に驚くかもしれません。本書がこれらすべてに光を当て、その原動力や根本原理を読者の方々に示せればと願っています。

　また本書は、コーチングのエッセンスをまとめたものです。私たちはそれぞれの手法の最も優れた部分を取り入れ、可能な限り完全なモデルを作りました。モデルというものの価値はそれが役に立つかどうかがすべてですが、私たちは30カ国以上のコーチとこのモデルをテストした結果、それがうまく機能することを確認しました。

● ───概要

　本書は3部から構成されています。第Ⅰ部は「コーチングの歴史」。最初の章「混沌の縁にあるコーチング」では、コーチングの現状を考察します。「混沌の縁」と言っても、皆が行きたがらないようなひどい場所だというわけではなく、そこでは絶えず創造が行われています。一方で、「コーチングとは何か」、「コーチングはどうあるべきか」という厳格な定義（過去のしがらみ）にとらわれたり、これがコーチングだと言えば何でもコーチングになる「おとぎの国」の話になってしまう傾向があります。

　そうした現状を踏まえ、多くのコーチングの定義を紹介しながら、コーチングと他の職業の違いを簡単に説明し、またコーチングが発展してきた歴史を概観します。歴史は特定の文脈の中で働く人々によって作られるため、コーチングを育んできた人間と文化という必要条件を取り上げています。起源を知れば、コーチングを深く理解できるでしょう。そうでなければ知識の断片が得られるだけで、コーチングがどこから生まれ、これからどうなっていくのかわからなくなってしまいます。コーチングは、人間性心理学や人間発達心理学、ビジネス手法とも関連性があり、知的で文化的な系譜を持っているのです。

　第Ⅱ部「コーチングのモデル」では、コーチングの主なアプローチを紹介します。インテグラル・コーチング、オントロジカル・コーチング、NLPコーチング、ポジティブ心理学コーチング、インナーゲーム、コーアクティブ・コーチング、GROWモデル、行動コーチングを取り上げます。

　第Ⅱ部の終わりでは、これらの手法に共通する中核部分のモデルを紹介します。これはコーチングの鍵となる要素です。それぞれのアプローチの鍵となる概念が、どのように一致し、重なり合っているか、またどのように本書で提唱するインテグレーテッド・モデルに取り入れられているかがわかるでしょう。これらのアプローチ法は光の原色のようなもので、すべて異なる色ですが、1つに混ざり合うと、スペクトル全体を呈する白色光というまったく別の色になります。

　第Ⅲ部「コーチングの効果」では、様々な観点からコーチングの結果を測定

する方法について紹介し、ビジネス・コーチングとライフ・コーチングの両方の分野でコーチングが機能しているという証拠を挙げていきます。また現在、コーチングの分野で発展している2つの重要な概念を紹介します。

　1つ目は、発達上の側面です。コーチングは発達上の視点を欠いており、どの成人にも同じようなコーチングの手法が適用されています。多くの事例で示されているように、思考が変化し、成熟していくにつれ、成人も一連の発達段階を経験していきます。このことはコーチングにとって何を意味するのでしょうか？　コーチのレベルはクライアントにどう影響するのでしょうか？　コーチがクライアントの発達段階を理解していないとしたら、コーチは役に立つのでしょうか？　コーチとクライアントの発達レベルが不釣り合いな場合には何が起こるのでしょうか？　コーチングはどんな時に相互作用する力を得て、クライアントの心の模様替えを行うのでしょうか？　そしてどんな時に心を変容する力を持ち、クライアントの心の住み替えを完了するのでしょうか？

　2つ目は、脱近代主義的側面です。私たちを特徴づけるものは、言語や文化、他者です。他者とのつながりは目には見えませんが、実際に存在しています。他の文化の中で育った相手をコーチングするにはどのように行えば良いのでしょうか？　それはコーチングにとって何を意味するのでしょうか？

　そして第Ⅲ部の終わりでは、コーチングの未来について仮説を立てていきます。それには将来起こり得る「夢」が1つと、「悪夢」が2つあります。

　私たちは本書の内容をできる限り包括的なものにしたいと考えました。そのため、何人もの書き手とコーチに執筆を依頼し、それぞれの視点からのコーチングに関する短い考察を寄稿していただきました。これら独自の視点や多彩な意見が絶妙なハーモニーを本書に与えています。

　それでは探求の旅を始めましょう。

第Ⅰ部

コーチングの歴史

第1章　混沌の縁にあるコーチング

「現在の姿を見て接しても、人は現在のままだろう。
あるべき姿を見て接すれば、あるべき姿に成長していくだろう」

——ゲーテ

　2004年、私たちはチリのサンティアゴで初めてのコーチング・コースを開きました。受講者のほとんどは、熱心に耳を傾ける経営者たち。ラディソン・ホテルの窓に引かれた白いカーテンから弱い日差しが入り、外には街の背後にそびえるアンデス山脈が、秋の霧に邪魔されながらも、その雄大な姿を垣間見せていました。コース初日の午前の講義で、私たちはコーチングの概要と簡単な歴史を説明しました。
「コーチングとは、馬車を表す古いアングロサクソン語から来ています。今いる場所から、行きたい場所に人を運んでくれるものという意味です」
　すると受講者の一人が手を挙げ、発言を求めました。
「馬車を意味する古いフランス語の〈coche〉も語源になっています」と、フランソワという受講者が発言しました。ジョセフは、イングランドの誇りある歴史のためにこのフランス人に反論したかったのですが、何とか気持ちを抑え、新しい情報に対する感謝の言葉を伝えました。その後、「コーチング」という言葉の語源の調査を進めるにつれて、私たちはさらに興味深いことを発見しました。
　中世の頃、ハンガリーには城塞都市コマーロムの近くにコチ（Kocs）という町がありました。そこは当時の輸送網の重要拠点で、現在のヒースロー空港とも言えるような、活発な貿易中心地です。多くの馬車が中央ヨーロッパを通過する途中でコチに停まり、そのため自然とコチでは馬車が作られるようになり

ました。15世紀には町の車大工が、鉄のバネでできた緩衝装置を付けた、馬に引かせる乗り物を作り始めました。ハンガリー人はその乗り物をコチ・セケール（kocsi szekér）、つまり「コチの馬車」と呼びました。コチ・セケールはすぐにヨーロッパ全土に広まり、これは中央ヨーロッパの旅に飛行機のビジネスクラスを使うようなもので、快適で粋な乗り物でした。やがてこの馬車は、それを作った町の名前で呼ばれるようになり、「コチ」は、短時間で旅をする洗練された高級な移動手段となったのです。

これが「コーチ」という言葉の語源で、ほとんどのヨーロッパ言語によく似た言葉が取り入れられました。ジョセフとフランソワはどちらも正解で、私たちは素晴らしい「例え」を発見したのです。コーチングは人を目的地まで連れて行く手段であるだけでなく、最善の、そして最も洗練された旅の手段でもあるからです。

●───コーチングとは何か？

コーチングの仕組みに目を向ける前に、この質問「コーチングとは何か？」に答えてみましょう。

コーチングは、クライアントを支援するための「コンサルテーション（相談）」の一形態です。支援のコンサルテーションには、そのプロセスの中でクライアントがどの程度の責任を持つかによって、3つの主な形態があります。

① 専門家モデル（クライアントが専門知識に料金を支払い、結果に対する責任は持たない）

例えば、客は建築家に料金を支払い、家の設計や建築のプロジェクト管理という業務を行ってもらいます。建築家は施工業者や室内装飾業者を雇い、すべての作業を行います。そして客はその勘定を支払って家に住みます。

② 医者と患者の医療モデル

ここでは、クライアントが一定の責任を負います。通常この責任とは、処方薬を飲み指示に従うことです。

③　プロセス・コンサルテーション・モデル

　ここでは、クライアントが全面的な責任を負います。プロセス・コンサルテーションとは、「問題のある状況を改善するために、クライアントが自分の内的・外的環境に生じる出来事のプロセスに気づき、それを理解し、それに基づいて行動できるようになる関係を、クライアントとの間に構築すること[★1]」と定義されます。この定義は、関係とプロセスを取り上げており、コーチングの優れた定義になっています。コーチングはプロセス・コンサルテーションの一形態です[★2]。そこでのコーチの主な仕事は、「自分が問題を生み出す過程」をクライアント自身が理解する手助けをすることであり、コーチが問題を解決することではありません。

　コーチングは目的を達成するための手段であり、人々が充実し満足した生活を送ることを手助けするものですが、多くの定義が考えられます。コーチングを包括的にとらえるには、複数の視点を持つ必要があります。コーチングの多くの書籍や学派では、次のような代表的定義に見られるように、おおまかには意見が一致しています。

- コーチングとは、個人の仕事や生活の中での目標達成と能力強化を促進する、認知、感情、行動の持続的変化である[★3]。
- コーチングとは、他者の能力、学習、成長を促進する技術である[★4]。
- コーチングとは、自己を成長させ、より有能な人物となるために必要な手段、知識、機会をその人の身につけさせることである[★5]。
- コーチングとは、個人の潜在能力を解放し、その人自身の能力を最大限に高めることである。コーチングは、その人が学ぶことを支援するものであり、その人を指導するものではない[★6]。
- コーチングとは、人々が生活の中で重要な変化を遂げるための強力な関係である[★7]。
- コーチングは、その人が望む方法で変化することを手助けし、また進みたい方向に進む手助けをする。そして「なりたい自分」になりつつあるレベル、あるいは「自分で可能な限り最高の存在」でいるレベル、そう

したすべての段階でその人を支援するものである。[★8]
- コーチングは学習に関わるものであり、(中略)コーチとクライアントは共に学習する協力関係を結ぶ。[★9]

こうした定義はさらに数多く存在し、正しい方向に目を向けるのを助ける標識となっています。ただ、手がかりを与えてはくれますが、答えを授けてはくれません。こうした定義は何を指し示しているのでしょうか？ これらの定義から何を得ることができるでしょうか？

どれも文脈から切り離されているため抽象的ではありますが、それらは共通の概念とコーチングの基本的な構造を表しています。先ほどの定義には「変化」「不安」「関係」「学習」というコーチングの4つの重要な要素が含まれています。それぞれについて簡単に見ていきましょう。

変化
「変化」は方向性と成長を意味し、より良いものを目指して進んでいきます。これは今の自分が持っているものに満足できないか、より良いものに自分が引き付けられているためです。クライアントは変化を求めている場合と、変化を強いられている場合があります。いずれの場合も、変化に最善の形で対処する必要があります。クライアントは変化にどう対応すればいいかわからないのかもしれませんし、すでに試行錯誤してきたのかもしれません。状況の外的変化に対処するために、クライアントの何を変えればいいのでしょうか？ それは「思考」「感情」「行動」です。

不安
クライアントは「不安」を持っています。不安定な生活、問題、課題、または達成したい目標などについての不安です。生活の中では、現在の思考、感覚、行動の習慣では満足いかない要求が発生します。クライアントは現在自分が望んでいる地点にはおらず、それが彼らを悩ませています。多くのクライアントは、自分がどういう地点にいたいと思っているのか、それほど明確にはわかっていませんが、まだその場所にたどり着いていないことについては非常によく

理解しています。

関係

コーチングはパートナーシップという強力な「関係」を形成します。どのクライアントも唯一の存在であり、コーチはそれに応じた扱いをする必要があります。関係は信頼に基づくものでなければならず、コーチとクライアントが共同で形成する関係の質によって、コーチングがどれだけ成功するかが決まります。

学習

コーチングは、2種類の方法でクライアントが「学習」し、より良い学習者になることを手助けします。1つは、特定の技能や特定の問題の解決方法を学習すること。もう1つは、学び方、つまり「問題を解決する人」になる方法を学ぶことです。

コーチングは、クライアントの問題解決や、意思決定、あるいは目標達成を助けるだけでなく、自律的に学習する能力を育て、個人の成長を促すものです。クライアントが学習者になり、新しい視点で世界を見るようにならない限り、常に、親や教師、上司、コーチといった他人からのアドバイスに頼ることになります。クライアントは、問題の一般化ができるようになる必要があります。目の前にある問題を解決するだけでなく、最初に問題をもたらした自分の思考を批判的に見ることが必要です。本書の後半では、この2つのタイプの学習について詳しく考察していきます。

コーチとクライアント

コーチングは人がいなければ成立しません。「コーチ」と「クライアント」は、コーチングのどの定義にも含まれなければならないものです。コーチングのプロセスは、この両者が協力し合うことで、少しずつ時間を追うごとに形成されていきます。期待の共有は極めて重要です。例えば、「自分が何をすべきか教えてほしい」とクライアントがコーチに要求し、「もしコーチが応じなければここから出て行く」と脅す場合、明らかにコーチングは成り立ちません。同様に、コーチはコーチらしく振る舞うべきですが、クライアントに何をすべきか

図 1.1　コーチングの基本構造

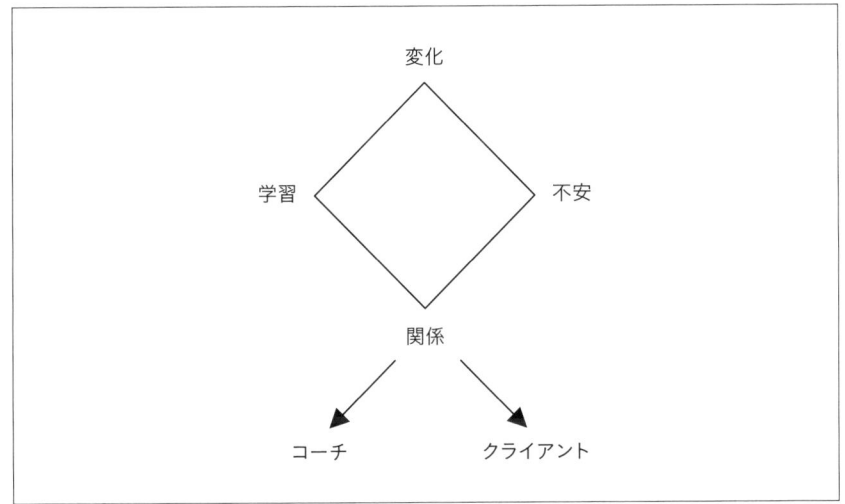

命じたり、解決策を与えたりすべきではありません。コーチはまた、クライアントが望む変化を起こす手助けをするために、裏付けとなる意見と価値観を持つ必要があります。コーチは、クライアントを手助けするための技能と風格に加えて、発達水準に達していることが必要です。

コーチは答えを与えるよりも、質問をします。質問は学びにつながりますが、答えは学びにはつながらないからです。もしかすると、世界初の「コーチ」は、ギリシアの哲学者ソクラテスかもしれません。ソクラテスは、人々と議論するよりも、相手に質問をしました。そして、相手に自分の立場や思い込みを検証させ、それによって自分で自分の思考を変えるように促したのです。

この基本構造は、セラピー、教育、メンタリングなど、人の手助けをする他の多くの仕事に共通するものです。コーチングとこれらの仕事との違いについては、「付録」で説明しています。

コーチングの限界

コーチングは通常、幼い子どもには用いられません。これには当然の理由があります。コーチングは、クライアントが自己の思考を省察し、社会的責任を

負えることを前提としていますが、幼い子どもは成長が十分でないため、これができないからです。

またコーチングは、重大な精神的・身体的健康問題を抱えるクライアントにも向きません。コーチングは、心理療法でもなければ、それに代わるものでもありません。クライアントはコーチに相談する前に、生活や仕事で自分の役割を果たしている必要があります。立派に役割を果たしているとは言えないかもしれませんが、(神経衰弱まではいかなくとも)何らかの不安はあるものです。コーチングが取り扱うのは精神的な成長であり、精神衛生ではありません。

クライアントが身体的に病気である場合は、症状の治療のために医師に診てもらうべきでしょう。コーチングの結果として、クライアントが病気に関する判断を下すことはあるかもしれませんが、コーチングは、身体的な病気に直接対応することを意図したものではありません。コーチは、重大な情緒的・心理的問題を持つクライアントを扱うべきではありません。そうしたクライアントに必要なのは、セラピストです。

専門知識

コーチは、クライアントの活動分野の「専門知識」を持つ必要はありません。クライアントは、自分の活動分野の専門家です。ビジネス・コーチングにおいては、これはコーチが様々な企業で活動できるコンサルタントのようだということを意味しています。コーチが扱うのは、ソフトウェア企業から寝具メーカー、レストランのオーナーから図書館の司書にまで及びます。コーチは、クライアントのビジネスの仕組みを正確に知る必要はありません。コーチは一般的なビジネスの運営方法を知る必要はありますが、クライアントは詳細を知る専門家なのです。

しかし実際には公式・非公式の調査において、会社重役のクライアントは、できれば自分のビジネスか、またはそれに近いビジネスの分野で、自分と同じレベルのマネジメント経験を持つコーチを求めていることが示されています。彼らは資格よりもこうした経験を重視します。そのため、経験豊かなコーチは業界内に自分の適所を見つけることができます。実用主義が成功を後押しすると言えるでしょう。

クライアントのビジネスに関する知識があると、幸運なようにも思えますが、それによってコーチングが難しくなることがあります。コーチがある分野の経験を持っている場合、クライアントの話を聴くのではなく、すぐに使える答えを教えたい誘惑に駆られるかもしれません。この場合、コーチはクライアントを導くのではなく、問題を教えてしまうことになります。例えば、私たちの過去のクライアントの中には、本を書きたいという人もいました。私たちは何冊かの本を書いているので、「では、その本の目的を書き出してみたことはありますか？　出版社が何を求めているか想像してください。読者は何を得るのでしょうか？」といったアドバイスを与えるのは簡単です。これでは専門知識を提案することになります。それはコーチの口から発せられ、問題の概念に向けられてはいますが、クライアントが自分だけの本を、自分が望む特別な書き方で書く助けにはなりません。

　専門知識と経験はコーチにとって障害になりえるのです。コーチは、クライアントの話を聴き、コーチに有効な方法ではなくクライアントにとって役に立つ形でその不安に対応しなければなりません。コーチの解決策は「過去」のものであり、クライアントは「現在」にいるのです。

　クライアントの問題に関わる分野の専門知識を持っているため、コーチが物事に疑問を抱かなくなることがあります。そんなコーチは、問題を理解していると思い込み、知らず知らず自分の経験から「空欄を埋める」ようになるかもしれません。コーチは「初心者の心」を必要とします。不安に関するクライアントの思い込みに立ち向かう必要があります。コーチが同じ思い込みを持っていたら、このようなことはできません。コーチにとって大切な課題となるのは、自分が持っている専門知識を、コーチングに対する障害として用いるのではなく、それをリソースとして活用するということなのです。

● **コーチの信頼性**

　ここで「コーチの信頼性」が問題になります。クライアントは、コーチを尊敬する必要があります。クライアントは、コーチが誠実であり（約束を守り）、かつ頼りにできる（約束したものを与えてくれる）と確信していなければなりません。コーチが一貫してこの２つのことを行えば、クライアントはコーチを信

頼するようになります。Trust（信頼）という言葉は、「支え」を意味する古ノルド語から来たものです。誰かを信頼するとは、その人が自分を支えてくれるとわかっているということです。そして、その人はそれだけの強さを持っていることを示してきたということです。信頼は物ではありません。プロセスであり、関係であり、場面ごとに更新され作り直されるものです。信頼を築くのには時間がかかりますが、一瞬のうちに信頼が失われることもあるかもしれません。単なる「良い関係」なら数分で築けますが、「信頼」にはもっと長い時間が必要です。

　信頼は、2つの要素から作られます。
　第1に、コーチは「誠実」でなければなりません。つまり、その行為と意図が心からのものであり、隠された思惑がないということです。コーチが口に出して「そうです」と言う時は、全身全霊で「そうです」と言っているということです。
　第2に、コーチは「頼りになる」存在となる必要があります。「頼りになる」とは、自分が言ったことを、約束した期間内に、満足できる水準で実行できるという意味です。信頼には、この両方が必要です。頼りにはなるが言行が一致していないという人は、たくさんの約束はしても、実際には本気で言っているのではありません。真剣ではあるが頼りにならないという人は、心から人を助けたいと思っていますが、その能力がありません。例えば、子どもが芝刈り機で芝刈りをしたいと真剣に思っても、芝刈り機を使ったこともなく、そのやり方も知らないという場合、真剣だというだけで芝刈りをさせることは危険でしょう。
　また信頼は、特定の範囲に限定されるものです。例えば、交渉がうまいので商談を安心して任せられる部下が時間を守るという点でも安心できるとは限りません。
　コーチの信頼性は、コーチがクライアントの望む変化のロールモデルであるかどうかによっても左右されます。コーチの在り方そのものが、クライアントに影響を及ぼします。コーチはクライアントと同じ問題を経験している必要はありませんが、同じ体験があれば、自分でやってうまくいったやり方で問題を

図 1.2 コーチの信頼性と誠実性

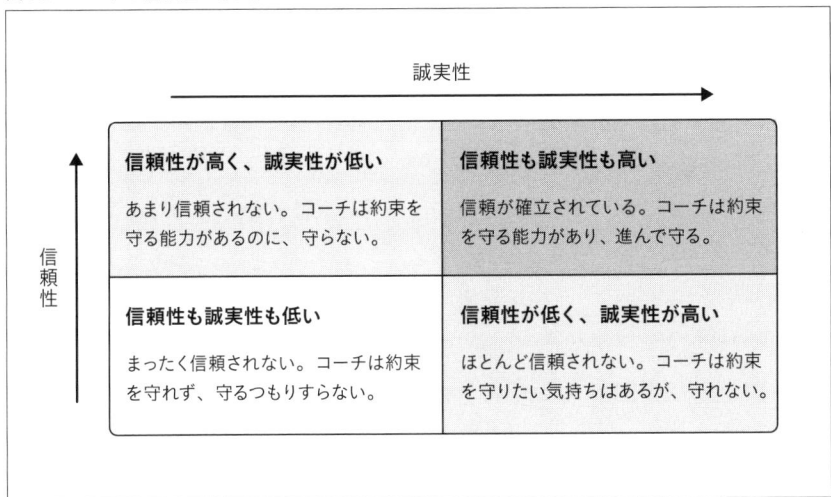

扱うことが必要です。そうすれば、コーチは、クライアントが望む変化を具体化した人となります。実例は最も強い説得力を持ちます。

　実例はクライアントが信頼性を判断する1つの方法です。「自分でやってうまくいかないのに、どうやって私を助けられるの？」というのがクライアントの無言の問いかけです。コーチがいつも優柔不断で物事を決断できないとしたら、クライアントは、コーチがコーチ自身の判断で自分を助けてくれると信じられなくなるでしょう。もしクライアントが相談してきた問題と同じことにコーチが取り組んでいるなら、コーチは、そのクライアントを引き受けずに断る方が賢明で道義的です。

●───コーチングの現状

　本書を執筆している時点で、エグゼクティブ・コーチングは莫大な額を稼ぐ産業となっています。以下に最近の調査をまとめました。[★10]

- ヨーロッパの企業の88％、イギリスの企業の95％が、コーチングを利用している。

- フォーチュン誌が選んだ上位500社の40％がコーチングを利用しており、これらの企業の95％が過去5年でコーチングの利用が増えたと答えている。
- 調査対象となった組織の99％が、コーチングは具体的なメリットを個人と組織にもたらすことができると答えている。
- 同96％は、コーチングは組織的な学習を促進する手段として効果的であると答えている。
- 同92％は、コーチングが効果的に運用されれば、組織の本質的な面にも良い影響を及ぼすと答えている。

世界各地で働いているコーチの数は7万人です。世界中に200を超えるコーチのトレーニング機関があり、その数は毎月増えています。★11

成長し続けているコーチング。ではコーチングはどこから生まれたのでしょうか？　次章ではその歴史を探ります。

第2章　コーチングの歴史　人物編

「世の中は魔法のように不思議なことで一杯だ。
　そしてその不思議な物事たちは、我々がもっと聡明になって
　それを理解できるようになるのをひたすら待ち続けているのだ」
　　　　　　　　　　　　　　　　　——バートランド・ラッセル

●───コーチングの進化

　コーチングは、2人の人間がいて初めて成立します。対話を行い、心理について学び、心を育てる時、そこにはいつも「コーチ」という存在があるのです。ソクラテスもその先達の1人でした。ソクラテスが行った手法、つまり求道者に質問を投げかけ、その求道者が答えを見つけるようサポートするやり方は、現在でも「ソクラテス式問答法」としてその名を残しています。それ以外にも聖職者や哲学者、芸術家や教授、そしてもちろん子どもを持つ親といった様々な人々が時代の流れの中で「コーチ」としての役割を果たしてきました。

　現在、我々が目にするような「コーチング」という活動は、何もないところから突然誕生したのではありません。コーチングは「変化」を対象とした方法論の一形態として、1980年代以降に発展してきたものなのです。「現在」は「過去」をもとに作られます。コーチングをよく理解するためには、その歴史を振り返ることが必要です。動物たちが環境に適応して進化するように、コーチングをはじめとする社会的な動きもまた、環境の中の特定の場所（ニッチ）に適応するように進化していきます。

　本章と次章では、コーチングの歴史のあらましをたどっていきましょう。過去の記録は今日のコーチングの様子を理解する手助けとなるはずです。意外なことにコーチングの起源については活字となったものがほとんど見られないの

ですが、それはコーチングがその過去を振り返って懐かしむにはまだ若すぎるからなのかもしれません。

ただし、コーチングの歴史をたどるための方法はいくつもあります。その1つは、コーチングの創設に貢献した人々を訪ね、その人の見解を聞くことです。彼らにとって、コーチングとは何を意味していたのでしょうか？　かつてコーチングに携わっていた時の、どんなことを覚えているのでしょうか？　彼らは何を考え、どういう目標を達成するべく取り組んでいたのでしょうか？

2番目の方法は、外側からその過程を説明し、おおよその形をとらえることです。コーチングの構造はどのように形作られていったのでしょうか？　コーチングを現在の姿にした要素は何だったのでしょうか？　これは1つ目の個人的な見解のレポートとは異なります。その人が「実際に達成したこと」と「達成したいと思っていたこと」が常に一致するとは限らないからです。

そして最後に、コーチングが育ってきた背景、つまり社会的環境を考察することが挙げられます。社会的な力は何に作用したのでしょうか？　コーチングの発展を促した文化や時代はどのようなものだったのでしょうか？

この3つの視点は、これから私たちがコーチングの発展の様子を理解する手助けとなってくれるでしょう。また今後の方向性の鍵も与えてくれるのではないでしょうか。本章と次章ではこの3つの方法をすべて使って、コーチングを考察していきます。

●───「ミーム」としてのコーチング

文化を形成する情報は1人の心の中から他の人へと伝えられます。進化生物学者のリチャード・ドーキンス[★1]は、「ミーム（meme）」という言葉を作り、この概念を説明しました。例としてわかりやすいのは、「流行」や「音楽」でしょう。つまり、流行や音楽という「アイデア」が伝えられていき、それに従って人々が何かの行動を行うというわけです。人は流行や音楽に触れて気に入ると、それを利用します。そして何か例を挙げて他の人に話し、その流行や音楽を伝えていくのです。

コーチングも一種の「ミーム」でした（もちろん今現在も「ミーム」であり続

けています)。「ミーム」はちょうど生物学でいう「突然変異種」のように広がっていきます。文化的な道徳的慣習や価値観に合えば「ミーム」は増え広がりますが、その時代で奇異に思われるものならば、衰え、やがては消えていってしまいます。適切な環境が与えられた場合には成長できる種子のようなものなのです。また、「ミーム」には移動するための手段も必要です。「変化」をテーマとする方法論のすべてが、コーチングのように他の国々でこれほど広く速く、大きな成功を収めつつ広がってきたわけではないのですから。

●───スポーツにおけるコーチング

「コーチ」という語源の発祥の地が、15世紀のハンガリーの町コチであることは前述しました。20世紀になると、「コーチング」はその中心をスポーツに移します(およそ5世紀の時間が流れていますが、その間も人々は色々な名称のもとで助け合って学び、成長するという営みを続けていました)。「コーチ」はアスリートをサポートする技能に優れた指導者で、一種の「先生」でした。

しかし、テニスやスカッシュには「先生」と呼ばれる存在はいません──そこにいるのはメンター(助言者)とモチベーター(意欲を引き出してくれる人)と精神面でのトレーナー(指導者)を兼ね備えた、「コーチ」でした。チームにもコーチはいました。コーチは皆良い選手ではありましたが、必ずしも最高の選手である必要はありませんでした。これは、トレーニングの技術やモチベーションを引き出す手腕が、運動での高い実績だけによるものではないからです。

●───インナーゲーム

スポーツのコーチは、選手にやるべきことを告げ、その結果を観察し、フィードバックを与え、励ましの言葉と体系的な教育を組み合わせて選手たちがより良くなるように「コーチ」します。1974年になると、1冊の影響力のある本が出版されました。──ティモシー・ガルウェイが書いた『新インナーゲーム[★2]』(日刊スポーツ出版社、2000年)です。この本は、現在私たちが知っている形の「コーチング」が始まる転換点(ティッピングポイント)となりました。

この本のテニスへの取り組み方は革新的なものでした。彼はその後、同様のアプローチをその他の色々な分野に応用しました。それ以来『インナーワーク』

（日刊スポーツ出版社、2003 年）、『インナーゴルフ』（日刊スポーツ出版社、1982 年）、『演奏家のための「こころのレッスン」』（音楽之友社、2005 年）といった本を出しています。

　『新インナーゲーム』の中でガルウェイは、テニスプレーヤーは２人の「敵」と対峙していると論じました。１人はネットの向こう側のコートにいる「外なる敵」です。プレーヤーのやるべきことは相手を打ち負かすことであり、また相手の務めはプレーヤーのベストを引き出すことにあります。もう１人の「内なる敵」、すなわち自分自身はこれよりも油断できず、打ち倒すのがかなり難しい相手です。「内なる敵」はプレーヤーの弱点も問題点もすべて知り尽くしているのですから。

　この「内なる敵」は、「自信喪失」や「心の動揺」といった武器をどっさりと持ち合わせています。またプレーヤーが最高の状態で力を発揮するのを阻止する「心の中の会話」もその武器の内の１つです。「内なる敵」は耳元で囁きます。「どうしよう、対戦相手は調子が良さそうじゃないか。こちらはどうもうまくプレーできていない。負けるかもしれない……」と。また、時には「いいぞ、こっちは絶好調だ。このゲームはもらったも同然だな……」とつぶやくかもしれません。このどちらのつぶやきも、ネットの向こう側から飛んでくるボールを打とうと意識を集中しなければならないまさにその瞬間に、プレーヤーの気持ちを捕まえてしまうのです。

　どんなトップ選手でも、「絶好調の〈ゾーン〉に入っているのをいい調子で喜んでいると、突然その〈ゾーン〉から放り出されてしまう」と話すに違いありません。自分の中の「内なる敵」は、自分の気を散らして邪魔をし、その上、プレーのやり方に口出しするのです。淡々と自分のプレーをさせてはくれません。インナーゲームはプレーヤーの頭の中で行われ、対戦相手となるのは自分自身なのです。

　ガルウェイの本は人間性心理学、仏教思想、スポーツ心理学、そして無意識のプログラミングというアイデアから得た要素をまとめ上げたもので、実際的なアドバイスとシンプルな構造を巧みに融合させています。彼の本には多大な

影響力がありました。そしてこの本が、専門的な職業として誕生したばかりのコーチングが、ためらいがちに踏み出した最初の一歩となったことはほぼ間違いないでしょう。しかしガルウェイはコーチたちのトレーニングを始めることはありませんでした。それは他の人々の目標となったのです。

● エサレンとEST

　ガルウェイは英文学を専攻し、ハーバード大学を卒業しました。ハーバード大学ではテニスチームのキャプテンも務めていました。アメリカ海軍に将校として勤務した後、1970年代にはテニス・コーチの職に就いています。ガルウェイは、エサレン研究所のスポーツセンターにあるジョン・ガーディナー・テニス・ランチで、彼が「ヨガ・テニス」と名付けたスポーツを始めました。カリフォルニア州の太平洋沿岸、サンフランシスコの南側に位置するエサレンはビッグ・サーの壮大な山林風景に囲まれています。エサレンは当時、人間性心理学や学際的分野の研究において最も重要な拠点でした。

　エサレンは昔も今もずっと人間性回復運動（ヒューマン・ポテンシャル・ムーブメント）の精神的な故郷であり続けています。ここは1962年にマイケル・マーフィーとディック・プライスにより設立され、その後まもなく西洋と東洋の哲学を融合した経験的なワークショップの運営で有名になりました。この研究所の教師にはオルダス・ハクスリー、アブラハム・マズロー、カール・ロジャーズ、B・F・スキナーなどが名を連ねています。NLP（神経言語プログラミング）に影響を与えたフリッツ・パールズ、ヴァーニジア・サティア、グレゴリー・ベイトソンの3名も、皆この研究所の教壇に立っていました。またリチャード・ファインマン、モーシェ・フェルデンクライス、ジョセフ・キャンベル、カルロス・カスタネダ、フリッチョフ・カプラ、ディーパク・チョプラ、ボブ・ディランも同じくエサレンで教師を経験しています。

　ではここで、エサレン研究所の目的に関するステートメントを紹介しましょう。

「エサレン研究所の目的は、全人的な意味で調和の取れた人間の成長を推進することにあります。ここは研修を行う組織であり、人間の可能性の飽くなき探

求に熱意を持って取り組んでいます。独断的なドグマ（教義）は、宗教的なものも科学的なものも受け入れません。当研究所では人間個人と社会の変革を促すために、理論や実践、研究、制度の構築に取り組んでいます。そしてこれを受けて、一般の方を対象にしたセミナーや、招待会議、研究プログラム、専門教育（芸術家、研究者、科学者、宗教の指導者などが対象のもの）、ワークスタディ・プログラム、半自主的なプロジェクトなどを後援しています」

　1971年、ワーナー・エアハードはエサレンにESTトレーニングを設立しました。ラテン語で「it is」を意味するESTとは多人数のグループを対象とした、「気づき」のトレーニング・プログラムでした。これは大きな人気を呼び、参加者はおよそ100万人にも上りましたが、1981年まで開催された後、「ザ・フォーラム」がその後を引き継ぐこととなりました。この新しいトレーニングでは、参加者は「1対1」となって互いにコーチングを行いました。その後、「ザ・フォーラム」は、「ザ・ランドマーク・フォーラム」と呼ばれるようになります。ランドマーク・エデュケーションはワーナー・エアハード・アンド・アソシエイツの知的所有権を買い取り、様々な国でトレーニング・セミナーの運営を続けています。フェルナンド・フローレスはESTに関わっており、エアハードとは旧知の仲でした。フローレスのアイデアは、後にジュリオ・オラーラが発展させ、オントロジカル・コーチングの基礎となったのです。

　自己啓発トレーニングに関するワーナー・エアハードのアイデアと手法は、当時とても重要なものでした。彼の言葉の中には「自分の未来は自分の過去ではなく、自分の未来から判断して創りなさい」というものがあります。ティモシー・ガルウェイはエアハードのテニス・コーチでした。エアハードは「コーチング」という用語をESTに紹介したものの、自分自身はコーチのトレーニングに興味を抱きませんでした。ワーナー・エアハードは、コーチングの全歴史を通じて、2番目に大きな影響を及ぼしたと言われています[★3]。コーチング界で、そのエアハード以上の感謝の言葉を受けるに値する唯一の人物が、トマス・レナードです。

●───**トマス・レナード**

　トマス・レナード[*4]はほぼ間違いなく、コーチングという分野の礎を築いた最大の貢献者だと言えます。1980年代初頭、彼はアメリカのランドマーク・エデュケーションで予算部長として働いており、そのトレーニングには十分に精通していました。ランドマークが団体を対象にした業務を行っていたのに対して、レナードの望みは個人を対象にした業務を行うことでした。レナードは専門的な金融アドバイザーでした。

　ある時、個人の方の経営状態の相談に応じていたレナードは、顧客が単なる財務上のアドバイス以上のものを求めていることに気づきました。「財政状況」はまさに「氷山の一角」に過ぎないことが多かったのです。皆、財政状況と同じように自分の人生の問題についても、片を付けたいと思っていたのです。レナードは、1対1でクライアントに協力し、クライアントが自分自身を向上させるためのサポートを始めました。その際に、彼は様々な分野から得た心理学に関する知識を活用しました。そして彼のこの試みの中で、コーチングの方法論が形成され始めたのです。

　1988年に、レナードは「デザイン・ユア・ライフ」というコースで指導を始め、その翌年には「カレッジ・フォー・ライフプランニング」と名付けたコースを設立します。コーチングはライフプランニングから発展しましたが、それは研究に根ざしたものではありませんでした。コーチングは1990年代初頭、トマス・レナードに率いられた、志を同じくする者のグループの創造性から生まれたものなのです。彼らはひたむきにコーチングというテーマに取り組んでいました。

　こうしたグループの中にはローラ・ウィットワースも参加していました。彼女は1988年にトマス・レナードの第1回ライフプランニングセミナーを受講しており、同じようにESTの経理部で働いていました。その他のメンバーとしては、ヘンリー・キムジーハウス、キャサリン・ハウス、フレデリック・ハドソン、シェリル・リチャードソン、サンディ・ヴィラス、ピーター・リーディング、テリー・ルプバーガー、パム・ワイス、キャスリーン・マーカー、パメラ・リシャード、フラン・フィッシャーらの名前があります。ジュリオ・オララは1991年にニューフィールド・ネットワークを開始し、ラファエル・エチェ

ベリアとともにオントロジカル・コーチングに取り組みました。現在、オントロジカル・コーチングはスペインや南米の至るところで展開しています。

　1990年代には、コーチングは主にアメリカで発展していきました。ほとんどが口コミで広がったもので、売り込みによるものはごくわずかでした。トマス・レナードには、アイデアや理論を創り出す才能がありました。極めて分析的で、生み出したアイデアや理論を鮮やかに応用していきました。典型的な創造の天才であるレナードからはアイデアが泉のように湧き出てきましたが、気分転換を求めて姿を消すこともよくありました。レナードはコーチのトレーニングを行うつもりはなかったので、1991年にはライフプランニング研究所の幕を下ろしました。その1年後、ローラ・ウィットワースは、コーチ・トレーニング・インスティテュート（CTI）を開設します。この時、プロフェッショナルのコーチたちのグループが初めて顔を合わせたのです。レナードはコーチ・ユーを1992年に創立し、コーチ・ユーとCTIは競争力でも勢いでも互いにしのぎを削り、気の抜けない関係となります。しかしローラとレナードは同じ職業の仲間であり、友人としてのつながりも続いていました。

　レナードは、1994年に国際コーチ連盟（ICF）も創設しましたが、その他にも多くの人がプロフェッショナル・コーチの団体を求めており、レナードが関心を持っていたものとは別の方向でのICFを必要としていました。そこでレナードはICFを脱退します。その後、ICFは1997年にパーソナル・アンド・プロフェッショナル・アソシエーション（PPCA）と合併し、現在（2007年）の姿のICFとなります。職業的団体としてのコーチングの構想はとても重要なものでした。現在に至るまで、多くの自己啓発運動が存在していましたが、ほぼ完全に個人運営によるもので、「コーチング」ほどの影響力を持つには至りませんでした。アソシエーション・オブ・コーチ・トレーニング・インスティテュート[★5]（ACTO）が1999年に設立され、これが8番目のアメリカ独自のトレーニング研究所となりました。

　当初、コーチングや、コーチのトレーニングは、そのほとんどが電話で行われていました。これは画期的なものでした。その頃まで、大部分のトレーニン

グは EST モデルを使った大人数での対面授業として行われていました。「テレクラス（電話受講）」の導入でトレーニングは遠方であっても実施できるようになり、さらに多くの人々が手間をかけずに安い費用でトレーニングに臨めるようになったのです。コーチングでは現在もテレクラスが利用されていますが、最近はこの他にインターネットでの「ウェブ会議」も使われるようになっています。

　コーチングの発端はアメリカでの展開でしたが、アメリカでの活動やオントロジカル・コーチングから離れて、スペインやラテン諸国でもかなりの発展を見せています。1990 年代になると、ジョン・ウィットモアがインナーゲームとコーチングのアイデアをヨーロッパの国々やイギリスに取り入れました。具体的にはビジネス分野にコーチングを応用したのです。[★6] 1999 年には、コーチング・アカデミーがイギリスに設立され、2000 年にはヨーロピアン・コーチング・インスティテュートが、そして 2001 年にはブラジルにインターナショナル・コーチング・コミュニティ（ICC）が創設されました。

　トマス・レナードはアイデアに富んだ起業家で、また様々な企業の設立者でもありましたが、会社を興してしまうと、その運営にはほとんど興味を示しませんでした。彼は 1996 年にコーチ・ユーをサンディ・ヴィラスに売却し、2001 年にコーチヴィルを設立しました。コーチヴィルとコーチ・ユーは両団体ともコーチのトレーニング研究所として現在も運営されています。そして 2003 年、トマス・レナードは 47 歳の若さで亡くなりました。

　コーチングという考え方は、1980 年代にはポップカルチャーにおいても姿を現し始めていました。その一例となる、1984 年制作の映画『ベスト・キッド』は、少年ダニエルが謎めいたミヤギ老人から空手の手ほどきを受け、空手のチャンピオンになるというものです。ミヤギ老人はいわゆる「普通のスポーツ・コーチ」ではありませんでした。彼はダニエルに塀のペンキ塗りや車の掃除といった日常的な雑務をさせて、ダニエルの闘う力を伸ばしていきます。一番大切なポイントは、ミヤギ老人がダニエルに「最大のスキルとは自分自身を律することだ。そのスキルがないのに、他のスキルを身につけようとはとんでもない話

だ」と諭すところです。彼はダニエルが自分のプライドや短気な性格を克服できるように手助けします。そしてそうなって初めて、ダニエルはいじめっ子で自分をさんざん苦しめた空手のライバルに勝つことができたのでした。

同様に東洋の武術をテーマとした『弓と禅』[7]（福村出版、1981年）という有名な書籍があります。この本は初版が1953年なのですが、1981年に再版されました（これはコーチングが人間の「強み」を伸ばしていった時期と重なっています）。著者はオイゲン・ヘリゲルというドイツ人の哲学者で、1920年代に日本で哲学を教えた経験があり、日本の武芸である弓道を研究していました。

ヘリゲルはその著書の中でこう述べています。

「弓の射手は、目の前の標的を射貫こうとする時、自分自身の意識を消し去っている。この無意識の状態は、完全に自身を空にして邪魔なものを取り除き、その技術的なスキルと完全に一体となった時にのみ訪れる。だがこの意識の中には、弓道の研究をいかに進めても獲得できない、極めて常とは異なる道理の何物かが存在しているのだ」

ヘリゲルの考え方は、最高の技を行うために「内なる敵」に打ち勝つという、コーチングの概念とも合致しています。

● ──── **ティッピングポイント**

「ティッピングポイント」とは、マルコム・グラッドウェルによって一般に広まっていった考え方です[8]。ティッピングポイントは一種の臨界的事象で、これにより「ミーム」は広い範囲に広がっていきます。「ミーム」の伝搬の開始点は比較的小さな要因から始まり、変化の現れはある劇的な瞬間に起こるように見えます。ティッピングポイントにおいては、突然の、そして一見意外に感じられるほどの人気の高まりがあり、「ミーム」が急激に拡散します。

グラッドウェルの著書『急に売れ始めるにはワケがある』（ソフトバンククリエイティブ、2007年）では、短時間で上手にアイデアを拡散するために必要な人間を、「コネクター（媒介者）」「メイヴン（通人・エキスパート）」「セールスマン」の3種類に分類しています。

「コネクター」には、影響力の大きな知人が沢山います。ワーナー・エアハー

ドは、この「コネクター」だったとも考えられます。エアハードは星の数ほど多くの人間性心理学のスターたちと交流があり、そして彼らを集めて「銀河」を創ったのです。

「メイヴン」は多くのことを知っています。メイヴンたちは知識を収集します。トマス・レナードは、独創的な人物であると同時に、メイヴンであったように思います。レナードは様々な分野から知識を集め、それを最新の興味深い方法で取りまとめたのです。

「セールスマン」は物を売り込むのに長けています。しかし、売り込みというものは、手元の商品について上手に話すことだけはありません。その他の価値をアピールする、つまり相手の視点に立って、この商品がどれほど役に立つかを示すこともセールスマンの能力なのです。コーチングの歴史には、抜きんでた「セールスマン」はいませんが、これはすべてのコーチが、他の人の価値観や目標を扱っているためなのかもしれません。我々はコーチングでは、コーチを通じて「コーチング」そのものを売り込んでいるのだと考えています。サービスのように形のない商品については、セールスマンがその商品を目に見えるように詳しく説明します。そしてコーチングでは、コーチたちが「コーチング」を売り込むだけではなく、その内容を具体的に示してくれるのです。

　コーチングの「ティッピングポイント」は、おそらく1995年頃、欧米の企業にコーチングが入り込んだ時だと思われます。IBMはコーチングを利用した初の大企業であり、同社は自己啓発の手段であったコーチングをビジネス界の人材開発の手段に転換したのです。それまで人間性心理学は、個人がその人生の中で一層幸福になるためのサポートに役立つと考えられていましたが、ビジネス界からはほとんど何の関心も寄せられていませんでした。「社員の幸福感が高くなればなるほど、そして社員が成長すればするほど、仕事も一層質が高まり、生産性が向上することになるだろう。だがこれは証明が不可能なのではないか」──ビジネスはこうした心理学的な考え方に敵対するものではありませんでした。ビジネス・コーチングでは色々な方法で、人間性回復運動との一体化が進められています。

●───様々な文化の影響

　その他では、どんなものがコーチングのティッピングポイントの推進力となったのでしょうか？　まずコーチングには、地理的なものと文化的なものの両面で、様々な要素が影響していたことが知られています。アメリカではティモシー・ガルウェイとトマス・レナードの影響が顕著でした。ここには西洋的な実用本位で実益を重んじるアプローチも関わっていました。ガルウェイは次に、仏教哲学に強く影響を受けました。これは特に、ガルウェイが批評や批判を行わない「気づき」を重視していることにも表れています。そしてコーチングには東洋思想の影響もあります。ここでは、「行動」と「存在」とのバランスが重要です。他の学派もこれを取り入れ、ICCやオントロジカル・コーチングの2つがその例です。

　またジョン・ウィットモアの著書やGROWモデルは、イギリスから影響を受けてきました。フェルナンド・フローレス、フランシスコ・ヴァレラ、ウンベルト・マトゥラーナの3名は、オントロジカル・コーチングの展開に影響を及ぼしています。この3名は皆チリ人ですが、ヴァレラはパリに住んでフランス国籍を取得していました。このようにコーチングは南米にも影響を与えているのです。

　こうした多彩な影響を受け、コーチングは色々な経営手法よりも根拠のあるものになっています。「今月のお薦め」的なマネジメント手法は今までにも数多く現れてきましたが、ほんのわずかの期間しか続きませんでした。コーチングは現在に至るまで自らの力で自らを支えており、非現実的な主張や理不尽な要求は決して行っていません。また、あらゆるマネジメント上のトラブルに対応する「万能薬」だと言って笑われるようなこともありませんでした（とはいえ、残念なことに最近はそうしたことが起こり始めています）。

　コーチングには「教祖（グル）」は存在しません。「カリスマ」的な存在は、コーチングの世界にはいないのです。そのような人物は人々が集まるように布教を行いますが、それは人々を「効果のある手法」に賛同させるよりも「1人の指導者が築いた手法」に賛同させようとするものです。カリスマ的な教祖たちは世間の関心を集め、その考え方を短期間で広めます。しかし人というものは完

全な存在ではありません。念入りに観察すれば、どの教祖にも弱点やどうにもならない性質があるものです（彼らも人間なのですから）。その結果、教祖の信奉者たちは、その教祖の優れた部分ばかりではなく、良くない部分まで伝えていきます。こうした状況は、創設者が2人いる場合にはさらにひどく、その2人は必ず袂を分かち異議を唱えるようになります。そうすると2つの類似した手法が同時に存在し、互いに敵対して、それぞれが「こちらの方が〈正しい〉道なのだ」と言い張ることとなります。教祖が1人だけだとしても、その教祖の教団こそが「唯一の本物の教団」だとする姿勢を取りがちです。この「唯一の本物の教団」という考えは、内紛や闘争を引き起こします。コーチングには「教祖」はいません。私たちはこれを大きなプラスだと考えています。

　さらに、学会や専門的な教育機関などに受け入れられたことも、コーチングの広がりにおいて重要な出来事です。1990年代初頭のコーチング関係者たちは、まだ芽生えたばかりの、この職業に対してある種のビジョンと信念を抱いていました。そのため現在のコーチングは「共通の論理的基礎」と、「一連の品質基準や道徳規範」という2つの職業上重要な基準を持つようになりました。今や欧米やオーストリアの大学では、いくつものコーチングコースが設置されています。経験的・実験的に始められたコーチングは現在では実証的な（エビデンス・ベースト）コーチングとなり、その時代の到来を迎えつつあります。

図 2.1　コーチング年表

1971 年以前	▶ コーチングがスポーツ選手のトレーニングに採用
1971 年	▶ ワーナー・エアハードがエサレンに EST を設立
1974 年	▶ ティモシー・ガルウェイが『インナーゲーム』（日刊スポーツ出版社、1976 年）を発表
1976 年	▶ NLP の設立
1977 年	▶ フェルナンド・フローレスがオントロジカル・コーチングを開始
1978〜80 年	▶ ランドマーク・フォーラムが EST トレーニングを後継
1981〜82 年	▶ トマス・レナードがランドマークの予算部長として勤務
1983〜87 年	▶ トマス・レナードが「デザイン・ユア・ライフ」コースを開始 ▶ ローラ・ウィットワースが第 1 回コースを受講
1983〜87 年	▶ ジュリオ・オラーラがオントロジカル・コーチングを発展 ▶ ジュリオ・オラーラがニューフィールド研究所を設立
1989〜90 年	▶ トマス・レナードがコーチ・ユーを設立 ▶ ローラ・ウィットワースが CTI を開始 ▶ ジョン・ウィットモアが『はじめのコーチング』（ソフトバンクパブリッシング、2003 年）を発表 ▶ インナーゲームとコーチングがイギリスとヨーロッパに拡大
1991 年	▶ トマス・レナードが ICF を設立
1992〜93 年	▶ コーチングがビジネス分野に受け入れられる
1994 年	▶ トマス・レナードがコーチ・ユーをサンディ・バイラスに売却 ▶ ICF が PCCA を合併、トマス・レナードが ICF を脱退
1998〜2001 年	▶ コーチングがヨーロッパに確立、オーストラリアに拡大 ▶ オントロジカル・コーチングが南アメリカとスペインに確立
2001 年	▶ ICC 設立 ▶ 大学生や大学院生用のコーチング・コースが増加
2004〜07 年	▶ 行動コーチングがビジネス分野に確立 ▶ マーティン・セリグマンがポジティブ心理学コーチングを開始 ▶ コーチングが欧米およびオーストラリアの大学に拡大 ▶ エビデンス・ベース・コーチングが次第に台頭

第3章　コーチングの歴史　時代編

「人間は皆、死んでしまう前に、自分が何から逃れようとしているのか、
何を求めようとしているのか、またそれがなぜなのかを知るべきだ」
　　　　　　　　　　　　　　　　　　　　——ジェームズ・サーバー

　コーチングの創始期と拡大期には多くの独創的な人物が関わりましたが、彼らを支えたのは、その文化的背景でした。コーチングが短期間のうちに順調に成長できたのは、関わった人々や方法論の力だけではなく、コーチングを受け入れた当時の風潮や文化のおかげでもありました。
　過去には、コーチングの偽物のような心理学も現れましたが、本物のコーチングの成功を再現するまでには至りませんでした。
　「背景（コンテキスト）」は重要です。マルコム・グラッドウェルは、この「背景」のことをティッピングポイントの「粘りの要素」と名付けていました。[★1]小さくて一見すると微々たる印象を与えるものが「粘りの要素」となる場合もあり、また「ミーム」がその「背景」に完璧に適合し、なおかつ「ニーズ」が生

図3.1　コーチングの4つの原則

① 人間性心理学
② 東洋哲学
③ 構成主義
④ 言語の研究

み出されていく瞬間とタイミングが合って見事にその「ニーズ」を満たしてしまうという場合もあります。そしてこの現象こそ、コーチングに起こったことだと私たちは考えています。コーチングは伸びゆく条件を備えた土地に根付き、現在ある姿を獲得していったのです。

　前章では、コーチングを生み出した人々と彼らの業績を考察し、コーチングの発展をその内側から眺めてみました。本章ではコーチングの外側に目を向け、コーチングを育てた文化・背景や、コーチングに影響を与えたものを概観し、同時期に展開していた同種の思想にコーチングがどのように順応したかについても考えていきます。現在のコーチングが大きな河だとするなら、コーチングに流れ込み、現在の大きさに膨らませた「支流」とはどのようなものだったのでしょうか？
　創始期にコーチング分野で働いていた人は皆、同じ全体像を持つことはありませんでした。彼らは全力投球でブレインストーミングを行い、実際に物事を解決していました。物事を外から眺めると、感情的なものがはぎ取られ、その形や成長の様子が露わになってくるものですが、コーチングに影響を及ぼしたものにはどんなものがあるのでしょうか？　その理論的なルーツは何なのでしょうか？　そしてその他に、どのような社会的要素がコーチングを発展に導いたのでしょうか？　こうした「根っこ（ルーツ）」の深さを知ると、その木の高さや強さが想像できるようになっていきます。

◉───**人間性心理学**

　人間性心理学はコーチングの「祖先（ルーツ）」とでも言うべき学問のうちの1つで、「第3の勢力」と呼ばれていました。これは20世紀前半、アメリカの心理学界では「行動主義」と「精神分析」という2つの思想学派が主流を占めていたためです。行動主義は人間を外側から考察し、人間の思考よりもその行動を研究対象としていました。精神分析の研究者たちは、人間の内側に目を向け、その人自身も気付かないほど深く隠れたところにある動機や、その動機から行動様式がどのように形成されるのかを考察していました。
　どちらの学派も、その人自身の体験や、価値観、目標、そしてどういう人

間になりたいと感じているか、といったことには手を伸ばしませんでした。1950年代になるとカール・ロジャーズやアブラハム・マズローを筆頭とする心理学者たちが、人間は自分自身をどのように感じたり考えたりしているか、主観という面で彼らにとって重要なものは何か、ということを焦点とした心理学の体系を構築し始めます。この研究が「人間性心理学」となったのです。人間性心理学では、自己実現、健康、希望、愛情、創造性、意義といった問題をテーマとして扱いました。これらはつまり、「人間であるということの意味」の解釈でもあります。

　人間性心理学には、いくつかの基本的な原則があります。第1に、人間に対して楽観的な考え方をすることです。人間性心理学では、人間は成長と発展を望み、人間にとって自然な道は前に進むことだと仮定します。人間は自己実現を求めているのです。人間の本質は信頼できるものであり、卑劣な衝動が渦を巻き、隙あらば自己主張しようと機会を狙っているような輩ではありません。アブラハム・マズローは、このように総括しています。[★2]

「自分自身の力で平和な気持ちになろうとするなら、音楽家は曲を創り、画家は絵を描き、詩人は詩を書かねばならない。人は自分がなり得るものにならなければならない。この心理的欲求こそが我々の言う自己実現なのだ。（中略）人間性心理学が取り上げるのは、人間が達成感を求める気持ち、つまり人間が実際に自分のなれるものになろう、自分がなれるもののすべてになろうとする性質なのだ」

図3.2　人間性心理学の原則

① 人が自分自身を体験する方法は、心理学的に根拠のある観点である。
② 人間の本質に関する楽観的な見解——人間は自己実現を望んでいる。
③ 1人1人の人間は、完全で、唯一無二の存在である。
④ 人は皆、かけがえのない尊い存在である。
⑤ 選択肢はないよりも、あった方が良い。人は皆、選択肢を持っており、その選択肢から選んでみたいと思っている。

ここから言えることは、クライアントの手助けをしようとする者は、そのクライアント自身が生まれつき持っている成長の可能性を伸ばす必要があるということです。アクション・プランを強要したり、特定の方向に進ませようとしてはいけません。この考え方は、コーチングの中によく現れています。つまり、コーチはクライアントの指針を作りはしません。クライアントが自分の課題を解決する力を信頼するのです。

　人間性心理学では、人間を全体的な存在として扱います。包括的な心理学であり、分析的ではありません。もちろん、人間を「精神」と「身体」と「感情」といった部品に分けることが何かに役立つことは理解していますが、この「部品」の研究から人間全体の性質を導くことは不可能です。解剖学を研究しても、生きて呼吸している人間は理解できません。わかるのは、身体の各部が互いに関連し合っていることだけでしょう。ライフ・コーチングでは、クライアントが人生の様々な局面を結びつけられるようにサポートしますが、ビジネス・コーチングでは、主にクライアントの人生における仕事という側面に取り組みます。

　また人間性心理学は、個人の独自性も重要視します。コーチングには方程式がありません。1つの規格だけでは、全員に合わせられないからです。クライアントは自分自身の体験を熟知しています。人間は十人十色なので、その違いは尊重されなければなりません。人間性心理学では、人間はいくつかの選択肢を持っており、その選択肢から選んでみたいという気持ちがあると考えます。コーチは、クライアントが選択し、責任を引き受けることで、自分の未来を創るアーティストになるようにと勧めます。

　これらの原則は、主にセラピーに関与する人間性心理学者がクライアントとやりとりする際の方法に反映されています。カール・ロジャーズは、こうしたクライアントへの新しい関わり方を開拓し、その方法を「無条件の肯定的関心」と名付けました。これは「クライアントをありのままに受け止めて尊重し、セラピストの意見や選択肢を押しつけない」ということを意味しています。ロジャーズはこのように語っています。[★3]「私がある種の人間関係を提供できるなら、その相手は自分の中に、その人間関係を成長と変化のために使う能力があることを発見するだろう。そして自己の成長が引き起こされるのだ」

ロジャーズが強調していたのは、セラピストの人格の重要性です。クライアントを本物にする手助けを行うには、それに対応してセラピストも歴とした本物でなければなりません。「相手が自分の現実をきちんと探し求められようになるのは、私が自分の中にある本物の現実を提供することでのみ可能になる。私は自分が感じている心境が、心地が良く、良い関係性につながるとは思えない心境の時でさえも、このことが当てはまると気づいたのだ。〈本物であること〉はとても重要である」。信頼性、共感、そしてクライアントの独自性の評価は、どれもコーチングの中に見られます。そしてどのコーチング・モデルも、開かれていて信頼に足るコーチングの関係性が重要だと強調しています。

　ロジャーズのアイデアは、クライアントとセラピスト、コーチとクライアント、親と子といった、実際に様々な２人の人間の間で生じる対人関係を考える方法に大いに影響を与えました。これは、それぞれの人が自分自身の最高のものであるとする人間関係です。人間関係が、目的を達成するための手段にはなっていないのです。

　ロジャーズは自分のセラピーでは、指示は全く出さずに取り組もうとしました。ロジャーズの手法と比べるとコーチングは指示を出す機会が多いのですが、それでもコーチには、個人を皆平等で、唯一の存在として尊重することが求められます。コーチがクライアントを評価することはありませんが、必ずしもコーチがクライアントと同意見だとは限りません。「理解することとは、許すことなのだ」と、ロジャーズは言い添えています。

　人間性心理学は、1960年代の人間性回復運動の土台となりました。有力な人間性心理学者はすべて、エサレン研究所の教壇に立っていました。マズローは1962年にエサレンに入り、そこで多くのワークショップを指導しました。またカール・ロジャーズも1970年代にエサレンで教えていました。人間性心理学がコーチングの土台の１つであるとすれば、カール・ロジャーズやアブラハム・マズローはコーチングの祖父とでも言うべきかもしれません。

◉━━━東洋哲学

　コーチングは当初アメリカで発展し、それは「目標」や「達成」に焦点を当

てた実利的で西洋的な変革アプローチを用いていました。そのため、コーチングに影響を与えた分野として東洋哲学を挙げるのは奇妙なことに思われるかもしれませんが、これには多くの理由があるのです。

1960年代、欧米では仏教思想や東洋思想に対する関心が再燃していました。これは、人間性心理学や人間性回復運動の隆盛と連動するものでした。西洋の哲学や宗教の大部分は行動や目標の達成を重視していましたが、一方東洋的なアプローチは「存在」に重きを置いていました。西洋的な理念では、この物質界の外側に「神」を探し求め、同時に「神」を征服しようという試みがなされていました。しかし東洋的アプローチは、人間の内部を見つめ、直接の経験を重視していました。西洋社会は「外側」の神に目を向け、東洋では「内側」の神を頼みとしていました。

人間性回復運動は、この東洋的アプローチに共鳴したものでした。様々な種類の瞑想が人気を博していましたが、最も影響力があったものは超越瞑想法でした。これは心を穏やかにし、心の中での対話がすべて静まった時の、自分自身の内側にある平穏で静寂につつまれた中核を見つけ出す手段として使われました。東洋的アプローチ、中でも禅宗は、崇拝する対象を表面的に飾り立てたりせず、その代わりに自己認識や逆説的アプローチ［精神症的習慣・考え方を排除する目的で、わざとそれを実践する方法］を取り入れていました。

コーチングには様々な東洋思想と、直接的にも間接的にも関連性を持っています。数多くの東洋的アプローチがエサレンで教えられ、西洋哲学に取り入れられました。1962年のエサレン共同設立者の1人であるマイケル・マーフィーは、1950年代にインドのシュリー・オーロビンド・アシュラムで瞑想の修行を行いました。『新インナーゲーム』*5 の著者、ティモシー・ガルウェイは、東洋の宗教的指導者であるマハラジ［現在はプレム・ラワットの名で知られる］の教えに従っていました。マハラジは、1970年代、10代の頃にアメリカでディバイン・ライト・ミッションを設立した人物で、ガルウェイは『新インナーゲーム』で、自分の両親の他にマハラジにも献辞を記しています。

オントロジカル・コーチング（存在論的コーチング）はフェルナンド・フローレスの理論をもとに始まり、その後ジュリオ・オラーラが発展させたものです。

オントロジカル・コーチングには様々な「自己認識」のトレーニングが用いられ、その意味や形式にはかなり仏教の影響が見られます。「自己認識」とは、今自分が観察している経験の、どの部分も自分に重ね合わせず、とらわれのない心で観察することを意味します。今自分が眺めている経験に自分を重ね合わせると、途端にそれにとらわれてしまうのです。執着を捨てることは仏教の基本です。オントロジカル・コーチングをテーマにしたジェームス・フレアティの著書[★6]には「内観」を扱った章がありますが、瞑想の本の中であっても場違いな印象は受けません。

　コーチングは、クライアントが自分自身の中に答えを探すように働きかけ、断定的に決めつけないという意識を重要視します。仏教徒の方なら、コーチングは自分で作り出した幻想から自らを解放し、問題に執着しない気持ちを育てる方法として発展してきた、と言うかもしれません。

●────構成主義

「人間には生まれついての性質はないが経歴がある。
　人間は何ものでもないが、ドラマとなる。
　人間の人生とは選択しなければならない何かであり、
　人生はその道のりを進むにつれて完成していく。
　人間の本質はそうした選択と創意工夫にある。
　人間はそれぞれが、自分自身のことを記す小説家であり、
　独創的な作家になるか、盗用作家になるかは選べるが、
　選択することからは免れられない……
　人間は自由になるよう、運命づけられているのだ」

　　　　　　　　　　　　──ハインツ・フォン・フォルスター[★7]

　構成主義は、人間は自分の経験から自分の世界を積極的に作り上げる(「構成する」)という考えを展開しています。人間は、「外部のどこか」にあるものを受動的に受け止める「受動者」ではありません。自分の経験を積極的に作り出す「創造者」なのです。人間はドラマの「役者」であり、舞台の脇から眺めているだけの傍観者ではありません。「外部のどこか」に、発見されるのを待

ち構えている「事実」があり、自分がそれを正しく理解することも誤解することもあり得るとする考えは、「既定事実の例え話」と呼ばれています。人間は世界をそのままの姿で理解することはありません。人間は自分の姿を基準にして世界を理解するのです。

　科学的な近代主義者は、自分自身のことを独立した宇宙の住民だと考えています。その宇宙の規則や習慣は、最終的に彼らが発見するかもしれません。構成主義者は自分たちのことを秘密結社のメンバーと考えています。その秘密結社の規則や法令の創案には、構成主義者たちが手を貸しているのです。

　次のシナリオで、このことについて説明してみましょう。
　テニスの審判が3人、バーのカウンターに座ってジンファンデルの赤ワインを飲みながら、テレビの試合を見ています。3人の審判は、「誰も私たちに感謝してくれない。仕事をちゃんと理解してくれる人もいない」と嘆いています。
　その中の1人が少しためらいがちに言いました。「試合の審判をする時には、私は見たとおりに判定しているよ。それしかやりようがないよ」
　2人目の審判は、ワインを1口飲んで、誇らしげに言いました。「そうだな、私の場合は、得点はそのポイントが入った通りに判定するよ」1人目の審判は賞賛の目で2人目の審判を見つめました。
　2人が3人目の審判に顔を向けると、彼はもったいぶって少し間を置いてから、こう言いました。「得点は、私が判定するまで決まらないよ」
　1人目の審判はおそらく「主観論者」でしょう。人間の精神の外側には何も存在していません。何かを体験しているのは人間の精神なのです。2人目の審判は、与えられたものを誤解することもあると認めていても、「既定事実の例え話」を信頼しています。3人目の審判が構成主義者です。

　私たちは未知の世界に生まれてきます。世界を探索してその秘密を発見しながら、世界を作り上げていきます。自分の経験を意味づけし、自分の過去の出来事を利用して、今起こっている物事を解釈します。私たちは世界を観察しているのです。観察者のいない世界などありえません。世界には観察者が必要で、世界と観察者は互いに相伴う存在です。観察して説明する観察者がいないなら

ば、そこにはいったい何があるというのでしょうか？　そして観察者も、自分が観察している世界の一部分なのです。

「観察者」は経過していく世界を観察しますが、私たちは独立した観察者ではありません。人間関係のやりとりを見せる「相互作用」というドラマの中の役者なのです。認知される世界は１種類だけではないので、コーチはクライアントに対して「正解」を手渡すことはしません。数多の「ありえそうな」回答の中から、そのクライアントにとって「正しい」答えがどれなのかについては、コーチには判断できません。「正解」は「外部のどこか」にもその他のどの場所にも存在しません。コーチング・セッションは、正解を見つけるために懸命に行う調査ではないのです。その代わり、回答が生まれ出て、コーチとクライアントの相互関係や、その両者が行った学習や、この世界で行動を変えたクライアントから生まれる理解力により組み立てられていきます。

コーチングのクライアントの中には、自分の人生の進路にほとんど何の影響も及ぼせず、人生の行き詰まりを感じてコーチングを受ける人もいます。コーチはクライアントの人生を好転させようとはしません。また人生を好転する方法を教えてくれることもありません。コーチは、クライアントが「理解する」ことを手助けします。つまり、まず最初は「クライアントがこれから体験していく人生を作り上げるようサポートしている」ことを、そして次には「どのようにそれを行うか」を理解できるよう手助けします。その結果、クライアントはそれまでとは少し異なる行動をとることで、状況を変えられるようになるのです。

構成主義は、科学的客観性という考え方を徹底的に弱体化しました。科学的客観性のもとでは「観察者」が実験を行いますが、観察者はその実験の一部として含まれてはいません。ところが量子物理学は観察者がどの実験においても、その一部分であることを示したのです。これが最も明確にわかる例は、光の「本当の」性質を発見するための実験です。実験装置を準備して「光が波として振る舞う」ことを検証すると、その結果「光は波である」ことが示されます。また、実験装置を準備して「光は粒子で構成されている」ことを証明しようとすると、思った通り「光は粒子で構成されている」という結果になります［光は

波としての性質を持つと同時に粒子としての特徴を持つ（光量子仮説）。この仮説を知らないと観察者の考えが実験の結論に反映されてしまい、同じ現象に対して別個の結論が導かれ得る］。量子物理学においては、観察者は観察という行為の中で、多数の可能性をまとめて１つに収束させます。

人間の場合、これに対応する言葉は「確証バイアス」と呼ばれています。「既存の信念をサポートし、その他の証拠を無視する（あるいは再解釈する）ために補強証拠を求める（そしてそれを発見する）」という意味です。仏教徒は確証バイアスのことを、確実性という幻想を支える太い支柱のうちの１本だと考えています。

確証バイアスの間に脳の中で起こっていることは、機能性MRIを使ってドリュー・ウェステンとエモリー大学のチームにより証明されました。彼らは2004年のアメリカ大統領選挙前に、30名の男性を被験者とした研究を実施しました。[★8]被験者の半数は熱心な共和党員で、残りの半分は熱烈な民主党員でした。全被験者が、自分の推薦する候補者と反対の党の声明書を評価するように求められました。その作業を行う間、MRIを使って被験者の脳波を走査しました。その走査からわかったのは、論理的思考と関連している脳の部分（背外側前頭前皮質）は、声明書を評価している時には関与しないということでした。脳でもっとも活動的だったのは、感情の処理に関与する部位（眼窩前頭皮質）、葛藤の解決に関わる部位（前帯状皮質）、道徳の説明責任に関する判断を行う部位（後帯状皮質）でした。

ウェステンは実験結果を次のようにまとめました。「意識的な推論に関与する回路はいずれも特に使われなかった。基本的に、自分が望んでいる結論が得られるまで、被験者たちは、あたかも脳の中で万華鏡を回すように、認知に関する様々な部位を働かせていた。その後、被験者たちは大いに結論を補強し、ネガティブな感情状態を消し去り、ポジティブな感情を活性化した……。幹部社員をはじめ、裁判官や科学者から政治家にいたるまでの全員が、〈事実〉をどのように解釈するかに関して、既得権益を持っている場合には感情的に偏りのある判断を下した」

私たちは自分の世界を構築し、自分が作り上げた構築物を維持する中で、既

得権益を持つ（利益を得ることを期待する）ようになります。このため、他人の不幸を予想していた場合には、実際にその人に不幸なことが降りかかると、密かな喜びを感じることがあるようです。私たちは、その人の不幸を喜んでいるわけではありません。ただ自分の予想が正しかったことを喜んでしまうのです。

　構成主義が行動を含意しているのは、行動することによって世界だけでなく、自分自身も変わっていくためです。行動するたび、私たちは世界を変え、自分自身を変えていきます。完全に理解するための唯一の方法が、行動を起こすことなのです。コーチングでは、行動を特に重視しています。洞察だけでは不十分です（仏教徒の人はこう言っています。「洞察は究極の錯覚である」と）。コーチはクライアントに、環境を変えるために、ひいては自分を変えるために行動することを求めます。コーチングにおいて、タスキング（細かな行動段階についてクライアントと意見を合わせること）が重視されるのはこのためなのです。

　自分の限界を考えることは、自分の考えに限界を作ることです。自分自身の限界は目に見えますが、世界の限界はわかりません。どんどん遠くを見ようとすると、水平線よりも向こうが見えます。そしてその向こうの水平線よりもさらに先の水平線が見えて、それからはどうなるのでしょうか？　何が見えるのでしょうか？　もしかすると自分の頭の後ろ側が見えるのかもしれません。遠くを見ようとすればするほど、自分の制限にぶつかってしまうのです。遠くを見るには、まず自分の道を塞いでいるものを取り除くことです。

　これは、コーチングにとってどのような意味を持つのでしょうか？　それは、クライアントの確証バイアスに挑むことを意味しています。つまり、クライアントの環境を改善するために、そして彼らの世界を変えるために、コーチは絶えずクライアントが気づいている限界を乗り越えるように促すことが必要なのです。この点において、コーチは模範とならなければなりません。コーチングの限界は、ある程度はコーチの限界に左右されます。コーチにとっては、自分がまだ到達していないレベルをクライアントが探求している場合、そのクライアントを手助けするのはかなり困難になります。

◉───**言語の研究**

　言語は人間が情報をやりとりする手段ですが、おそらく人間の最も素晴らし

い発明品のうちの1つでしょう。20年以上にわたる言葉の研究により、人間が現実を構築する際に言葉が果たす大切な役割が明らかになってきました。言葉は人間に大いなる自由をもたらします。しかし、これには大きな代償が必要です。言葉を通じて、人間は自分の体験を他の人に伝えますが、それは生じた経験よりも、言葉そのものの構造に左右されます。物事はどのように関連しているのか、そして物事の意味するものが何なのかという観点から、人間は言葉を情報伝達のために使い、自分の世界を構築します。

　人間は五感を通じて、物を見たり触ったり、音を聞いたり、匂いや味を楽しんだりします。私たちはこの文章を書いていますが、これも言葉がどのように世界を歪めて伝えるかの一例となります。

「感覚」とは何なのでしょうか？　言葉は、私たちが体験したこととは別個に存在しているのでしょうか？　言葉は、どのように私たちが経験を理解しているかを簡単に表現するものであり、世界という流れの中から取り出した抽象概念でもあります。また、言葉は以前から存在しているものであるかのように用いられます。このため、よく言葉を誤用することがあります。例えば、「あなたは私を幸せにしてくれた」と言ったとしましょう。この言葉は「あなたは私にコーヒーを淹れてくれた」や「あなたは車の電気をつけてくれた」とは同じ文章ではありません。しかし言語構造は同じです。「コーヒー」と「車」には他に選択肢はありませんでしたが、「幸せ」といった自分の気持ちを表現する言葉を選ぶことができます。この文章は、主語は「あなた」ですが、実際には話者の体験に関することなのです。オントロジカル・コーチングとNLPコーチングには、特にモデルが豊富に揃っており、世界を制限したり広めたりする「言葉」というものを活用する方法を示してくれています。

　私たちが世界を体験する方法は、自分の関心事や集中力、健康状態に左右されます。私たちは、体験したことのすべてを認識しているのではありません。中には体験しても気づかなかったり、すぐに忘れてしまうようなものもあります。私たちは思い出せる内容を解釈します。そして豊富な感覚による体験を、「言語学的な束縛」、つまり、意味をなすためには時間と連続性が必要な「言葉の連なり」に閉じ込めるのです。

言葉の「不思議な力」を考察することは、脳の働きを考えることと似ています。脳のことを考えるには脳が必要で、言葉を分析するには言葉が必要です。言語はまさに「スペル（呪文）」で組み立てられており、言語の「魔法」を理解しようとすると、いつもその「魔法」自身がそれを邪魔するのです。

　コーチングのクライアントは、自分の体験を口頭で話す際に、自分の話し方に振り回される人が多いようです。クライアントは言葉のしもべであり、言葉の主にはなれていません。コーチングのクライアントが自分の話をする時には、コーチは「本当のところ」どうだったのかは知っていませんし、それがわかるようになることもないでしょう。これは、その体験は過去のものであり、再現されることはないからです。コーチはクライアントの体験談に耳を傾けますが、この体験も言葉によって作られています。コーチは、この言葉の背後に隠れているものや、奥底に潜むメッセージ、全体から発せられている表現（身振り、声の調子、何を言っているか、何を言わないでいるか、何を言えないでいるか）などを聞き取らなければなりません。

　コーチにとってもクライアントにとっても、「言葉」は疾病と治療法の両方の役割があるのです。コーチはこの点を明示的に、あるいは暗示的に指摘して、新しくてさらに役立つ識別法を生み出すために言葉を利用します。コーチの仕事は、言葉の意味を解釈し、クライアントが自分のことをじっくり考えられるように手助けし、別の視点を得て、世界を別の目で見られるようにサポートすることです。言葉の言い換えは、別の視点で見直すことです。単語を考察している時には、単語は目的や対象になります。つまり「他覚的な」、自分自身の外側のことになります。そのため、もはや単語が自分を支配することはなくなります。また、単語が象徴するものから支配されることもなくなります。

　クライアントが使う言葉は、クライアントの現実を反映しています。クライアントの中には、自分の体験を受動態で説明する人がいるかもしれません。例えばこのような具合に──「こんなことやあんなことが起こって、運が悪かったんです」。こうした人は、自分は出来事や他人に振り回されていて、他に何もやりようがないと考えているのです。「こんなことがあった」というような受動態は、英語においては話者について何も触れないことになってしまいます。一方、「私がこれをした」という能動態なら話者のことが話の内容に含まれます。

ヘブライ語の「幸運」という言葉は、2つのことを象徴しています。1つは「場所」、もう1つは「言葉」を意味します。これは、「正しい言葉を正しいタイミングで、正しい場所で使えばその人に幸運が訪れる」という、面白い考え方を表しています。クライアントが受動態の言葉を多用するなら、その人は、自分自身がその体験を作ったことを忘れているのでしょう。コーチはそれを指摘して、クライアントがじっくり検討するよう促しましょう。また、能動態で話させ、どんな違いがあるのかを見せるのも良いかもしれません。

　新しい言語を学ぶことはどうでしょうか。私たちは2人とも、母国語以外の言語の学習に取り組んだ経験があります。アンドレアは英語とスペイン語、ジョセフはポルトガル語を学びました。言語を学ぶと、新しい識別法が学べ、新しい世界が見えてきます。新しい言語を学べば、世界にもう1つの視点を確立することができます。このテーマについては、第Ⅲ部で異文化間コーチングを考察する際に、もう1度取り上げる予定です。

●───コーチングの広がり

　ビジネス・コーチングとライフ・コーチングは、カリスマ的なセールスマンがいたわけではありませんが、短期間のうちに大きく成長を遂げました。どちらのサービスも主に口コミで広がっています。この成長を後押しした社会的な動きとは、どういうものだったのでしょうか？

　まず、伝統的な形のサポートがうまく機能しなくなったために、誰もがサポートを探し求めるようになってきたという状況があります。西欧社会では家庭の重要性が低下しました。社会的な役割は揺らぎ、標準的な家族の構成も、もう以前の「両親とその子どもたち」という形ではありません。多くの人がそれまで家庭に求めていたサポートを得られなくなってきているのです。

　宗教組織も劇的に数を減らしています。過去に宗教組織が提供していた心理的な意義や確実性は、そこからは得られなくなってしまいました。人々にのし掛かる心理的な重圧は倍加し、大都市への大規模な人口流入が続いています。こうした要素すべてが、多くの先進国で見られる孤独感の増大を招いてきたのです。昔は皆、なじみのある神父や牧師、あるいは友人を頼りにしていたので

はないでしょうか。現在では、そうした人はコーチに会いに出かけます。コーチングは人々が心理的な意義やつながりを見出すための１つの方法となっています。そしてそれは、クライアントとしても得られますが、コーチになることでも得られる関係性なのです。

独立した個人
「独立した個人」とは、西欧社会の「アイ・ジェネレーション」のことです。人から認めてもらいたい、そして自分の人生は自分でコントロールしたいと考える人たちを指しています。「独立した個人」、つまり「自分自身の運命に影響力を持つ人」とは、いかにも魅力的な話ではないでしょうか。

コーチングは、その目標の達成を請け合います。皆、時間もお金も、自分自身に投資したいと考えています。自分はその価値がある人物だと思っているのです。彼らは「奇妙な人」や「わがままな奴」と思われずに、また「自分には何か修正が必要な悪い部分があるのではないか」と自分で感じたりもせずに、自分に投資することができます。人々は充実感を求めています。また、自分には幸せになる価値があると感じています。そして自分の人生を意義あるものにしたいと思っているのです。

この１世紀の間は、目標達成が重視され、何かの目標を達成する道具としての個人が尊ばれてきました。現在では、人々は本来の自分であることを謳歌し、そして目標達成の中に意義を見出すのではなく、自分だけの重要性を自分の中に見つけたいと思うようになりました。これは「ダウンシフト」という動きの

図 3.3　コーチングを広めた４つの社会的な動き

① 社会からの孤立
② 独立した個人
③ インターネットの台頭
④ 社会変化の加速化

中に見られます。そこでは、人々は儲けが良くても勤務が厳しい仕事は手放して、シンプルで収入は少なくとも自分のために、自分が大切にしていることのために働ける仕事に転職しているのです。人々は何かに駆り立てられて前に進むのではなく、自分の意志で道を歩みたいのです。

　キャリアや収入面での目標を達成しているのに、満足感が得られない人も多いようです。何かが欠けているのです。そうした人々は、自分にはもっと質の高いことができるし、さらに多くのことが達成できると確信しています。そこで自分の個人的な潜在能力を実現させる手段として彼らが求めるのがコーチングです。アメリカやヨーロッパ、オーストラリアといった国々が豊かになるということは、その国の人々にコーチングに参加するだけの余裕ができるということなのです。

　コーチングは自己啓発運動から始まりました。そして多くの自己啓発研修のように、コーチングも商業化しパッケージ化が進んでいます。「今、君には自分の夢を実現するだけの価値がある」というメッセージは昔から色々なメディアで流された、効果の高いものでした。コーチングもこのメッセージを活用してきました。「このコーチは、他の誰でもない、あなただけのコーチです。コーチはあなたの人生のために、あなたと協力して進みます」。「〈なりたい自分になる〉という目標に向かって、一緒に頑張りましょう」

　また、もう1つ別の社会の動きも、「自分自身を大切にしたい」という人々の気持ちを強める一因となっています。最近、日常生活がいつのまにか人目に曝されていることが増えました。ここ10年以上の間に、アメリカという国家は国民のすべてを監視し、管理するための強大な「力」を獲得してきました。これは大きな動きで、政府は国民をコントロールしようとしており、さらにテロリストの脅威、犯罪組織の増加、政策に関連する巨額の資金の存在がこの動きに拍車をかけています。

　多くの国々でも、こうした市民の自由が奪われつつあり、安全のために支払われる対価は不可避のものとなっています。ビデオやCCTVカメラが至るところに備え付けられ、「笑顔を作れ、ビデオに撮られているぞ」という落書きが、世界中で無数の建物に、何百という言語で書かれています。自分が利用してい

る銀行へ電話する時にも、「モニタリングの品質のため」、あるいは「トレーニングの目的で」という理由で日常的に録音が行われています。自分の銀行口座に現金を振り込みたいと思っている者は誰でも、疑いの目を向けられてしまい、もし預金の総額が多ければ自動的に国家安全保障機関に報告されてしまうのです。

　私たちはこの「公と私」の垣根が揺らぐ状況を徐々に受け入れています。その結果、自分の私的な空間は貴重なものとなってきました。コーチングは機密を守るものです。少なくともプロのコーチは、一通りの倫理的な行動指針に従っています。

　もう1つ、大きな成長を見せ、世の中の関心が高まっているのが「セカンド・ライフ」[★9]のようなインターネット上の仮想世界です。この仮想世界の中では何でもなりたいものになれ、自分の「ファースト・ワールド」（現実世界）では決して行えないようなことができます。仮想世界は安全に実験を行える遊び場と言えます。そしてコーチングは、人々が安全に、また秘密保持の上でも安心して、自分自身の探求を行える手段なのです。

インターネットの台頭

　インターネットの台頭は、コーチングのそれと全く同時期に起こりました。初期のコーチングには、当時のハイテク（電話とFAX）が使われていましたが、コーチングが成長するにつれ、インターネットの恩恵を受けるようになりました。これは他の自己啓発運動がまだ取り入れていない方法での展開となりました。今ではコーチング関係者の大部分がインターネットでの宣伝を行っています。個人対象のコーチング、ビジネス・コーチング・サービス、コーチのトレーニングコースなどは、すべてインターネット上で販売されています。私たち宛にも「コーチになれば、すぐに数百万ドルの収入が得られます」というばかげた宣伝文句の書かれたジャンクメールが山のように送られてくることがあります。コーチング業界の中にはこうしたインターネット特有の奇妙な宣伝広告やスパムメールに関わるものもあるようです。しかしその一方、正当なコーチングにとっては、インターネットは他の自己啓発や企業の人材開発サービスがなし得なかったやり方で、「コーチング」を世界中に展開する後押しをしてくれたのです。

社会変化の加速化

「シグナル」であると同時に「駆動装置」でもあるインターネットは、歴史的に前例のないほどの速度で進化し、この30年間で仮想世界のあらゆる知識分野に広がりました。多くの人々が、自分の知っているものとのギャップを感じています。また、学校で習う「世界」は、卒業後に待ち構えている世界とはまったく別物のようです。

学校や大学のシラバスは、少なくとも学期が始まる1年以上前に準備されます。そのため、実際に学生がその勉強を開始するよりも前に、既に時代遅れになっていることも珍しくありません。一方でコーチングは、「ジャスト・イン・タイム」のサポートを行っています。時代変化の速さは、多くの人々にストレスとなっています。社会の要求が高まると、テクノロジーのおかげで私たちは以前より短時間で多くのことができるようになりますが、またすぐにそのレベルが「標準」となってしまいます。あいまいさやパラドックスがあふれる一方で、膨大な情報が存在し、自分の疑問点に関係することを見つけることすら困難なことも多いのです。試しにグーグル検索で、「coaching」とタイプしてみてください（私たちが検索した時には、7800万件以上がヒットしました）。

激動の時代には知識すら確かなものとは言えません。宗教的なものであれ、世俗的なものであれ、「信念」を持つことが難しくなっています。毎日、周囲の状況に対応しなければなりませんが、逆に私たちが周囲の状況に影響をおよぼすことはできないのです。私たちは、短くなったタイムスパンに適応し、新しい状況に対応しなければなりませんが、そこには私たちの指針となるような、前例もお手本も存在しないのです。

今や適応と成功を決めるのは、過去に自分が学んだ内容ではなく、現在の自分の学習能力やその速さなのです。重視されるのは過去に自分がしたことではなく、過去の成功を足場とし、今なお力を保ち続けている創造性です。インターネットによる「世界のフラット化[10]」により、仕事の安定性すら損なわれています。私たちは同じ場所に居続けるために、走り続けなければなりません。コーチは、こうした社会の不安に人々が立ち向かえるように、サポートすることができるのです。

◉──コーチングの興隆におけるビジネス要素

　コーチングが1990年代にこれほど急速に拡大した理由は何なのでしょうか？　個人的なサポートから企業のサービスへと変化した理由は何なのでしょうか？　その理由は、急速な変化がビジネス界に特有の問題をもたらしたことにあります。マネジメント・コンサルタントのロザベス・モス・カンターは[11]こう述べています。「意思決定から次の意思決定までの平均時間は、驚きを感じてから次の驚きを感じるまでの平均時間よりも長い」（略語ではMTBD ＞ MTBSとなります）。

　つまり、職場には常にストレスが存在しているのです。企業の不確実性は、勤務時間の長時間化やかつてなく高いレベルの成果を達成するという形で、従業員を徐々に圧迫しています。昔ならば家庭が仕事でストレスを抱える人々の癒やしの場となったのでしょうが、現在の家庭にはそのような力はありません。経営陣にとっては、カウンセラーやセラピストとの面会は、常にある種の不名誉な烙印を押されることになりかねません。そうした面会は、「何かの欠点があるから治療が必要なのではないか」、あるいは「仕事をうまくこなせないのではないか」といった懸念を、密かに抱かせるもととなるのです。では、サポートを求める人々はどこへ行けば良いのでしょうか？

　コーチングは、個人の方が仕事でのストレスに対処するサポートも行えます。ストレス・コーチングは、現在のコーチングの中で最も短期間で成長した分野の1つです。オーストラリア人の平均労働時間は世界一長いのですが、コーチの増加率もこの国が世界一となっています。これは偶然の一致でしょうか？

　時間的な制約もストレスの主要な原因です。短時間で学び短時間で順応する能力は、仕事の早い人間になることよりも重要です。コーチングは的を絞って具体的にできますので、この課題を抱えるキーパーソンにはうってつけです。さらに独創的になり、短期間で順応できる力がつきます。皆、四六時中何かを学ばなければなりませんが、コーチングなら「トレーニング」以上に簡単に、様々な学習スタイルをサポートします。マネジャーならば、部下をコーチできる能力が求められるのはごく普通のことですが、同時に、かつて自分でこなしていた他のすべてのことも行わなければなりません。職場でのコーチングは外部委託のマネジャーが担当することもあります。こうした状況から、コーチングや

社内トレーニングコースが企業内大学で幅広く活用される機会も増えています。

　人々は以前ほど自分の会社に忠誠心を抱かなくなっています。しかし自分自身の経歴（キャリア）には敏感で、一生のうちには平均３回程度は転職するそうです。逆説的ではありますが、従業員が会社に残ってくれるように企業が講じることのできる唯一の手立ては、従業員をトレーニングし、十分な技能を身につけさせることなのです。企業は、こうした技能を身につけた従業員を競合相手が雇ってしまう可能性もあるのは承知していますが、人材開発の手立てを用意しなければ、従業員は確実に自社から去ってしまいます。企業はそれ自体の魅力を高め、同時に従業員が定着したいと思うような対策を練る必要があるのです。

　既に技術を身につけている人を新たに採用してトレーニングを行うとすると、かなり高額の費用が必要です。コーチングによりこの費用が節減できるのであれば、コーチングには価値があることになります。代わりの補充要員を見つけてトレーニングする費用や、仕事の質の低下を避けるために費やすコストは莫大なもので、そう考えるとコーチングは良い投資と言えます。コーチングは、

図3.4　コーチングの興隆のビジネス上の背景

> ▶ 企業の不確実性
> ▶ 革新的な手法の必要性
> ▶ 時間的制約の増大
> ▶ 人材育成の必要性
> ▶ 配置換えや再教育を回避する必要性
> ▶ マネジャーに対応した新しいスキルの必要性
> ▶ 新しい技術をすぐに学習する必要性
> ▶ ターゲットを絞ったジャスト・イン・タイムの個別の能力開発
> ▶ トレーニングをサポートするためのコーチング
> ▶ 最高幹部を対象としたサポート

その企業が自社の従業員を大切にしているという証ともなります。さらに、従業員を育て、より有能な人材に成長させる優れた施策となるのです。企業が福利厚生を気遣うのは、コーチング市場にとっては一種の「シグナル」であるとも言えます。

フラットな企業

　フラットな企業はターゲットを絞り、ジャスト・イン・タイムで行われる個人に対応した能力開発を求めています。マネジャーは色々なスキルのレパートリーを身につけ、多人数で多様なスタッフに対応することが必要です。新しく昇進した人は、新しいスキルを身につけ、新しい責任を引き受けなければなりません。しかもこれを短期間で行う必要があります。

　ビジネス界ではコーチングを活用して、人々がさらに短時間で、さらに楽に順応できるようなサポートを行っています。たとえ経営陣であっても何のサポートもなしに、すぐに新しい職務に就き、トップレベルの遂行能力をその１日目から発揮することは不可能です。コーチングは柔軟性があり、対応能力に優れたアプローチです。経営陣の能力開発にも対応し、個人対象の派遣も可能です。また現在では多くの企業幹部が、若手幹部のコーチやメンターとなる仕事を見つけています。

　コーチングは、徐々に各種トレーニングの補助にも使われるようになってきました。イギリスの人材開発を扱うチャータード研究所（CIPD）[★12]によると、トレーニングルームでの学習よりも、実際の職場での学習の方が人気が高くなってきているそうです。コーチングは仕事の課題に焦点をあて、職場での業務遂行能力を高めることができます。トレーニングのために社外へ出た場合には、変革のために費やした時間のほとんどが、職場に帰ってから短期間のうちにムダなものとなってしまいます。仕事のやる気や新しいアイデアといったものは、「日常的な業務」の姿勢の中ではすぐに消えてしまいます。それは、本当にあっという間の話です（２、３カ月も持つでしょうか）。新しく身についた自発性は、トレーニング時に得たエネルギーとともに消えていきます。そしてトレーニング前の状態に戻ってしまうのです。全く残念なことですが、経営陣は「そのトレーニングが良くなかったんだ」と思うかもしれません。そしてまた

別の種類のトレーニングを行い、悪循環が繰り返されます。つまりこれこそが「コーチングによるフォローがない」トレーニングの多くが結果を残せない一方で、「コーチングによるフォローがある」トレーニングが成果をあげている理由なのです。コーチングならば、参加者がアイデアを忘れず、モチベーションを保ち、同時に、仕事のシステムに打ちのめされるのではなく、そのシステムを変える方法を見つけていくようなサポートを行います。

最高幹部の重要性

サッカー選手の移籍話のように最高幹部が会社間で入れ替わる時には、企業の成功に大きな違いが生まれると言われます。能力不足の幹部のために必要となる財務コストは大きな痛手となります。最高幹部は、助言がほとんどゼロの状態でも、重要な意思決定を行わなければなりません。多くの場合はそれによって多額の金銭が動きます。最高幹部たちには、信用して秘密を打ち明けられる相手はほとんどいません。またどのような課題に対しても、それを話し合って解決することよりも、何を行動すべきか理解していることが求められます。トップでいることは孤独ですが、エグゼクティブ・コーチなら、最高幹部にふさわしい客観的で冷静な「相談相手」となることもできます。幹部の意思決定をサポートするため、社外のエグゼクティブ・コーチを探すことが増えてきています。

コーチングは、ビジネス活動や働き方における幅広い変化が作り出してきたニッチを満たすべく、進化してきました。次章からは、コーチング・モデルの中でも最も広範に用いられている6つのモデルを考察し、さらにコーチングの中核となる、すべてのモデルに折り込まれている方法論を探し出しましょう。

能力開発コーチング
インテグラル・メンタル・トレーニングとポジティブ心理学

ラーシュ・エリック・ウネストール

Column

●———背景

コーチングは、ポジティブ心理学やインテグラル・メンタル・トレーニング（Integrated Mental Training: IMT）と同じ理念に基づき、同じ原理を用いていますが、とりわけ能力開発コーチングにその傾向が強く見られます。これらの違いは学習と能力開発のメソッドにあります。コーチングは「行動学習」と「フィードバックを介した学習」を重視し、ポジティブ心理学は「内省的学習」を、インテグラル・メンタル・トレーニングは「無意識的学習」を重視します。

ポジティブ心理学は、人間を「自らを組織・管理して環境に適応する存在」としてとらえ、それまで無視されていた次の2つの分野に焦点を当てて心理学の流れを変えました。

- 普通の人々の生産性と健康の増進
- 問題発生を防止するための能力開発資源の利用

IMTとは、メンタルスキル、態度、プロセスを扱う、組織的で長期的な能力開発トレーニングです。IMTは、思考よりもイメージを重視し、問題解決よりも資源の発見と能力開発に重点的に取り組む、認知と感情に関するトレーニングです。私は1960年代に、次の分野の研究に基づいてIMTを開発しました。

- 変性意識状態
- 体と心の関係

このトレーニング・プログラムは、1970年代にスウェーデンの様々なナショ

ナル・チームやオリンピック・チームと協力してテストされ、1970年代後半にライフスキル・トレーニングとしてスウェーデンの学校制度に導入されました。1980年代には健康や仕事の分野に取り入れられ、1990年代初めに自己開発のメソッドとして一般に広まりました。

いくつかの研究によると、学校での成功と実生活の中での成功との間には相関関係がないことが示されているため、メンタル・トレーニングとコーチングは、抽象的な知識を生活の中での実際的なスキルに変えるための最も重要な方法となったのです。

コーチングとIMTはいずれも未来志向的であり、問題解決に焦点を合わせ、行動を重視し、経験に基づくものとなっています。能力開発コーチングは、この10年の間に私たちがIMTとコーチングを統合したものです。

●───能力開発コーチングと問題解決コーチング

これらは異なる前提を持った2つのアプローチです。問題解決コーチングは、クライアントが問題解決に必要とされる資源をすべて持っていることを前提とします。能力開発コーチングでは、クライアントは多くの場合、目標達成のための新しい資源、スキル、行動の開発を必要とすることが前提とされます。

能力開発コーチングは、変化について、メンタル・トレーニングやポジティブ心理学と同じ考え方を持っています。一方、社会のほとんどの分野は、依然として、問題解決モデル、または臨床モデルに倣っています。問題解決コーチング・モデルでは、人は困難な事態や重大局面が原因となって変化を求めます。能力開発コーチングはスポーツ・モデルに基づいたもので、現状には満足しており、そしてさらに良い状態を求めて努力とトレーニングを続ける力があることを意味しています。

そのため、問題解決コーチング・モデルでは、変化の方向は常に問題から遠ざかることとなり、時には結果がさらに悪くなる（小難を逃れて大難に陥る）こともあります。変化を求める感情の基礎をなすものは、主に「不満」であり、変化のためのアドバイスをクライアントが批判として受け取れば、強い反発につながることがあります。

問題解決コーチングでは、進歩の後には状態維持が続き、問題解決の後には、

停止状態がやってきます。能力開発コーチングは、「人生」とは継続的に自分を向上させる旅であるとみなしています。

また問題解決コーチングでは、アドバイスされた「変化」の内容が、非難や不信、間違いの指摘として解釈されると、クライアントの反発を招くことがあります。能力開発コーチングにおいて、安心や保証は、クライアントが居心地良く感じるコンフォートゾーン内には存在せず、「変化」そのものの中に存在するのです。能力開発コーチングは、生活の質を上げるために必要な刺激を与えたり、重要な努力目標を課したりします。

コーチングは行動を重視し、行動による学習を基礎としています。課題をこなすことで経験が築かれ、フィードバックを通じて適切な変化が生じます。問題解決コーチングの目標は（主に遡及措置によって）「問題発生以前」の状況に戻ることです。一方、能力開発コーチングは、事前の対策を講じて、現在より良いだけでなく、問題発生以前の状態より良い状況を作り出します。この状況には「問題解決」も含まれていますが、その特定の問題に取り組むことは必要ではありません。

人間の脳はいとも簡単に、問題をもたらす思考とイメージの罠に陥ります。これには次の3つの理由があります。

① 進化上の生存メカニズム
② 感情的要素（恐怖のような感情は、非常に簡単に我々の心をとらえる）
③ 「問題」は「目標」よりも具体的なものであることが多い

この知覚作用を変えるために、能力開発コーチングは、恐怖などの否定的な感情を減らし、目標を明確で魅力的なものにするべく取り組みます。その一部が、肯定的に考え話すのを学ぶことであり、そして「問題をもたらす言葉」を、「進歩をもたらす言葉」に置き換えることを身につけることなのです。

● ───**能力開発コーチングとサイコサイバネティクス**

さらに素晴らしい進歩を遂げるために、能力開発コーチングでは、メンタル・

トレーニングの課題と目標計画法を組み合わせて用います。問題解決コーチングは、クライアントの目標が明確になり、価値観に基づくものになった時に終了します。能力開発コーチングは、抽象的な目標をイメージに置き換え、その後、その目標を組み込んだ計画を作成します。これにより自律的なプロセスが開始されると考えられます。クライアントは、自分がより創造的になったこと、そして意識的な問題解決をしなくても、容易に解決策を見つけるようになったことを報告しています。クライアントは何が自分を目標に導いたのかを意識せずに、目標に到達します。

●──まとめ

　能力開発コーチングや自己開発コーチングは、次の例のように、色々な方法で一般的なコーチング・メソッドを補完していきます。

- 能力開発コーチングは、問題を抱えるクライアントにも、継続的な向上を求めるクライアントにも、同じように取り組む。能力開発の目標には、自律的な問題解決が含まれることが多い。
- 能力開発コーチングは、魅力的な目標に到達するために必要な能力を発見し開発するための課題として、メンタル・トレーニングの課題を利用する。
- 能力開発コーチングは、プログラムの目標に対するイメージを活用するが、この目的は、アクション・プランと課題の補完として自動的プロセスを開始することにある。

ラーシュ・エリック・ウネストール　[Lars-Eric Unestål]
スカンジナビア国際大学学長。応用心理学およびメンタル・トレーニングの教授。18冊の著書の他、研究論文を多数発表し、また個人およびチーム・組織の能力開発用のトレーニング・プログラムを多数開発している。

第Ⅱ部

コーチングのモデル

「人は、近くにあるものを見つけるために、
　遠くを旅しなければならないこともある」

—ユリ・シュルヴィッツ

　本書を書き始める時、コーチングの主要なモデルを説明してから1つにまとめるか、まとめを示してから各モデルを説明するか、について話し合いました。前者は個々の事例から一般モデルを導き出す帰納的な方法、後者は最初にモデルがあってその後に事例が続く演繹的な方法です。私たちが体験した思考プロセスは帰納的なもので、様々なコーチング・モデルを検討してから、一般原則を導き出しました。

　幅広く文献にあたり、議論を行い、また上海、シドニー、シアトル、サンティアゴなど、様々な地域のコーチたちと話しました。そして、あらゆる形態のコーチングの根底に、それらすべてに影響を与えている、ぼんやりとした中核があることに気づきました。

　読者の皆さんにも私たちと同じプロセスを体験していただこうと思います。私たちが体験した「推理小説」をぜひ追ってみてください。あるいはこれは、宝物を探す『インディ・ジョーンズ』の冒険に近いかもしれません。はたして宝物は実在しているのでしょうか？　そして、私たちはそれを発見できたのでしょうか？　それとも、宝物があると信じて探求の旅に乗り出すことで、その宝物を作り出したのでしょうか？　1つ確かだったことは、検討したすべてのモデルに効果があったため、その中核となる方法論がきっと存在するはずだということでした。

　第Ⅱ部の各章では、コーチングを代表するアプローチを取り上げます。これら6つのモデルには、経験を積み、努力を重ねている多くの実践者がいます。そのすべての人たちが、自分の分野で国際的な影響力を持ち、優れたコーチン

グを生み出しています。コーチは自分にとって効果があったモデルに従うもので、コーチと、そのコーチが用いているモデルは、一致しなければなりません。

どのモデルも精巧に作られており、本書ではそれらの本質的な要素をまとめ、概略を示しています。客観的であるように心がけ、それぞれのモデルを見れば自ずとわかるようにしました。あくまで各モデルの説明なので、それらを用いたコーチング方法については触れません。

各モデルの解説は、同時期に生まれて多くの要素が共通している、インナーゲーム、GROWモデル、コーアクティブ・コーチングから始まります。その後、インテグラル・コーチング・モデル、NLPコーチング（神経言語プログラミング）、新しい研究分野であるポジティブ心理学に基づくモデル、行動コーチング、最後にオントロジカル・コーチングと続きます。モデルとは、完全に正しいものでも、完全に間違ったものでもありません。これらは異なる方向から当てた光のようなもので、すべてコーチングの多面的側面をそれぞれ異なる角度と明るさで照らしているのです。

これらのモデルを説明した後、私たちが幅広い研究から導き出した共通の中核部分を紹介していきます。

ここで、この後に続く話の導入として、スーフィー［イスラム教の神秘主義者］の物語（多くのスーフィーの物語に登場する、聖者ナスレッディン）について話したいと思います。

（自分でも驚いたことに）裁判官に任命されたナスレッディンの最初の事件は、ラクダの群れの所有権をめぐる紛争でした。この事件は陪審団のいる法廷で審理され、彼は唯一の裁判官でしたが、老練な法律顧問が記録官としてそばに控えていました。法廷には両当事者の友人や親戚がすべて集まり、騒々しく自分たちの意見を口にしていました。

原告には、誰にも邪魔されず裁判官の前で自分の立場を主張する時間が10分与えられています。1人目の男が入廷し、雄弁に語り始めました。彼は自分がラクダを買って借金の担保として友人に渡したとナスレッディンに言いました。借金を返しましたが、その友人（その時点ではもう友人ではありませんが）はラクダを返しておらず、また原告の男には、この話が事実だと証言する証人が

何人かいました。

　ナスレッディンは話を聴いて、感心しました。「この男は正しい」と彼は法律顧問に耳打ちし、法律顧問は「おそらくそうでしょう。しかし、もう1人の男の話も聴く必要があります」と言いました。

　2人目の男が入ってきて、同じく雄弁に語り始めました。彼は、自分が友人から適正な値段でラクダを買ったのだと主張し、それが借金の担保だったという話を否定しました。彼にも証人がいました。

　ナスレッディンは再び感心し、「この男は正しい！」と叫びました。
「しかし閣下、両方正しいということはありせん」と、法律顧問が小声で言いました。

　ナスレッディンは少し黙ってから言いました。「お前は正しい！」
「真実は見た目よりわかりにくいものだ」そう言ってうつむいてしまいました。

　それぞれのコーチング・モデルの説明の最後では、同じケーススタディを用いて、各コーチング・モデルでその問題にどう取り組むかを示しています。

ケーススタディ

　ブライアンは、41歳の新興化粧品会社のマネジャー。アメリカ企業のロンドン支社で働く韓国人で、周囲に合わせてイギリス風の名前を名乗っています。大学で化学の学位を取り、薬局で3年間働き、製薬会社に数年勤めた後、現在の会社でシニア・マネジャーになりました。今の会社には5年間勤務しており、新製品を開発する10人のチームの責任者になっています。その会社は革新的な（ただし高価な）製品を生み出しているため、化粧品市場のリーダーと見なされています。

　ブライアンはチェスをたしなみ、たくさんの本を読みます（ほとんどが技術書ですが、歴史小説も好きです）。また過去5年間に3度スポーツ・ジムに入会しましたが、2カ月以上続いたことはなく、そのたびに退会

しています。

　最近、ブライアンは集中力がなくなり、今の仕事は自分に相応しいのだろうかと悩むようになりました。以前は仕事を楽しんでいましたが、今はそうではありません。いつも疲れていて、いつも彼の嫌がることをしているように見えるメンバーが1名、チーム内にいるのです。彼は、その相手が自分に取って代わろうとそうしているのだと思っています。

　去年、ブライアンは昇進を見送られました。今年は会社を辞めるか、もう1度昇進に挑戦するか決まっていません。最近の自分の成績では昇進できるかどうかわからないと彼は思っています。

　ブライアンは、勤労を重んじる韓国人の家庭で育ちました。彼は英語学校に通い、土曜日には韓国語の学校にも通いました。また、フルートとテニスのレッスンを毎週受けていました。

　彼はアンというイギリス人女性と結婚して12年になり、2人の子ども（8歳の男の子と6歳の女の子）がいます。妻は歯科衛生士で、地元の歯科医院に非常勤で働いています。彼女は、子どもたちが大きくなったら、常勤で働きたいと思っています。最近アンとブライアンはよく口げんかをしていますが、それはブライアンの仕事が忙しくなり、週末を除けば2人はあまり顔を合わせなくなったためです。

　ブライアンは口数が少なく、対立より協調を求めますが、それがうまくいかないと、すぐにかんしゃくを起こしてしまいます。今までは自分を抑えてきましたが、最近はいつもイライラして、ストレスを感じるようになっています。彼の会社はシニア・マネジャー向けにコーチング・プログラムを実施しており、彼はそれに飛びつきました。彼は苛立ちやストレスを減らしたいと望んでいます。別の仕事を探すことも考えていますが、個人として、または職業人として、会社を辞めるのが良いことなのかどうか悩んでいます。

第4章　インナーゲーム、GROW、コーアクティブ・コーチング

「誰もみな、自分の視野の限界を世界の限界だと思い込んでいる」
　　　　　　　　　　　　　　　　　──アーサー・ショーペンハウアー

　ティモシー・ガルウェイの『新インナーゲーム[★1]』の出版は、コーチングの大きなターニングポイントとなっています。そしてこのインナーゲームの方法論は、スポーツとビジネスの境界線を越えた最初のコーチング・モデルの1つでもありました。

　インナーゲームとは、どのようなものなのでしょう？　また、なぜそれが重要だったのでしょうか？　その答えは、インナーゲームが「外なる敵」と「内なる敵」を扱うものだというところにあります。企業は「外なる敵」、つまり競合する他社については、あらゆることに精通しています。しかし、この当時までは「内なる敵」に注意を向けることはありませんでした。インナーゲームの方法論とは、「どのようにして自分自身から最大の力を引き出すか」というものなので、企業の場合には「いかにして社員から最大の力を引き出せるか」と言い換えられます。

　インナーゲームの考え方は次のようなものです。ティモシー・ガルウェイは、テニスのプレーヤーを2人の自分（セルフ）に分けるように提案しました。彼はセルフ1を「指示者（the teller）」、セルフ2を「実行者（the doer）」と呼びました。セルフ1は善悪の評価を行い「ミス」を見つけることが得意です。そして見つけた「ミス」を私たちに教え、どうやってミスを起こさないようにするのかを指示します。

　セルフ1は「内なる敵」です。つまり「自我」や「自己意識」、「相手を思うままに操りたいという衝動」なのです。セルフ2は自然な「身体の知恵」だと

言えます。行うべきことをそれまでに教わっていれば、内省的思考をせずに行動をとり、物事を上手にこなします。2つの「セルフ」の関係が、インナーゲームの最も重要なポイントになります。

　私たちは作家として、セルフ1とセルフ2の典型的な実例を経験したことがあります。セルフ1は編集者で、セルフ2が書き手です。セルフ2には学習とトレーニングが必要です。しかし文章を書く時の最も良いやり方は、とにかく文章を書いて、創造力の流れに身をまかせることなのです。
　ではセルフ2にそれをやらせてみましょう——しかし、これは「言うに易く行うに難し」。クリエイティブ・ライティングを扱ったどの本も、文章の書き方を教え、読者の助けになるアドバイスを与えていますが、問題はセルフ1、つまり常に口を挟んでくる内なる編集者です。セルフ1は最初から文章が完璧であることを求め、書き手が文章を書いている時に1つ1つの文章を分析して、書き終わらないうちにその問題点を指摘します。最初から完璧に書ける書き手などほとんどいません。
　草稿の第1のポイントは「編集を行わずに」考えを紙に書き出すことです。編集者が出てきて全体を整理するのは、その後にすべきです。セルフ1（編集者）が常に活発に働いていると、書き手は悪戦苦闘して自己批判的になり、ことによると匙を投げ出してしまうかもしれません（おそらく、これがいわゆる「創作上の行き詰まり」というものなのでしょう）。編集者は大切な存在です。しかし編集者はコントロールが可能で、適切な時には現れてきても良い、というような存在でなければなりません。草稿の大部分はつまらないものかもしれませんが、セルフ2はつまらないものを書いたりミスをしたりしても、許してもらえなければなりません。そうでなければ良い文章は湧き出てきません。ミスをする許可を自分に与えて初めて、凡庸な文章を超えるものを書くことができるのです。

　2つの「セルフ」を考えるもう1つの例えは「馬」と「騎手」です。騎手（セルフ1）は目的地と方角を決め、馬（セルフ2）にその仕事をさせなければなりません。いちいち脚をどの位置に運ぶかを馬に命じるのは、騎手の仕事ではあ

りません。しかしこれこそがまさに、私たちが自意識の強い「セルフ1」を使って何か物事を行おうとする際に起こっていることなのです。そして実はその物事については、意識を持たない「セルフ2」に委ねると最も効果的に行えるのです。

　中国の思想家である荘子（紀元前350年）は、既に太古の昔に、このことを記しています。[★2]「弓の試合でその辺りにある瓦を賭けの対象にすると、うまく的を射ることができる。高価な帯留めを賭けると、的を外さないか不安になる。そして、黄金を賭けると、冷静ではいられなくなる。どの場合も自分の技量は同じだというのに、〈この賞品はあれよりも価値が高い〉と自分で値踏みし、試合以外のことに自分の気をそらしてしまうのだ。外に目をこらす者は、内のことが疎かになるのである」

　セルフ1のおかげで、プレーヤーは心の内側のことも、外側のこともうまくこなせなくなってしまいます。コーチから褒められたり優しい言葉をかけられたりしても、アウターゲームではうまく働くかもしれませんが、インナーゲームではそうはいきません。これは、クライアントがコーチの期待に応えて、もっと褒められようとするためです。「褒める」とはある意味、一種の巧妙な批判とも言えます。「褒める」ということの中には、今現在は特段問題がなくても、どこかに何か悪い部分があるという含みがあります。セルフ1は、すぐにそれをとらえて利用するのです。

　インナーゲームでのコーチの仕事は、この2つの「セルフ」が最も良い形で協力し合えるように、プレーヤーが2つの「セルフ」を調整する手助けをすることです。例えば実際のゲームで言うと「プレーヤーがショットを打つ重要な瞬間では、セルフ1を邪魔にならないところに片付けておく」ということになります。ガルウェイは、セルフ1の批判をかわすためのシンプルなモデルを作りました。

自己観察

　まず、プレーヤーは自分が達成したいことや変化させたいもの、あるいは改

善したい対象を決めなければなりません。「もっとうまくなりたい」というごく一般的な目標でも良いですし、「テニスのストロークを改善する」という具体的な目標を定めても構いません。次に、プレーヤーは今この瞬間に何が起こっているのかを観察しなければなりません。その中には、自分が望む結果を得る妨げとなる事柄があるでしょうから、それをしっかりと観察します。これは簡単に思えますが、何も批判や評価を加えずに行うのはなかなか難しいことなのです。批判や評価は、物事にレッテルを貼ってしまいます。私たちは起こっている出来事を見ているのではなく、「良い」とか「悪い」などの「評価」を見ているだけなのです。このため何が起こっているかが曖昧になり、自分で何が起こっているかがわかるまで、それを変えることはできなくなります。

　偏りのない意識からは最良のフィードバックが得られます。そしてその時に「何が起こっているか」がわかります。どのようにすれば、偏りのない意識を持つことができるのでしょうか？　また、本当に必要な時に質の高い客観的フィードバックを得るにはどうすればいいのでしょうか？　これがコーチングの鍵となる問題です。コーチには客観的なフィードバックを与える必要があります。しかし、コーチにとってそれよりも重要なことは、クライアント自身が自分で客観的なフィードバックを得る能力を開発する手助けをしなければならない、ということなのです。

　クライアントは、コーチがフィードバックを行う方法を手本にします。またコーチングの成果とは、フィードバックの結果を受けて、クライアントが変化を見せるということだけではありません。クライアントがより明確に自分自身を理解できるようになることであり、また、コーチへの依存が少なくなることもコーチングの成果なのです。優れたコーチングとは、クライアントが自分自身のコーチになる術を身につけることをサポートするものです。クライアントが学ぶものは、「フィードバックの原理」であり、単に「特定の問題に関するフィードバック」だけを学ぶのではありません。

　フィードバックは客観的で、評価や批判の加わらないものでなければなりません。コーチは、プレーヤーの「セルフ１」を刺激しないように事を進める必要がありますが、これは簡単ではないかもしれません。多くの人は、自分のあ

らゆる行動に対して評価や批判を行ってしまう強力な癖を持っているのです。

　身についた癖は簡単には直せません。その習慣が定着するまで、既に多くの力が作用してきているのです。腕ずくで直そうとしてもうまくはいきません。習癖をうまくやり過ごすためには精神面で「合気道」のように身をかわす術が必要になります。セルフ１がどれほど邪魔な存在であっても、セルフ１は積極的に働き、その人が物事をもっとうまくこなせるように手助けしようとします。やり方があまり効果的ではないというだけです。

　テニスのプロ選手は大抵、人に教える時には「ボールをよく見ること！」と言います。しかし教わる側は「ボールをよく見るべきだ」ということは知っているのです。皆、ボールをよく見ようとするのですが、「見ようとする」ことが「よく見る」ことを邪魔してしまうのです。そしてストロークが崩れ、「自分はテニスが下手だ」という結論を出すことになってしまいます。問題は「ボールをよく見ること！」という指示があまりに漠然としていることにあります。何のために見るのでしょうか？　いったいどのようにして見れば良いのでしょうか？　生徒たちが見ているそのボールは、きちんと打ち返せるかどうかで自尊心を増すか失うかを左右するぐらいに重いものです。

　そこでガルウェイは、生徒たちが客観的に、評価や批判を加えずにボールを見ること、つまり「セルフ１をやり過ごす」ことに役立つ方法を見つけました。ガルウェイは、生徒たちに「飛んでくるボールの縫い目を見て、どの方向に回転しているか確認するように」と言ったそうです。これは非常に優れた指示で、いくつかの段階によりうまく作用していきます。

　まず１点目には、普段以上に集中することが必要となります。２点目には、質問に対する答えが「具体的な説明」であることが挙げられます。つまりその「答え」は、今ここで身につけようとしている「ストローク」とは何も関連していないため、「答え」が「評価」や「批判」になってしまうことがないのです。ストロークに意識が集中するので「今」から生徒の注意がそれることもありません。ショットの質をあれこれ思い悩むことなく、可能な限りボールに集中し、ただひたすらボールを見ている時こそ、逆説的にストロークが良くなるのです。そして３点目は、ボールの回転を一緒に観察しているコーチとの直接のフィー

ドバックループ［フィードバックを繰り返すことで、結果が増幅されていくこと］があるという点です。こうした評価や批判を加えない意識によって、プレーヤーは自分を意識せずに対応できるように、自然に導かれていきます。こうして「セルフ2」が働くようになっていきます。

プログラミング

次にプレーヤーが行うべきことは、フィードバックに基づいて、自分の今の行動を変えることです。何か以前とは違うことを行わなければならないのです。「行うべきこと」がすでにわかっている場合は、余計な手出しをせずに「流れに任せる」ことが必要です。「流れに任せる」ことと、「それをなんとか実現させる」こととは異なります。この例では、教わる側に必要なことは、最初にストロークの動作を学んで練習することなのかもしれません。ガルウェイは、この「学習」のことをセルフ2の「プログラミング」と呼んでいます。これは、インナーゲームと同時期にカリフォルニアで人気が高まっていたNLPと同じ用語を使ったものです。

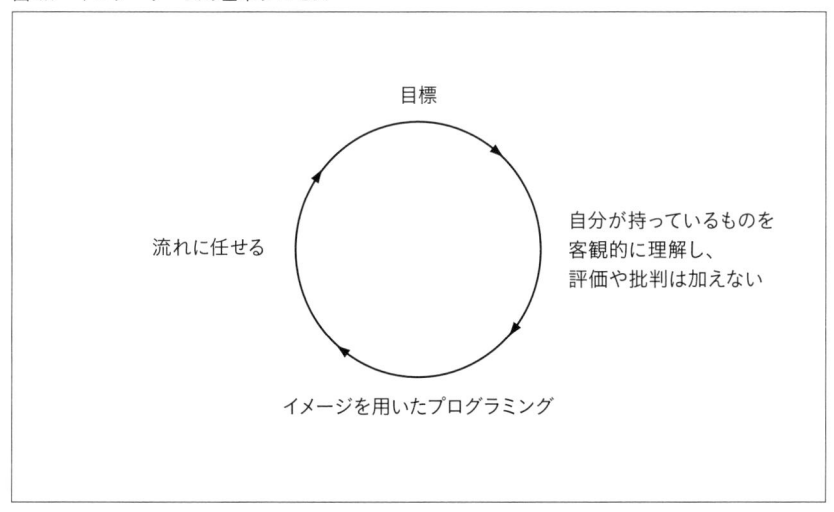

図4.1　インナーゲームの基本プロセス

- 目標
- 自分が持っているものを客観的に理解し、評価や批判は加えない
- イメージを用いたプログラミング
- 流れに任せる

ガルウェイは、セルフ2は「画像や映像などのイメージ」と「手本」を用いた場合に最もよく学習できると書いています。プレーヤーは、プロのテニスプレーヤーのストローク動作を見て、頭の中にそのイメージを作り出すことが必要なのです。
　これはクライアントの認知的スキルを扱うコーチングでは、どのように応用できるでしょうか？　この場合もコーチングセッションにおいて、コーチがそのスキルを実演するところを見ることが重要なのです。1000の言葉より、1回の実演のほうが影響力を持っています。コーチは、自分がクライアントに求めるスキルの手本になることが必要です。セルフ2をプログラムする方法とは、自分が望むことをセルフ2に教え、それについて説得力のある正確なイメージを心の中に作り出すことなのです。
　自分の望みを知ると、自分にあるものがわかります（余計な評価や批判は行わないこと）。そして自分が望むことを行っているイメージを用いて、セルフ2のプログラムを行うと、その次には一歩身を引いて、なすがままに任せることが必要になります。
　一般にプレーヤーは何かミスを冒すと、自分を非難したり、心の中で激しく葛藤したり、あるいはもっと良いプレーをするように自分を励ます、といった反応を起こします。これはセルフ1が暴走している状態で、集中力を台無しにしてしまいます。集中力はトレーニングを必要とする精神的なスキルです。ガルウェイは、コート外での瞑想も役立つだろうと説いています。
　インナーゲームの方法論は、あらゆることに応用できます。目標は達成する対象ではなくなり、自分自身を克服するための手段となります。外なる敵は、私たち自身を成長させる課題を与えてくれます。しかし一方では、この外なる敵が「最強の競争相手」という存在であるなら、外なる敵は真の友人に変わると言えるでしょう。
　テニス、ゴルフ、経営、販売、リーダーシップ、あるいはコーチングといった、どのアウターゲーム（外なるゲーム）を選んでも、この技法を用いてインナーゲームを行い、自分自身を成長させることができます。人生はすべての中で最も重要なゲームです。
　ガルウェイによると、当時影響力のあったもう1つの著作は、1968年に出

版されたロバート・デロップの『The Master Game』[★3]（未邦訳）です。デロップはこう述べています。「人々は富や快楽、あるいは尊敬を第1に求めるわけではない。むしろ、人々はプレーに値するゲームを求めている——そして、その価値はプレーのやり方と、何を得るかによって決まるのだ」

　コーチングというインナーゲームにおいて「好敵手」となるのはクライアントなのです。

インナーゲームの広がり

　インナーゲームは、すぐにヨーロッパに広がりました。ジョン・ウィットモアは1960年代にイギリスでプロのレーシング・ドライバーとして活躍した人物で、ティモシー・ガルウェイのトレーニングを受けていました。彼は1990年代にインナーゲームをイギリスに紹介し、それをビジネス向けに手直ししました。彼の著書『はじめのコーチング』[★4]（ソフトバンクパブリッシング、2003年）は、ビジネスに焦点を絞った著作です。その目標はコーチングを通じてビジネスの職務遂行能力を向上させることであり、それには社員の潜在力を引き出し、個人の能力を最大限に高めることが必要です。コーチングは、個人を教育するというよりも、その人が学ぶ手助けをするものなので、統制型管理の対極にあります。すべての企業は高い職務遂行能力を求めていますが、どのようにそれを達成するかについて意見は一致していません。ウィットモアは「真の職務遂行能力は期待された基準を超えたものとなっていく。これは、真の職務遂行能力は他人の要求や期待を上回る、自分自身の最も高度な基準にそのレベルを合わせていくためだ」と述べています。

　著書の中でウィットモアは、「気づき」と「責任」が、クライアントが自分の最高の能力を発揮するのに役立つことも強調しています。「気づき（awareness）」は自分の周りで起きていることを知ることです。それに対して「自己認識（self-awareness）」は自分の内側で起きていることを知ることで、どちらも、発言や命令ではなく質問によって育まれるものです。人は何かを教えられた時には、考える必要がなくなります。そして「気づき」や「やる気」、「創造性」などもほとんど湧いてきません。効果的な質問はこれらの3つをすべて引き出します。

コーチに必要なものは、先ほどの「ボールはどの方向に回転していますか？」に相当する質問を見つけることです。これにより、クライアントが評価や批判を行うことなく、内的にも外的にも、客観的に状況を理解できるようなサポートが行えるのです。この著作でジョン・ウィットモアがなし得たことは、こうした考え方の開拓と、トランスパーソナル心理学におけるコーチングの活用法を紹介したことです。

●───GROWモデル

GROWモデルは、『はじめのコーチング』の中で、コーチングの基礎として紹介されています。1980年代初めにインナーゲームをヨーロッパにもたらした1人であるグラハム・アレクサンダーによって最初に考え出されました。GROWは、Goal（目標）、Reality（現実）、Options（選択）、What will you do（意志）の頭文字をとったものです。

「Goal（目標）」の「G」

目標とは実体を伴った夢です。目標はクライアントが望んでいることであり、変化を伴います。目標のない人生は、未来も何もない砂漠のようなものです。目標には2種類あります。1つは「最終目標」で、これは究極的な達成対象ですが、本人のコントロールはここに及びません。そこには、たくさんの他の人々と社会システムが関わっています。もう1つは「プロセス目標」で、最終目標を達成するために必要な遂行能力のレベルにあります。

私たちは皆、「関心の範囲」を持っています。これは私たちが興味を向けている部分で、多くの社会システムが収束しています。この関心の範囲の中に、私たちが行動をとり、変化をもたらすことのできる「影響の範囲」が含まれています。例えば、私たちは経済状況や賃金水準に関心を寄せることがあります。これは、私たちが生活し仕事をする地域社会のシステムや経済・政治システム、また業界固有の要因など、多くのシステムがもたらした結果ですが、私たちは選挙で投票することができ、私たちが望む行動によって物事は変えられます。ロビー活動をしたり、政党に入ったり、新聞に記事を書いたりすることもできますし、自分の意見をわかってもらい、政治に関心を持つように友人を説得す

図 4.2　影響と関心の範囲

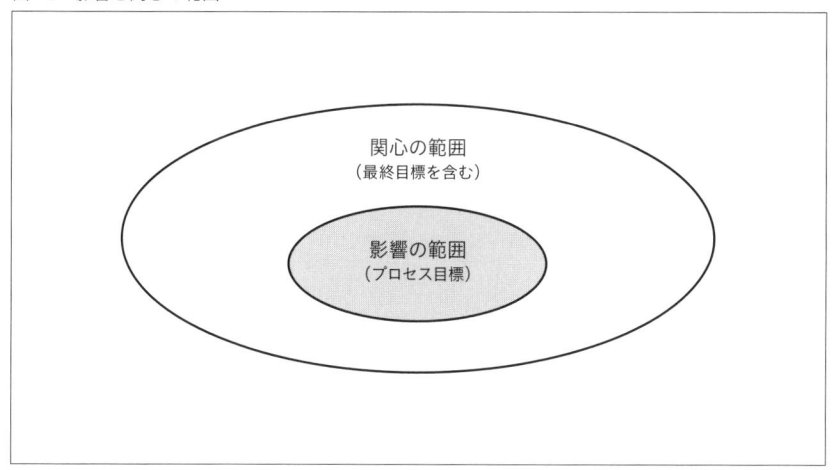

　　　　　関心の範囲
　　　　（最終目標を含む）
　　　　　　影響の範囲
　　　　　（プロセス目標）

ることもできます。これらはすべて影響の範囲内にあることです。

　プロセス目標は影響範囲の中にあります。これは最終目標を達成するために必要な遂行能力のレベルです。最終目標がシニア・マネジャーへの昇進であれば、そのレベルまで遂行能力を上げることが必要です。ウィットモアは「最終目標はひらめきだが、遂行能力の目標は具体化にある」と述べています。ここではさらに、遂行能力の目標は努力であると付け加えたいと思います。

　ビジネス・コーチングでは、プロセス目標を、ビジネス上の最終目標を達成するために必要な職務遂行能力のレベルに設定することで、遂行能力を高めます。

　目標設定はビジネスの重要な部分です。目標設定には様々な方法があり、多くの企業は「SMART」を活用しています。これは、Specific（具体的）、Measurable（計測可能）、Agreed（合意済み）、Realistic（現実的）、Timed（with a deadline：期限付き）の頭文字をとったものです。ウィットモアはさらにPositively stated（肯定形で表現される）、Understood（理解されている）、Relevant（関連性がある）、Ethical（倫理的である）の頭文字をとった「PURE」という言葉を

加えています。また彼は、「目標は取り組みがいのあるもので、合法的であり、環境に配慮し、適切であり、記録されるものでなければならない」とも言っています。

コーチの質問の質は常に重要です。ウィットモアは、「コーチが質問をして、通常の意識のレベルの〈気づき〉から出た答えを受け取るだけならばどうだろう。そのコーチはクライアントが自分の考えを整理するのには役立つかもしれないが、さらに深いレベルの新しい〈気づき〉を突き止めようとしているとは言えないのではないか」と述べています。

「Reality（現実）」の「R」

物事を変えるには、自分が何を持っているかを知る必要があります。つまり、自分の出発点を知る必要があります。これについては1つ笑い話があります。旅行者がどこまでも続く田舎道を歩いています。小雨がしつこく帽子の上に降りかかってきます。彼は数分ごとに地図を取り出して、イライラしながらめくり、また重い足どりで歩いていきます。明らかに彼は道に迷っているようです。地元の人が大きな木の下で雨宿りしていて、彼が近づいてくるのを見ていました。旅行者はその人を見つけて駆けよります。「すみません、メタタウンに行きたいのですが、この道でいいのか教えてくれませんか？」と旅行者は尋ねました。地元の人は下を向いて頭をかきながら、こう言いました。「おやまあ、私がメタタウンに行くんだとしたら、ここからは出発しないよ」

しかし私たちは自分がいるところから出発しなければなりません。そのため、希望的観測や批判、意見、願望、恐怖などにとらわれることなく、自分がいる場所を知る必要があります。コーチは、クライアントが今の現実をできるだけ客観的にとらえる手助けをします。

例えば、クライアントが次のように言ったとします。「金曜の午後はジムに行くことに決めていました。でもいざその時になるとジムには行かず、家でテレビを見て過ごしました。なんだか疲れていたんです」。この説明は「金曜は本当にジムに行きたかったのですが、私は怠け者なので行きませんでした。ごろごろしてテレビを見ました。私に必要なことは自制力なんですよね」という

図 4.3　具体性と説明性

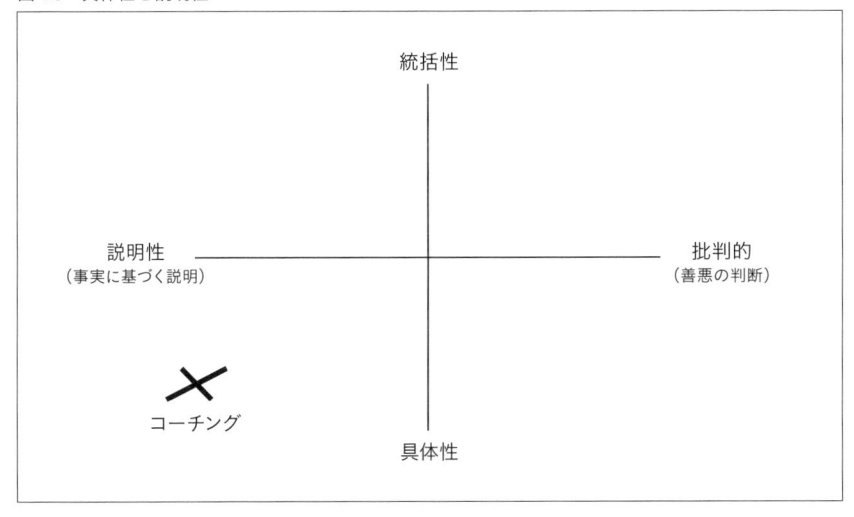

　　　　　　　　　　統括性
　　　　　　　　　　│
　　　　　　　　　　│
　説明性　　　　　　│　　　　　　批判的
（事実に基づく説明）──┼──────（善悪の判断）
　　　　　　　　　　│
　　　　　　　　　　│
　　　×　　　　　　│
　コーチング　　　　│
　　　　　　　　　具体性

説明より客観的です。後者の説明では、一種の解決策（自制力）が示されていますが、現在の状況や目標は正しく認識されていません。こうした「抽象的な」自制力は、結局身につかずに終わってしまいがちです。

　現実をより客観的に、より具体的に表現できると、さらにサポート力が高まります。

　クライアントが現状を、事実に基づいた具体的な点から理解（図4.3の左下の象限）していくにつれて、コーチングはいっそう効果的になっていきます。クライアントが他の象限のエリアに進もうとするなら、コーチはクライアントを事実に基づいた具体的な象限のエリアに連れ戻さなければなりません。

　テニスは身体的な競技ですが、インナーゲームの原理はあらゆる活動に応用できます。精神と身体と感情はつながっています。思考は感情を伴い、感情は身体に表れ、身体の感覚は思考を引き起こします。能力の高さは、その人がとった行動や行為の結果です。そして、行動は思考と感情によって引き起こされます。コーチングの第1の焦点は認知にあります。ウィットモアは、コーチには場合により身体面での「気づき」に働きかけることが必要だとしていますが、その

詳細については記していません。

「OPTIONS（選択）」の「O」

「選択」の段階は、正しい答えを見つけることではなく、ブレーンストーミングで選択肢を検討することを意味します。この時点では、コーチもクライアントも、正しい答えを知りません。この段階の目的は、何をすべきかについて、より多くの選択肢を見つけ出すことです。

この段階は、クライアントが否定的な思い込みを持っていると困難なものになることがあります。「何が可能なのか」、「自分の能力とは何か」、あるいは「他人を信頼できるかどうか」などについて、クライアントは否定的に考えてはいないでしょうか。

クライアントが自身の資質や人的資源の有無を疑っている場合もあります。そのようなクライアントは、自分の否定的な考えが「実際に当てはまる」と確信しているわけではありませんが、「やはり当てはまるのでは」と思い込んでいます。ここでコーチにとって重要なことは、「もしも何の制約もなかったら、どんなことができると思うか」について、ブレーンストーミングを求めることなのです。

「What will you do ?（意志）」の「W」

さてここまでは、「目標」「現状」「選択」を見てきました。最後の段階では、とるべき行動を決定します。この段階では、コーチは、行動とその結果を明確にするために、多くの質問を行うことになります。

行動が決まったら、「それをいつやりますか？」という質問が鍵となります。これには2つのタイプの答えがあります。1つは、例えば「水曜日にやります」といった明確な日時です。もう1つのタイプは、例えば「何日になるか正確にはわかりませんが、週末までにはやります」といった期日です。

「その行動で目標を達成できますか？」という質問は有益です。行動で完全に目標が達成されるということはないでしょう。それは最初のステップであり、クライアントは、行動の結果を最終目標に結びつける必要があります。この質問は、予期しない副作用をもたらすこともあります。

図4.4 コルブの学習サイクル

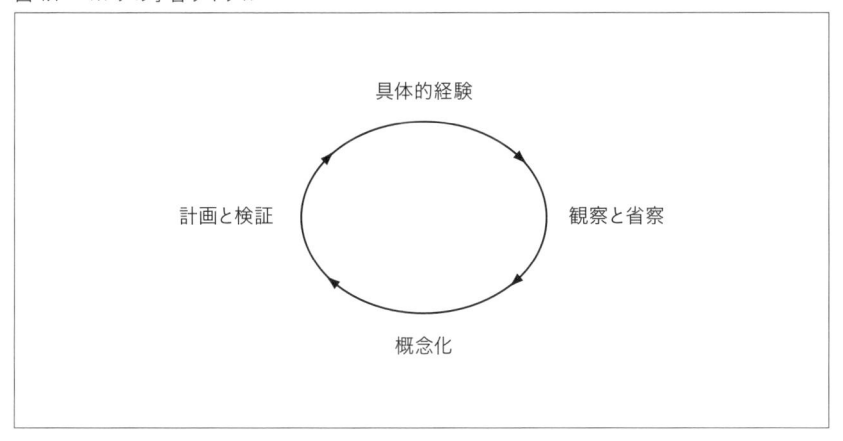

```
            具体的経験

  計画と検証          観察と省察

            概念化
```

「どのような障害が起きると考えられますか？」という質問も役立ちます。「どのようなサポートが必要ですか？　どのようにそれを手に入れますか？」という質問は、クライアントが人的資源を必要としている場合に、それを積極的に求めることを手助けする実際的な質問です。

最後に、クライアントがアクション・プランを明確にしたら、コーチは、その行動に対する取り組み度を10段階で評価するようにクライアントに求めます。評価が10点満点にならない場合には、コーチとクライアントは、アクション・プランを少し修正するか、期限を延ばすことが必要になります。

コルブの学習サイクル

デビッド・コルブが1984年に提唱した学習サイクル（図4.4）は、経験的学習の基本的なモデルとなってきました。GROWモデルはこのコルブの学習サイクルによく当てはまります。[★5]

このサイクルには、4つの学習段階があります。第1段階は具体的経験です。これが第2段階の基礎になります。第2段階は観察と省察で、何が起こったかを理解し、その経験から法則を導き出します。そしてこれらの省察は抽象概念に取り入れられていきます。この抽象概念とは一般的な原理であり、現在起こっ

ていることを規定していると考えられています。また、これは将来何が起こるのかを予想するためにも利用できます。最後の第4段階では新しい行動を計画し、仮説を検証して、知識と経験を増やした状態で再び学習サイクルに入ります。

コルブは、学習者が4つの段階のそれぞれに不足なく取り組むことが理想的だと述べています。また人によって学習スタイルが異なり、サイクルの中で得意とする段階も異なること、またそのため、他の段階は苦手であると推測されることを説明しています。

GROWモデルは、どのようにこのサイクルに位置づけられるのでしょうか？「目標設定」は、経験の提案です。「現実」は、省察と観察によって究明されます。「選択肢」は、概念化によってもたらされます。また、「行動」は、仮説を検証するための計画的な経験です。コーチングのプロセスはコルブモデルに合致していますが、それはクライアントが行動を起こす場合に限られます。行動しなければ、フィードバックも、省察によって検証される経験も存在しなくなります。学習サイクルは1つの変革も起こすことなく停止してしまいます。

● ──コーアクティブ・コーチング

コーチングは急速に発展し、アメリカでは1つの段階に達しました。それが集約されたものが、ローラ・ウィットワース、ヘンリー・キムジーハウス、フィル・サンダールによる『コーチング・バイブル』[★6]（東洋経済新報社、2012年）という、もう1つの重要な著作です。ジョン・ウィットモアが序文を書いています。この本は、アメリカとヨーロッパにおけるコーチングの発展に影響を与えました。『コーチング・バイブル』で取り上げられているのは、コーチングによって作り出される特定の種類の対人関係です。

また、『新インナーゲーム』と『はじめのコーチング』ではコーチの視点に焦点を当てているのに対して、この本ではクライアントの視点に焦点を当てています。コーアクティブ・コーチングでは、コーチングの対人関係を数多くのわかりやすいツールに置き換えているので、コーチがそれらを活用することもできます。その力点は「影響力のあるコーチとなること」から、「クライアントに焦点を当てた、影響力のある対人関係を構築すること」に徐々に移行しています。また、質問の力は質問自体にはなく、その質問がクライアントに与え

影響にあります。

『コーチング・バイブル』は、クライアントの視点から説明が始まります。コーチングは、可能性のある対人関係として規定されています。

「1つの人間関係を想像してみてください。そこではすべての焦点があなた自身に向けられています……そしてさらに、あなたが人生に望むもの、それを達成する助けになるものにも焦点が向けられます……1つの対人関係を想像してみてください。あなたが人生に望むものに対して、あなた自身よりもっと深く関わろうとする人との対人関係を想像してください……あなたに必ず本当のことを言う人との対人関係を想像してみてください……このようなコーチングの対人関係は、信頼や安心に基づくもので、秘密はしっかりと守られます」

この本では、次の4つのコーアクティブ・コーチングの土台が挙げられています。

① クライアントは本来、創造的であり、資質や人的資源に富み、欠けるところのない存在である。
② コーアクティブ・コーチングは、クライアントの人生全体を扱う。
③ 主題はクライアントからもたらされる。
④ コーチングの対人関係は計画性のある協働関係である。

次に『コーチング・バイブル』では「傾聴」「直観」「好奇心」「行動学習」「自己管理」というコーチングの5つの背景が説明されています。

傾聴

「傾聴（listening）」は、「聴覚（hearing）」とは異なります。「聴覚」は受動的な作用で、音波が鼓膜を振動させ、脳が音を認識した時に起こります。「傾聴」は能動的な活動で、傾聴を行う時には意識を集中します。また、傾聴にはさまざまなレベルがあります。

レベル1の傾聴は、すべてのことを個人的な事柄として扱います。ここでコーチが聞く内容は、コーチの連想や内的対話とからみ合います。「〈私〉にとって、

これはどういう意味があるのだろう？」というのが、このレベルの傾聴でコーチが行う唯一の質問です。「このクライアントに対して、次に〈私〉はどんな素晴らしい質問ができるだろう？」というのが、このレベルの傾聴でよくコーチが考えていることです。

　レベル2は、焦点を絞った傾聴です。コーチは、クライアントに焦点を絞ります。またクライアントが話す内容やその時の話し方にも注意します。コーチはクライアントのリードに任せます。

　レベル3は、包括的傾聴と規定されます。コーチはクライアントの話を傾聴して状況を認識し、また自分自身の感情や感覚も意識します。このレベルでは、コーチは、そこでのあらゆることを受け入れる開かれた態度をとります。コーチは不安を感じることがありますが、このことによってレベル2よりもさらに直観が働くようになります。レベル2では、無意識からのメッセージを受け取るメンタル・スペースはありません。

　傾聴のレベルが深まると、コーチはクライアントに何が起こっているかを明確に表現できるようになります。明確に表現するとは、クライアントが心配していることを簡潔に指摘することです。それに対して何かを行うのは、クライアントの仕事です。優れた傾聴を行うと、コーチは、クライアントの話を理解しやすくすることができます。クライアントの多くは、自分で頭の中に張り巡らせたクモの巣にとらえられて、いつまでも同じ考えを巡らせています。あるいは、情報を捨てて結論を急いだり、早計な判断を行ったりすることもあります。コーチは、クライアントが自分自身をより正しく理解するように、物事を明確にします。またその過程で、コーチはクライアントの話をより正しく理解できるようになります。

直観

　包括的傾聴を行うと、直観が浮かんできます。ほとんどの人が、直観は曖昧で、コントロールが効かず裏付けがない観念だと考える一方で、コーチングのツールとして直観が明示されているのは興味深いことです。直観はツールとなり得るものです。コーチは直観の使い方やそれを信頼する方法を学びます。そのため、クライアントもコーチの直観を信頼できるのです。

直観とは何でしょうか？　それは心の深部からのメッセージです。直観は一種の考えですが、その事実を証明する合理的な裏付けとなる情報は取り除かれています。しかし、これは悪いことではありません。コーチは、包括的傾聴を行う時、膨大な量の情報を受け取ります。コーチはこの情報に対して、自分では意識しなかったり、また意識的に応答したりします。この情報は無意識のレベルで処理され、その結論が「直観」や「勘」として意識に現れます。「本能的に感じる」という場合や、「心の中の声」になるという場合もあります。では、これは正しいのでしょうか？　おそらく、正しいのだと思います。しかし、これは聞かれても答えられない質問です。直観は正しいとか間違っているとかというものではなく、一種のヒントなのです。コーチは直観に注意を向け、それを言葉にします。一般にコーチは「直観」を表現する時、「……という感じがします」、「これは勘ですが……」、あるいは「あまり理屈に合わないかもしれませんが、こういうことを考えてみてください。例えば……」というような言い方をします。

好奇心

　傾聴という行動には「好奇心」が必要です。好奇心は、まさしく現実に何の意見も加えず評価を行うのに適した態度となるのです。コーチは、クライアントが目標を設定し、現実を理解する手助けをすることに興味を持たなけばなりません。コーチは答えを持っていません。答えを持っているのはクライアントなのです。コーチがクライアントに興味を持てば、クライアントも自分自身に興味を持ちます。

　時には、クライアントが自分自身をそれほど真剣にとらえていない場合もあります。これは、おそらく他の人がその人を真剣に受け止めていないためでしょう。コーチの態度は、クライアントが自分の話をするよう手助けする上で極めて重要になります。好奇心があれば、批評や批判を伴わない、効果的な質問が頭に浮かんでくるはずです。

行動学習

　「学習」は「行動」から生まれます。そしてコーチは常に、クライアントに行

動することを求めます。これらの行動は「タスク」、または「課題」と呼ばれることが多く、コーチとクライアントが話し合って内容を決めます。コーチがタスクを提案することもありますが、最終的には、クライアントはそのタスクに全力で取り組まなければなりませんし、タスクとその結果の両方について責任を持ちます。またタスクは、GROWプロセスの「W」（意志）に相当します。

自己管理

次に、焦点をコーチに移します。コーチは、コーチングの対人関係の中で自分の役割を果たす準備ができていなければなりません。これはコーチングのプロセスに含まれるステップではなく、コーチの準備に含まれるステップです。「自己管理」には2つの側面があります。

まず1点目として、コーチはクライアントの成功に全力を傾ける必要があります。コーチ自身が疑いを持っていては、クライアントに全力投球を求めても無駄です。クライアントは矛盾を感じてしまい、コーチングはうまく進められなくなります。コーチは、クライアントの潜在力を信じなければなりません。またコーチは、自分の仕事の範囲を定める必要があります。例えばクライアントが「医師やセラピストやメンターに診てもらわなくては」と考えている場合、コーチはそのクライアントを引き受けるべきではありません。

自己管理の2点目は「クリアリング」と呼ばれるものです。コーチは、自分自身の資質や人的資源の不足などのネガティブな感覚が、コーチングのプロセスに入り込まないようにしなければなりません。レベル1でコーチが傾聴を行う場合、コーチは物事を個人的なものとしてとらえます。こうしたコーチはクライアントの話に反応し、同意したり異議を唱えたりしますが、これはクライアントには何ら関係のないことです。この感情はコーチの心から出たもので、クライアントはその感情のボタンを押してはいますが、それは故意のものではありません。

「クリアリング」とは、こうしたことが起こっているのを自覚し、その感情を慎重に脇に置いて、クライアントの傾聴に集中することです。これはわずか数秒で済みますが、時にはクライアントがコーチに訴えかけるようにして、つらい問題について語っていることもあります。おそらく、コーチも自分の人生の

中でそれと同じ問題に取り組んだことがあるでしょう。このような場合、コーチが職業的に公平な態度を保つことは非常に困難になります。コーチがその問題でクライアントのコーチングを続けられると感じるかどうかは、そのコーチだけが決めることのできる倫理上の問題です。ただしコーチは溜まった感情を「クリア」する必要があるので、セッションの最後に深呼吸やリラクゼーションを行うと良いでしょう。

クリアリングは、直接コーチングに関わるツールではなく、コーチが自分の内的状態を管理するための個人的スキルです。多くのコーチは、短時間の瞑想やリラクゼーションの儀式を行って、セッションに備えます。そしてセッションの終わりにも同様のことを行い、次のセッションを行えるベストの状態であることを確認します。そして次のクライアントに意識を集中できるように、先ほどのクライアントとその問題を頭から消します。

内側から見たコーチング、外側から見たコーチング

コーアクティブ・コーチングは、GROWモデルを補うものです。GROWモデルは「外側」から見たコーチングの進行に焦点を当てています。GROWモデルが出来事のプロセスと構造を説明するのに対して、コーアクティブ・コーチングは「内側」に焦点を当てます。コーアクティブ・コーチングでは、コーチがGROWモデルやその他のコーチング・モデルを取り入れるために必要な態度とスキルを扱います。傾聴と好奇心はすべてのステップに適用され、自己管理によって、コーチが最も資質を発揮できる状態を維持するためのフィードバックループが形成されます。

外側から見たコーアクティブ・コーチングは、次のように進められます。

① クライアントが特定の視点から問題を見ていることを理解できるよう、手助けする。
② クライアントが他の視点をとることを手助けする（「問題を解決するための行動」ではなく、「問題を見る視点」を選ぶという点は、GROWモデルの興味深い部分）。
③ クライアントが、別の視点の中に入り込み、それが観念的な行為に終わ

らず、実際的なトレーニングとなるように手助けする。
④　クライアントが望む視点を選ぶことを手助けする。
⑤　クライアントが、状況に対応する計画を作成できるように手助けする。
⑥　クライアントがその計画に取り組むのを見守る。
⑦　クライアントが行動を起こせるようにサポートする。

ケーススタディ

　ここで、ブライアンの置かれた状況を簡単に考察してみましょう。「インナーゲーム」「GROWモデル」「コーアクティブ・コーチング」の各方法論を組み合わせながら、それらがどのように彼の助けになるかを考えてみます。ブライアンの「内なる敵」とは誰でしょうか？　その「内なる敵」は、彼を迷わせ、心をかき乱し、イライラさせているようです。スポーツジムに入るようには思い通りにならないと見えます。

　インナーゲームの方法論の最初のステップは、ブライアンが自分の状況について、善悪の評価をせず、客観的な態度をとるように促すことです。彼は自己批判の傾向が強いのでしょうか？　「内なる声」は彼に何と言っているでしょうか？　彼が同僚に腹を立てている時、実際には何が起こっているのでしょうか？　彼は相手と対決すべきだと感じているのでしょうか？　もっと自己主張すべきだと考えているのでしょうか？　ブライアンに必要なのは、自己批判や自己評価をやり過ごし、起こっていることを客観的に説明することです。また、自分が望むことについて頭を整理する必要があります。会社に残りたいのか、辞めたいのか、辞めるなら次の仕事はどうするのかを明確にすることが必要です。

　GROWモデルによって、これらのステップはより明確になります。ブライアンの目標は何でしょう？　最も急を要することは何でしょうか？　まず、疲れやイライラをなくして、物事が改善するかどうか確かめたいのでしょうか？　それとも、本当に会社を辞めたいのでしょうか？　会社を辞めたいなら、どのような仕事を望んでいるのかを明らかにする

ことが必要です。彼は、客観的かつ具体的に、今の自分の状況の現実を探る必要があります。このようにすると、厳格な労働観と義務感からくる自己批判が軽減されるので、ブライアンは気が楽になることでしょう。コーチは、今の状況での選択肢を探るブレーンストーミングを行い、ブライアンの性格や友人、家族について、人的資源を特定することを手助けします。最後にコーチは、彼が状況に対処するために具体的な行動を取ること、また、障害となる問題を特定し、それらに１つ１つを対処する手助けをします。

　コーアクティブ・コーチングは、ブライアンの好奇心と直観を高めるサポートを行います。彼自身に対する好奇心としては、彼は自分をどのように見ているのか、韓国系という家族の起源から何を学んだのか、今の状況を客観的に見た時、直観から何がわかるか、自己批判がなくなるか、などがあります。

　おそらく、ブライアンは自分を活動的な主人公というより、さまざまな出来事の被害者だと感じています。彼は、将来の会社経営者、夫、父親、ヘッドハンティングされた会社の重役など、他の視点をとることができるでしょうか？　これらの役割を果たす自分を想像した時、どう感じるでしょうか？　どのような視点をとりたいと思うでしょうか？　最終的には、コーアクティブ・コーチングでは、他のコーチングの手法と同様に、ブライアンが確信を持てるまでは意思決定は強要されず、現在の彼の状況のさまざまな側面に対処するアクション・プランの作成をサポートすることとなるでしょう。

コーチングに関する考察

ジョン・ウィットモア

Column

　コーチングという職業はその「成人期」に達しようとしています。仕事を持ち、その仕事を完成させる時期がやって来たのです。コーチングは、職場内の周辺的サービスに留まるか、職場の模範例になるかという岐路に立っています。成長期においては内向的な傾向がありましたが、今や世に出て人々を先導する時期に来ています。

　コーチングには、実践的心理学の進化の新しい波であるという、正当な実績もあります。今やコーチングは、マネジメントや教育、リーダーシップにも導入され、そのやり方を変えて効果を高める手法として求められています。

　コーチたちは長い間、自分たちは常にクライアントの都合を尊重し、それに従わなければならないと考えてきました。そして、実際にそのようにしているか、多くの場合、そうしようと努力しています。しかし、コーチは常にコーチそのものの存在と、コーチ自身の視野の広さによってプロセスとクライアントの両方に影響を及ぼします。例えば、私たちはスキーでインナーゲームの方法を教えた時、自分の好きなことを意識して行うように受講者を指導しましたが、安全のために、受講者が利用する場所の範囲を定めました。ビジネス・コーチングやライフ・コーチングも同じです。コーチの視野が広くなるほど、クライアントは広い分野に刺激を受け、多くを学べるのです。

　このことから、向上心を持ったコーチはトランスパーソナル技法を学ぶことが不可欠だと考えていますが、コーチ自らもトランスパーソナルの探求を実践していなければ、その技法を身につけることはできません。「トランスパーソナル」とは「個人を超えた」という意味で、個人の成長の精神的領域を含むシステム全体を扱うアプローチ法です。これは内面に関する問題ですが、外の世界では常に変化が起こっているので、コーチは外界で何が起こっているか理解

することも必要になります。もし私たちコーチが、個人的な進化に加えて人間が今その渦中にある集団的な進化について深く理解していないとしたら、また社会の変化の中でこうした進化がどのように現れるのかについて把握していないとしたら、私たちはいったいどのようにしてクライアントを手助けできるというのでしょうか？

　私が本書をお薦めするのは、読者の方にとって「コーチングとは何か？」を理解する大きな助けとなるからです。また、この本を通して社会全体の動きを大きくとらえることの重要性を強調するとともに、次の点を補足しておきたいと思います。
　歴史上、私たちに馴染みのある文化の多くでは、「権力」や「豊かさ」は縦型の構造をとっています。しかし世界の多くの場所で、よりフラットな社会行動モデルに向けた変化が始まっています。そこでは、多くの人々が自分に責任を持ち、意思決定の機会が与えられています。人類は集団的社会進化の過程で、この地点にまで到達したのです。この変化は、教育、マネジメント、精神療法、育児、芸能やスポーツといった、生活のあらゆる面にそれとなく影響を与えています。しかしコーチングは、誰もが将来それをよりどころにして生きることになる「原理」を完全に実現する唯一の、そして初めての職業なのです。コーチングという職業には、大きなチャンスと大きな責任があります。
　一般企業や公営企業、政治リーダーたちも同様のプロセスをたどっていますが、その歩みは10年ほど遅れています。コーチングとリーダーシップは結びつきを強め、類似性も高まっています。コーチは、新しいリーダーを生む手助けをするだけでなく、自らがリーダーになる必要があります。これからのリーダーは、今日のリーダーたちの一部だけが持っている賢さ以外のものも身につける必要があります——それは、こうしたリーダーたちも意識しているはずですが、今日ではごくわずかしか存在していない〈重要なもの〉です。このためには、内的側面と外的側面の両方で継続的な学習が必要になります。コーチたちならば、そのプロセスの手ほどきも継続的支援の提供も行うことができるのです。
　優れたコーチになることは難しくなってきていますが、同時にやりがいも大

きくなっています。私たちコーチは、極めて重要な社会変革の誕生に立ち会うという仕事を引き継いでいるのかもしれません。そう、私たちすべてが社会の本流で独自の力を発揮し、自信を持ち続ける勇気があれば、コーチングには素晴らしい未来が待っています。

ジョン・ウィットモア ［Sir John Whitmore］

パフォーマンス・コンサルタンツ社エグゼクティブ・チェアマン。スポーツ、リーダーシップ、コーチングに関する5つの著書があり、このうち『はじめのコーチング』（ソフトバンク・クリエイティブ、2003年）が最もよく知られている。

第 5 章　インテグラル・コーチング

「我々が〈見るもの〉は、主に我々が〈求めているもの〉によって決まる」
　　　　　　　　　　　　　　　　　　　　　——ジョン・ラボック

　私たちが取り上げる2つ目のモデルは、インテグラル・コーチングです。「インテグラル (integral)」という言葉は、「完全な」「包括的な」「バランスのとれた」「総合的な」という意味を持ちます。どの学派のコーチも自分のコーチングが総合的なものだと主張しているかもしれませんが、「インテグラル・コーチング」という用語は、アメリカの著述家・哲学者であるケン・ウィルバーの著作から生まれ、1980年代以降、彼やその他の人々によって広められた「インテグラル・モデル」の枠組みと密接に関連したものです。多くのコーチは、この枠組みや、それを応用したものを使って、自分の方法論と実践を組み立てています。インテグラル・モデルは、コーチングにとって役立つ多くの特徴を持っています。[★1,2,3,4]
　クライアントは、コーチングを最大限に活用するために、インテグラル・モデルの特徴を理解する必要があります。ここでは、まずいくつかのポイントを簡単に説明し、次にそれらがどのようにコーチングで利用できるかを説明します。
　インテグラル・モデルの目的は、個人、社会、文化を扱う包括的モデルとなることです。インテグラル・モデルは、複数の「視点」という単純な概念から出発します。私たちはどのような状況でも、3つの視点、つまり「物の見方」を持つことができます。また、ほとんどすべての言語でこれらの区別があることから、3つの視点は人間の精神の中に深く組み込まれているようにも思えます。

第1の視点は「私（I）」です。これは話し手である観察者の視点で、1人称と呼ばれています。
　第2の視点は「あなた（you）」で、話しかけられる相手です。これは2人称と呼ばれています。
　第3の視点は「彼、彼女、それ（him, her, it）」で、話題になっている人や物です。これは3人称と呼ばれています。

　「私」が「あなた」に話しかける時、「私」は自分の理解を「あなた」と共有したいと思っています。「あなた」が「私」の話を聴いて理解している場合には、「あなた」と「私」は「私たち」になります。「私たち」とは、互いに理解し合う「あなた」と「私」です。この共有された視点を、コーチはクライアントと一緒に作り上げたいと思っています。つまりコーチは、2人称（「私」とは違うけれども対等な存在である「あなた」）でクライアントに話しかけなければならない、ということを意味します。この時初めて、コーチは相手と関係を結び、自分とクライアントの間にとることのできる距離を探ることができます。これは相手を3人称（第3者）としてとらえることとはまったく違います。相手が「3人称」の関係になってしまった時、そこに存在するのは理解ではなく、隔たりです。すると、その相手は目的そのものではなく、目的のための手段となってしまいます。
　インテグラル・モデルでは、1人称の視点は美の哲学、つまり観察者（「私」）の目で見た「美しさ」に関係しています。2人称の視点は、道徳、つまり他人をどのようにとらえるかに関係しています。3人称の視点は、客観的事実、つまり科学で理解できる「外の世界」に関係しています。従って3つの視点は、「真」「善」「美」に関係していることになります。
　次に、インテグラル・モデルでは、これらの視点から4象限のモデル（図5.1）が展開されます。まず、1人称単数（「私」）と1人称複数（「私たち」）があります。2人称もここに組み入れられます。さらに、3人称単数（「彼」）と3人称複数（「彼ら」）があります。これらの視点のそれぞれが、内面または外面から観察されます。これにより4象限モデルが得られます。

内面から見た個人の視点（左上）

　左上は、個人の内的世界です。内面から自分自身を見たもので、主観的に自分自身をどのように体験しているかを表しています。これは、個人が体験している信念、価値観、目標、希望、夢を表わす領域です。

　この部分は、人間性心理学によって開拓されました。左上の象限の方法で理解できるのは本人だけです。というのも、こうした特別な観点を持つのは本人だけだからです。コーチングは人が生きていきやすくなるよう、この象限をさらに整理して快適な環境を作ろうと努力しているのです。

外面から見た個人の視点（右上）

　右上は外面から見た個人です。これは、個人が見るもの、聞くもの、感じるものであり、普通、私たちが考えている具体的現実です。これは外面から見た「それ」「彼」、または「彼女」という3人称の象限です。また、観察可能な行動の領域であり、この象限における「人間の研究」は「行動主義」となります。これは経験科学によって世界を研究するものです。左上の象限で主観的体験として私たちが経験することはすべて、右上の象限に対応する研究対象があります。

図5.1　インタグラル・モデルの4象限

	内的	外的
個人的	**内的 × 個人的** ▶ 主観的現実 ▶ 自分から見た「私」 ▶ 自分が体験している目標、価値観、観念 ▶ 意識の状態	**外的 × 個人的** ▶ 客観的現実 ▶ 外面から見た「それ」または「彼・彼女」 ▶ 科学 ▶ 行動主義
集団的	**内的 × 集団的** ▶ 内面から理解された「私たち」 ▶ 文化 ▶ 共有された価値観 ▶ 世界観	**外的 × 集団的** ▶ 社会科学 ▶ 人間に作られた環境 ▶ 社会学

脳の状態はアルファ波とシータ波で説明でき、EEG装置で測定できます。気分や感情はホルモンや神経伝達物質の量で把握できます。「嘘をつく」という内的感覚は、嘘発見器で知ることができます。右上の象限での治療手段（薬剤など）は、うつ病や精神病の治療に用いることができます。これは精神分析や認知療法（どちらも左上の象限の治療手段）に対応するものです。

　私たちは、思考を変えると自分の心の状態に影響を与えられると知っていますが、薬を飲むことで心の状態に影響を与えられることも知っています。いつもと違うものを食べることで自分の状態を変えることさえできます。一方が他方を否定するということではありません。左上の象限のあらゆる現象に、右上の象限で客観的に研究できる対象となり得る部分があるのです。間違った視点というものはなく、違う場所から見ているだけです。

　私たちは、主に自分の意思によって自分自身を判断します。これは左上の象限に当てはまります。例えば、「そんなつもりじゃなかった。悪気はなかったんだ」などの言い方です。相手はこちらの行動でこちらを判断します。これは右上の象限です。例えば、「あなたが私にしたことを考えてみなさい」などです。意思は目で見ることができないため、相手はこちらの意思を判断することはできません。

集団的な視点（左下・右下）

　左下と右下の象限は、複数の個人からの視点で、この2つは集団の象限です。左下の象限は、内面から見た集団、共有された理解や感覚の領域で、「私たち」の象限です。またこれは文化的観点です。

　右下の象限は社会制度を指し、私たちはこれを外から見て、社会科学によって研究できます。また、金融制度や家族制度がこの象限に当てはまります。

　右側の項目はすべて、目で見ることができます。左側の項目はすべて、解釈しなければならないものです。

●───4象限に当てはめたコーチング

　次に、これらの象限の違いを説明するために1つの例を挙げてみましょう。

私たちは２年前にデンマークへ行き、コペンハーゲン北部の松の木の森の中にある素晴らしいホテルで、コーチングのトレーニング・セッションを行いました。それはデンマークでの最初のトレーニング・セッションだったので、私たちは少し緊張していました。私たちはセッションを成功させたいと思っており、セッションの成功は私たちにとって重要なことでした。私たちの思考や感覚、価値観は、左上の象限に入ります。初日の夜、ジョセフは時差からくる疲れのために頭痛がして、落ち着かない気分でした。彼は視覚化エクササイズ（左上の象限）を行って気持ちを落ち着けました。これは効果がありましたが、後でアスピリン（右上の象限）を飲みました。

　私たちの「視点」からは、トレーニングは成功し、参加者からのフィードバックも大変良いものでした。セッションはビデオテープに撮影され、私たちは後でそのテープを見ました。記入していただいた感想とテープは、コースの記録となり、右上の象限に入ります。トレーニングで用いたマニュアルやレポート、コンピュータ機器やプロジェクターも、すべて右上の象限に属します。

　デンマークの社会の体系は、私たちが暮らすブラジルの社会の体系とは大きく異なっています。デンマークの人々は遠慮がちで、何かを考える時にはじっくり時間をかけたいタイプです。感情をはっきり出すことは少なく、時間に正確です。また彼らのジョークの中には、通訳を通すとあまり面白くないものもあり、また私たちのジョークもデンマーク人の受講者たちには伝わりませんでした。これらはすべて文化に関係することであり、左下の象限に属します。トレーニングを準備した方法や、参加者が行うエクササイズの構成、コース全体の組み立ては、右下の象限に属します。

　人間のあらゆる体験は、４つの象限すべての側面を持っています。インテグラル・コーチングの視点からの問いかけは、「どの側面に注意を向けるか」「どの側面で行動をとるか」ということです。最高のトレーニングを実現するために、誰かが私たちコーチに対してコーチングを行うという場合、その人はどんなことを考慮するでしょうか？

　私たちコーチは自分自身の目標や価値観を明確にし、リラクゼーション・エクササイズで自分自身の心構えを行うべきでしょうか？（左上の象限）――そ

の通りです。

　コーチはすべての機器が正しく機能することを確認し、自分の行動や身振りが実際に話す内容と合うようにすべきでしょうか？（右上の象限）――当然です。どれほど興味深い講座でも、退屈な講師が単調に話せば、受講者は寝てしまいます。

　コーチは、トレーニングの進め方、アシスタントの役割、休憩時間、受講料の支払いといったすべてが明確になっているか確認すべきでしょうか？（右下の象限）――もちろんです。

　また次回は、デンマーク語の言葉をいくつか覚えて、ラポール［互いに信頼し、受け入れている状態］を形成し、デンマークの文化で重要な価値観についてデンマーク人の主催者に質問し、デンマーク人のユーモアを学ぶべきでしょうか？（左下の象限）――素晴らしい考えです。インテグラル・コーチなら、これらすべてのアプローチを考えるでしょう。

　４象限モデルは、ビジネス・コーチングにも当てはまります。現在は、企業経営に関して、４つの主要理論が存在しています。個人の行動（右上の象限）を重視するＸ理論、個人の動機（左上の象限）を重視するＹ理論、さらに、企業文化をテーマとするカルチャーマネジメント（左下の象限）、企業のシステム・プロセスを取り上げたシステムマネジメント（右下の象限）です。それぞれ４象限のいずれかに焦点を合わせています。どれが正しいのでしょうか？――これは無意味な質問です。答えは「すべて正しい」のです。現時点では、どれが最も重要なのでしょうか？――それはそのビジネスの背景事情によります。

　コーチングでの質問は、象限ごとに分類することができます。インテグラル・アプローチを用いて、クライアントがより有能なセールスパーソンになることを目標にコーチングを行うとしたら、コーチは次のような質問をすることでしょう。

- この目標について、あなたにとって重要なことは何ですか？
- この目標を達成した時、あなたはどう感じますか？

- あなたの助けになる内的特質はどのようなものですか？
 （すべて左上の象限の質問）

- あなたの行動をどのように変えたいですか？
- あなたがどのように顧客に接しているか見せてくれますか？
- 有能なセールスパーソンになることに関する論文を読んだことがありますか？
 （すべて右上の象限の質問）

- この会社で有能なセールスパーソンはどのように定義されていますか？
- あなたの目標は、会社のビジョンや価値観に合っていますか？
- あなたの上司は、あなたの目標をどのように見ていますか？
 （すべて左下の象限の質問）

- 顧客を評価するためにどのようなシステムを用いていますか？
- 販売ルートをどのように管理していますか？
- 他の部署との連携はどのように行っていますか？
 （すべて右下の象限の質問）

インテグラル・ライフ・コーチングでは、コーチとクライアントは、すべての象限でクライアントを成長させるという、バランスの取れたやり方で仕事をする方法を話し合うことがあります。右上の象限の取り組みには、ダイエットやヨガ、ビタミン類のサプリメントをとることが含まれます。左上の象限の取り組みでは、可視化や瞑想、アファメーション［意識的に肯定的な言葉を選んで自らに語りかけることによって、意識や心の在り方を変えていく手法］が関係するかもしれません。左下の象限では、クライアントは、教育慈善活動や旅行、文化活動に参加するかもしれません。また右下の象限では、仕事や経済状況のほか、人間関係や地域活動に関する取り組みも行われます。

　4象限はインテグラル・モデルの一側面にすぎません。インテグラル・モデルでは他に、「状態」「段階」「ライン」「タイプ」が扱われます。これらは4象

限の各側面です。

状態

「状態」とは、意識の一時的な状態で、絶えず変化しています。私たちが体験する「自然状態」には、「目覚めている状態」「夢を見ている状態」「深い眠りにある状態」の３つがあります。「状態」は「白か黒か」ではなく、１つの「状態」は他の「状態」とも重なっています。多くの人々は、表向きは目覚めていますが、自分自身の現実の中に深く沈み込み、周囲で起こっている出来事ではなく自分自身の観念に反応している状態、つまりは一種の催眠状態にあると言えます。誰にも、周囲の現実に「目覚める」時が来ます。「気分」もまた「状態」であると言えます。

各象限はそれぞれ、人に影響を及ぼし、嬉しさや悲しさ、興奮や不安など特定の感情を引き起こしますが、「気分」はその全象限において個人の中で起きているすべてのことを総和したものなのです。そして「元気な状態」と「落ち込んだ状態」があります。オントロジカル・コーチングでは、気分は重要になります。私たちには、自分が陥りやすい、〈お気に入り〉の「気分」がありますが、それらすべてが楽しいものであるとは限りません。ある気分に浸るほど、その気分が起こりやすくなります。そしてそれに抵抗がなくなっていきます。

インテグラル・コーチなら、クライアントにとってある気分が不愉快なものであったり、クライアント自身や他人に悪影響を与えている場合、その気分を変えるために、様々な象限でクライアントと一緒に取り組むことでしょう。他にも多くの種類の「状態」があり、例えば「至高体験」では、早朝に突然、風が吹いてカーテンが舞って朝日が顔に降り注ぐような、通常の感覚を越えた素晴らしい感情や希望に包まれます。こうした至高体験は、ポジティブ心理学コーチングで詳しく研究されています。

段階

４象限の図では、各象限に斜めの矢印が引かれています。これは、インテグラル・モデルでは、各象限に成長段階があると仮定しているからです。個人と社会は、はっきりとした段階を踏んで進歩します。すべての象限に進歩と変化

が存在し、この進歩と変化は、より良い状態に向かうものと仮定されています。「段階」は、時間をかけて１つずつ現れます。人は１つの「段階」に達すると、それを永久的に獲得することになります。

文化（左下の象限）は、様々な世界観を通じて発展します。人類学者ジーン・ゲブザー[★5]は、文化の発展段階に従って「原始的」「魔術的」「神話的」「精神的」「総合的」という分類を設けました。これらは人間の思考の成長に対応しています。

社会構造（右下の象限）は、狩猟採集の社会から、農耕社会、工業社会へと発展してきました。今日、私たちは情報化時代の黎明期にいます。右上の象限では、言語や科学、行動が密接に結びつき、複合的になっています。現代は生物工学の時代であるように思えるのです。

スパイラル・ダイナミクスは、社会や個人における支配的な価値観によって特定される「段階」の重要なモデルです。このスパイラル・ダイナミクスはインテグラル・コーチングの他に、ビジネス・コンサルティングや政治戦略の策定においても用いられています。このモデルの最良の参考資料は、ドン・ベックとクリストファー・コーワンの著作[★6]や関連のウェブサイト[★7]です。モデル自体は、心理学者クレア・グレイヴスの先駆的研究[★8,9]から生まれたものです。

私たちの内的世界（左上の象限）では、私たちは成長するに従い、いくつかの明確な意識の状態を経て、一般化を行ったり抽象的概念の理解ができるようになります。「大人として成長すること」には、他人の観点を理解し、尊重できるようになることが含まれます。これが道徳や社会性の発達につながります。少なくとも、人間は３つの段階を経て成長すると言えます──すなわち、「自己中心期」（自分がすべての基準になる）、「慣習期」（社会的行動規範を学び、それに従う）、そして「後慣習期」（自分が所属する社会集団だけでなく、すべての人々に関心がある）です。それぞれの「段階」はその下の「段階」を包含し、それぞれの前の「段階」よりも複雑になります。

「段階」という点で考えると、変化の型として２つのものが考えられます。１つは「交換型」です。これは、同じ「段階」で、より有能になり、環境に適応することを意味します。例えば、アパートの部屋に不満があって、それを変え

たいと思っている場合です。「交換型」の変化なら、家具の移動や、新しい家具の購入、またはもう一部屋借りることもあるかもしれません。しかし、住人は同じアパートの部屋に留まっています。

　２つ目の変化の型は「転換型」です。これは上の「段階」に移動することで、これにより以前にはなかった様々な可能性が出てきます。先ほどの例えで言うと、家を引っ越すようなものです。今までの家具を持っていくことはできますが、新しい家は古い家とは違います（成人の成長段階については第Ⅲ部で取り上げます）。インテグラル・モデルは、「段階」を区別しますが、ほとんどのコーチングはこの重要な点を無視しているのです。

●────成長のライン

　インテグラル・コーチングでは、成長のライン（方向性）にも目を向けます。私たちは皆、自分がある部分では十分に成長していても、別の部分ではそうではないことを認識しています。多くの人に見受けられるのが、極端に自分の才能を伸ばそうとする方法です。例えば、体の健康を無視して自分の頭の中で生きる典型的な「オタク」のような人や、ほとんどの時間を練習に費やし社会生活を失っているアスリート、家族との触れあいがないビジネスパーソンです。こうした例は極端なものですが、自らその状況を選んでいる場合も、たまたまそうなっているように見える場合もあります。

　ハワード・ガードナー[10]は「多重知能」という概念を最初に提唱した人物です。20年前には「理知的知能（IQ）」が脚光を浴びていたこの分野において、現在ではダニエル・ゴールマン[11]の研究から生まれた「感情知能（EQ）」が中心的な存在となっています。知能には様々な種類がありますが、人は皆、こうした知能がそれぞれ色々な段階に発達した状態でいます。１つのラインの知能が秀でていれば、その人はその分野で「才能がある」と言われます。例えば、音楽的知能、身体的知能、数学的知能などです。インテグラル・アプローチでは、５つの主要な知能が挙げられていますが、クライアントは希望すれば他の様々な知能に取り組むこともできます。５つの主要な知能とは次のものです。

　①　認知のライン：明確かつ効率的に考える能力

② 道徳のライン：他者の役割を理解し、社会の中で他人と共に生きる能力
③ 感情のライン：感情を建設的な方法でコントロールし表現する能力
④ 対人関係のライン：他人とつきあい、うまくコミュニケーションを取り、人から好かれ、信用される能力
⑤ 性心理のライン：幸福で健全な性的関係を持ち、自身と相手にとってうまく作用する形で性的エネルギーを融和させる能力

これらはすべて重要です。インテグラル・コーチングでは、弱点となる部分でバランスをとり、クライアントの成長を図る方法がとられます。

コーチとクライアントは、クライアントの生活の中で重要なラインの「サイコグラフ」を作成できます。このグラフにより、クライアントは、そのラインでどれだけ成長したと感じるかという評価を行います。クライアントはそのラインに取り組むことができ、「サイコグラフ」は結果を評価する手段になります。サイコグラフの例は図5.2のとおりです。

サイコグラフは潜在能力を示すものです。では、何を成長させる必要があるのでしょうか？　上の図のクライアントは、感情生活には非常に満足しているが、性生活にはあまり満足していません。またこのクライアントは、認知のラ

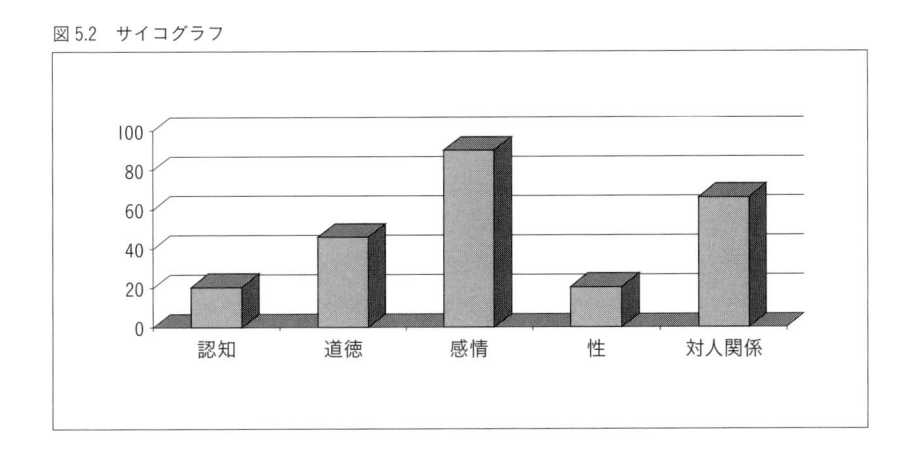

図5.2　サイコグラフ

インをもっと伸ばすことができると感じています。インテグラル・コーチなら、単なる主観的満足（左上象限の尺度）だけではなく、別の基準に従って、同じラインの成長状態についてサイコグラフを作成することもできます。

インテグラル・コーチングは、バランスのとれた状態を目標とするため、弱いラインを伸ばすだけでなく、すべてのラインをバランスと調和のとれた状態にすることを目指します。

各ラインの成長は、複数の「段階」を経て進行します。例えば、感情のラインは、子どもの感情が自分の必要を満たすことに集中する「自己中心期」を経て成長します。その後、家族やコミュニティの構成員になることを求める「慣習期」、さらに相手がどこに所属しているかに関係なく、すべての人を気遣う「後慣習期」が続きます。

これらの成長のラインで重要なのは、あらゆる「段階」の中にそれぞれの「状態」が存在し得ると気づくことです。「状態」は一時的ですが、「段階」は永続的です。ある「段階」に達すると、それは確実なものになり、もとには戻らないのが一般的です。例えば、楽器の演奏や音楽の学習体験がなくても、音楽が大好きな「状態」の人はいるかもしれませんが、その人がコンサート・ピアニストとなる至高体験を得ることはありません。それには膨大な練習が必要です。コンサート・ピアニストであることは「状態」ではなく「段階」なのです。

●───タイプ

「タイプ」とは、私たちが何かをする時の特定のやり方を指すものです。例えば、社交的で人づきあいがうまく、他人と出かけることが好きな人は、「外向的タイプ」に当たります。「タイプ」には多くのモデルがあります。例えば、Disc[12]、MBTI[13]、Birkman[14]などの主要な心理測定テストでは、様々な「タイプ」の線引きがあります。「タイプ」とは、何かを行う時の様々なやり方を表わすもので、固定した不変の性質ではありません。

「タイプ」にも「段階」にも、「成長」はありません。ただ「違い」があるだけで、1つの「タイプ」が別の「タイプ」より優れているということはありません。「タイプ」は、特にビジネスの関係で、人々がどのように異なった考え方をするか

を理解することに役立ちます。

　しかし、ある１つの「タイプ」はすべての人に影響するので非常に重要です。つまり、「性差」という「タイプ」です。進化生物学に関する文献、あるいは思考法、価値観、興味の男女間の違いに関する文献は増えてきており、影響力を持つようになっています。そこから、はっきりした男性的・女性的の「タイプ」または「思考・行動様式」があると言えます。特に、キャロル・ギリガン★15は、女性的タイプに関する著作を発表し、記録された歴史のほとんどにおいて男性的な行動様式が過大評価されてきた中で、女性の価値を明らかにしました。

　男性的タイプと女性的タイプの間には、一般に認められる差がいくつかあります。男性的思考は抽象的、客観的、演繹的になる傾向があります。つまり、一般原則から具体例に進むということです。また、男性的思考は自主性、正義、権利が中心になる傾向があります。男性はどちらかといえば利己主義で、女性は利他主義の傾向があります。女性的思考は、その中心が「人間」にあります。また、経験主義的で、帰納的であり、具体例から一般原則に進みます。女性的思考は関係性、配慮、責任に関連します。男性は規則に従うために感覚を犠牲にしますが、女性は感覚を守るために規則を破ります。

　男性的・女性的というタイプは、対等で相違する２つのタイプです。バランスと調和が重要であり、どちらかに偏るタイプは危険で病的なものです。生活のあらゆる場面で、「男性的」になりすぎて、周囲から孤立し、原則と抽象的概念のみにとらわれることがあります。これは極端な利己主義につながり、強さよりも支配を求め、他と関わりを持つことへの恐れや、他を疎外することが独立心よりも強くなる事態を招きます。男性も女性もこの罠に陥ることがありますが、これは男性に多く見られることです。逆に、女性的になりすぎると、他人の感情や他人自身に影響を受けすぎるようになります。これは、他人との関わりの中で自分自身が失われることにつながります。これも、生活のあらゆる場面で男性と女性に見られることです。

　コーチングは宗教的なものとは関わりのない活動ですが、インテグラル・アプローチでは、根源的な関わりや、最も深いレベルで他者や世界とどう関わるかなど、人として生きることの精神的側面も扱われます。私たちは、自己認識

は大きな価値を持ち、すべてのコーチング・アプローチで重要なスキルになっていることを見てきました。インテグラル・コーチングなら、次のような質問をするかもしれません。あなたが気づいているのはどのような自我ですか？ 物理的な体の全体を意識していますか？ もしくは、心の細部あるいは精神の根源を意識していますか？ それらは、それぞれどのような認識を意味しているのでしょうか？ 多くのクライアントは、自分の精神的成長を手助けしてもらうためにインテグラル・コーチを雇うのです。

● ───まとめ

インテグラル・モデルは、コーチング・モデルとして作られたものではなく、コーチングは1つの用途にすぎません。本書では、重要な関連性を持つと私たちが考える部分を取り上げています。インテグラル・モデルは1つの世界観、つまり行動を起こす基準となる枠組みとして作られたため、コーチングを研究する上での体系として役立ちます。インテグラル・アプローチは本質的に、体や知能・精神を個人的なレベルで育むだけではなく、文化や自然の中でも同様に成長させていくものです。インテグラル・モデルを利用するために、クライアントはこのモデルとその特徴を理解することが重要です。そのため、インテグラル・コーチの仕事には、クライアントが十分理解できるように、このモデルを説明することが含まれます。

またインテグラル・コーチングでは、いくつかの場面で「性別」の区別を行います。そのため、男性に対するコーチングと女性に対するコーチングは異なる場合があります（この点については第Ⅲ部でも取り上げます）。精神的成長を深めることに関心のある方ならば、インテグラル・コーチを探求すると良いかもしれません。

コーチングのためのインテグラル・モデルの鍵となる要素は、様々な視点を持ち、それらのバランスをとることです。インテグラル・コーチは、クライアントがより幸福で充足した人間になることを期待して、クライアントが最大の可能性を持つような「ライン」「段階」「状態」において、連携して問題に取り組むことになります。

ケーススタディ

　インテグラル・コーチの場合、広い視野でブライアンの問題と目標をとらえ、それらをどのように彼の生活に適合させるかを考えます。まず、彼の生活について、各象限でうまくバランスがとれているかに目を向けます。ブライアンはチェスと読書が好きで（これらはどちらかと言えば内省的な趣味です）、運動はしていません。インテグラル・コーチならば、ブライアンに総合的なトレーニングを計画し、これまでと違う分野で活動するように手助けすることでしょう。リラクゼーションや瞑想のエクササイズをすると、彼の気分を和らげ、苛立ちを軽減するのに役立つかもしれないので、これは左上の象限に当てはまりそうです。

　今のところ、ブライアンは何も運動をしておらず、食欲もあまりありません。これが彼の元気のなさやイライラにつながっている可能性があります。この点については、定期的なウォーキングのような簡単なエクササイズを始めることや、最低週２回は家族と一緒に夕食をとることが有効かもしれません。

　インテグラル・コーチならば、ブライアンが持つ韓国の文化的背景について質問するかもしれません。例えば、韓国の文化的背景について彼が何を知っているか、それを誇りに思っているか、また、そこに彼の助けになる資源があるかというような質問です。インテグラル・コーチはまた、ブライアンが自分の気分の変化を見守り、気分を意識する手助けをします。この場合、必ずしも最初から何かを変えようとはしません。さらにコーチは、ブライアンが持つ様々なタイプの知能を評価し、その真価を認める手助けをします。ブライアンは高い認識能力を持っていますが、感情的な知能は低く、対人関係に関する知能も低くなっています。自分の気分と他人の感覚を理解するための練習に加えて、仕事の同僚とうまくつきあうためのコミュニケーション・スキルの学習が有効でしょう。

　インテグラル・コーチは、ブライアンの弱点を補ってバランスをとることを目標とし、その過程で、ブライアンが自分自身のことや、自分

の感情、そして他人と彼らの感情に対処する方法を意識するように促します。この新しいバランスと一連の練習により、ブライアンはおそらく、自分が仕事に何を求めているのか明確に理解できるようになるでしょう。

第 6 章　NLP コーチング

「現実とは、存在しないと思い込んでも、消えてはくれないものだ」
　　　　　　　　　　　　　　　　　　　　　——フィリップ・K・ディック

　NLP（Neuro-Linguistic Programming：神経言語プログラミング）は、1970 年代の中ごろ、米国カリフォルニア州のサンタクルーズ大学でその開発が始まりました。言語学の准教授ジョン・グリンダーと、同校で数学を学んでいたリチャード・バンドラーは、2 人とも「才能」というテーマに興味がありました。「正式なトレーニングをほとんど受けずに物事を立派にこなす人がいる一方で、トレーニングを積んでも上達しない人がいるのはなぜだろう？」——この問いかけに対して「才能ですよ」と答えるのは簡単ですが、「才能」というのは性質を言い表したに過ぎません。

　バンドラーとグリンダーは、優秀な人々を研究のモデルとし、彼らがどのように業績を挙げたのかについての調査に着手しました[1,2,3,4]。2 人はまずゲシュタルト療法の創始者であり革新的な心理学者であるフリッツ・パールズ[5]を研究し、体系的家族療法の草分け的存在であるバージニア・サティア[6]についても深く学びました。さらには国際的な催眠療法の養成機関の設立者であり、「エリクソン式催眠療法」にその名を残すミルトン・エリクソン[7]の研究にも取り組みました。

　バンドラーとグリンダーは交流分析の創始者であるカール・ロジャーズとエリック・バーン[8]のビデオの研究も行いました。他に彼らの考え方に強い影響を与えた人物としては、サンタクルーズでの同僚であるグレゴリー・ベイトソン[9]が挙げられます。ベイトソンは、1950 年代にシステム理論の草分け的存在となったメイシー会議を設立したメンバーであり、サイバネティクスや精神医学、

システム理論に大きく貢献しました。バンドラーとグリンダーの研究対象となった人物のうちミルトン・エリクソンを除く全員がエサレンで教鞭をとっていました。

こうした人々を研究した結果、生まれたのが NLP です。NLP は人間の才能に関する研究の副産物と言えるでしょう。NLP の根底にあるものはコーチングによく似ています。NLP のコーチはクライアントの心の中の世界を理解しようと努めます。この時、優秀な人々をモデルにして開発した様々なツールを使用します。

NLP は通常、「主観的な体験の構造を研究すること」と定義され、インテグラル・モデルにおいては左上部の象限に含まれます。心の中の体験はでたらめに起こるものではありません。「目標」や「信念」、「価値観」といった内面的な世界を研究すると、自分自身や他人をよく理解できるようになるのです。NLP によると「誰もが能力の優れた人と同じ方法で考えて成果を上げる術を習得できる」と言われています。

NLP は 1970 年代から 1980 年代の初めにかけて、インナーゲームと同時期にカリフォルニア州から広まっていきました。NLP トレーニングではコミュニケーション・スキルを奨励しており、また原型となるモデルが主に心理療法の分野のモデルであったことから、NLP 療法も一緒に広がっていきました。現在では、NLP の研究機関や NLP 関連の講座は世界中に見られます。

●───NLPとコーチング

NLP のスキルはコーチングにもよく当てはまります。この理由を NLP という名称に含まれる 3 つの要素から見ていきましょう。

- N：神経（Neuro）とは、精神、つまり我々の思考のこと。
- L：言語（Linguistic）とは、人が他人や自分に影響を与えるために言葉を使う方法のこと。
- P：プログラミング（Programming）とは、コンピュータのプログラミングではなく、自分の目標を達成するために、行動を順序立てて行う方法のこと。

NLPを簡単に言うと、「言語がどのように人の思考法に影響し行動を変えるかについての研究」となります。NLPでは「変化は3つの方向から起こすことができる」と言われています。3つの方向とは、「課題についての話し方を変える」「課題についての考え方を変える」「行動を変える」を指します。NLPではコーチングにも役立つ手法を色々と活用しています。

◉───視点

　NLPの基本的な考え方の1つは、いくつかの「視点」と関係があります。これは「知覚ポジション」と呼ばれています。第1のポジションは「自己の視点」、つまり自分の価値観や目的、信念、興味のあるもの、執着しているものがこれに当たります。この第1のポジションとは「自分」です。

　第2のポジションは「どのように自分が他人の考えや感覚を想像しているのか」ということです。これは共感とラポール（信頼関係）の基礎となります。この第2のポジションを取っている時には、他者の見解をその人の代わりに話している状態にあります。その人の身体的な特徴や声色を知っている場合には、それを使うこともあるかもしれません。

　第3のポジションは、「第1のポジションと第2のポジションの両方を考えることができる体系的なポジション」です。これは第1のポジションと第2のポジションの間にある客観的な視点で、両方のポジションを区別せずに取り入れることができます。それぞれのポジションはそれぞれが別の視点であり、それぞれ別の生理機能と関連し、別の用語が使われています。

　NLPのコーチは、クライアントが第1のポジションを通じて自分の本当の価値観や目的を知るように手助けします。第2のポジションは、クライアントが自分以外の人の考え方を理解するのに役立ち、対人関係の課題については特に有効です。第3のポジションは客観的なポジションとして使われます。このポジションでは、クライアントは色々な人間関係を評価したり自分自身を「外側から」見つめたりして、自分自身のコーチングを行うことができます。第3のポジションは便利なツールで、これを使うとクライアントは自分の現状を具

体的かつ正確に、偏らない見方で説明できるのです。

　第1のポジションが強い人は個性が強くて自己中心的で、自分以外の人の心配事に同情することはありません。また第2のポジションが強い人は感情移入の度合いが強く、常に自分自身よりも他人を優先させてしまいます。第3のポジションが強い人は、分析のスキルに長け、客観的で意見がハッキリしていますが共感性に乏しいようです。NLPの取り組みはこの3種類すべてのポジションをバランス良く伸ばすことにあり、クライアントが色々な知覚ポジションから問題を見て、全面的に理解できるようにサポートします。

● ラポール

　ラポールという言葉は、互いに信頼し合い心が通う関係を説明する際に使われるコーチングの根本的な要素です。NLPでは、第2のポジションを用いてマッチングを行うことでラポールが築かれると提唱しています。第2のポジションの目的は他者の視点に立って他者を理解することですが、その1つの方法がマッチングなのです。マッチングとは「他者の行動の一部をそのまま取り込む」ことを意味しています。人間は自分に似た人物を好み、自分の身体言語（ボディーランゲージ）や声の高さや話すリズムが一致している（マッチしている）人には安心感を抱きます。人は生まれつき無意識のうちに、身体言語や声の調子のマッチングをしているのです。

　このことについては1960年代のウィリアム・コンドン[10]の研究により実証されました。コンドンは何人かの人が会話をしている短いビデオテープを分析し、ジェスチャーや会話のリズムが一致していることを発見しました（その後多くの研究者により同じ内容が確認されています）。

　ラポールはコーチにとって必須のスキルですが、NLPのコーチはクライアントにラポールのスキルを教授し、クライアントが他者とうまく意思の疎通を図れるように手助けできるのです。

● ニューロロジカル・レベル

　「ニューロロジカル・レベル」の概念はNLPで広く用いられていますが、この概念はNLPトレーナーのロバート・ディルツ[11]の著書が出典となっています。

ディルツは著書の中で「ニューロロジカル・レベル」の概念を用いて、様々なタイプのコーチングを詳しく説明しています。

　第1のニューロロジカル・レベルは「環境」です。これは、場所や時間、目で見える範囲にいる人や物のことです。インテグラル・モデルでは、第1のレベルは右の象限に属します。このレベルでラポールを築くには、その環境に合わせてきちんと身なりを整えて、相手の相応の期待を満たさなければなりません。

　第1のレベルでは「空間の心理学」も関連します。相手との空間の使い方には人間関係が反映されますが、空間の心理学ではその空間の使い方を探求しています。コーチはこれを理解していることが大切です。コーチがクライアントと対面して着席することは、空間の心理学では「対立」を意味します。コーチにはそのような意図はありませんが、クライアントは気詰まりな印象を受けることがあります。互いに対面する位置にいるのは、意見の対立を表す場合がないとは言い切れません。通常は隣り合った席や、角の席で隣り合わせに座る方が気楽に感じられます（多くの人は、他者と同じ側に位置する方が良いという無意識の好みがあるようですが、あまり重要なことではないので、NLPのコーチはクライアントが自分の好みの位置に座るように勧めます）。「クライアントに快適な環境を整える」とは、椅子を準備したり携帯電話の電源を切ったりすることだけではないのです。

　第2のレベルは「行動」です。行動とは「人々が行うこと」であり、外側から目で見ることができます。行動はその人の考えや感情から生まれます。身体言語や声の調子のマッチングは、「行動のマッチング」の一例です。これはインテグラル・モデルの右上部の象限に属します。

　第3のレベルは「能力」です。これは一貫性があり、意識せずに行える習慣的なスキルや行動のレベルです。スキルは行動を通してのみ確認できます。コーチはそれぞれのクライアントの課題に対応するためのスキルを身につけていなければなりません。そうしたスキルがなければ、そのコーチはすぐにラポールを失ってしまいます。

　第4のレベルは「信念と価値観」です。信念とは自分の行動や世界観を導く原則です。これから起きることを予想できると感じる時に、信念は我々に安心

感を与えてくれます。我々は経験から信念を積み重ねます。信念は我々が自分自身に許可する経験を広げたり制限したりします。価値観とは、「何が自分にとって大切であるか」を示し、我々に最も深く影響する動機付けとなります。このレベルでのマッチングはクライアントの信念と価値観を尊重することを意味します。このマッチングではクライアントの信念や価値観に必ず賛同する必要はありません。能力と信念と価値観は、インテグラル・モデルの右上部の象限に属しています。

第5のレベルは「自己認識（アイデンティティ）」です。これは、自分自身に対する気持ちであり、人生における自分のミッションが何であるかを決めることでもあります。このレベルでのラポールには、クライアントを世界にただ一人の存在として傾聴し、質の高い心遣いをすることが必要となります。これはクライアントが自分の課題を臆さず表現するのに役立ちます。

第6のレベルは「自己認識を超えたもの」です。これは、倫理性や宗教性、精神性、そしてこの世界での自分の位置や周囲の人との関係などを含みます。

NLPのコーチは、ニューロロジカル・レベルを様々な場面で活用しています。まずNLPのコーチは、クライアントが色々な種類のリソース（資源）についてじっくりと考える手助けをします。このリソースには、自分が既に持っているものも、今必要としているものも含まれます。次にニューロロジカル・レベルは枠組みとして使われ、クライアントが問題のレベルを突き止めて、どのレベルの行動をとらなければならないかを解明するのに役立ちます。例えば環境レベルでは、より多くの情報や手助けが必要になるかもしれません。そうすると、クライアントの目標は重要な人物から手を借りないことになるかもしれないのです。

- クライアントはおそらく自分に必要な情報を持っているが、何を行えばいいのか（行動）がわからない。そのため、クライアントはコーチとともにアクション・プランを立てる必要がある。
- クライアントは情報を持ち、何を行うべきなのかも知っているが、そのスキルがない。クライアントはスキルを身につける必要がある。

- クライアントはスキルを持ち、情報もあり、また何をすべきかも知っているが、それを自分ができると思ってはいない。あるいは、それをすることは自分にとって重要ではないと思っている。クライアントとコーチは、クライアントの邪魔をしかねない信念（思い込み）や価値観に働きかけることになる。
- 最終的には、他のレベルをすべて考慮したとしても、それはクライアントの自己の感覚や精神的な信念にはそぐわないものとなるかもしれない。ニューロロジカル・レベルによりコーチには連動するフレーム（枠）が与えられ、同時にラポールも築かれる。

◉────「思考」を考える

　自分の外側に注意を払う時には、人間は五感（視覚・聴覚・嗅覚・味覚・触覚）を働かせて、世界を理解しようとします。NLPでは、これらの五感と同じ感覚を心の中で活用することにより、人間は物を考えると説明しています。今、自分の思考を詳しく調べると、それが「聴覚」と「視覚」の一体化したものであることに気づくのではないでしょうか（心の中でその言葉を繰り返す時には、「言葉を聞いて」いるのです）。「青い花束を想像してください」と言われると、おそらく頭にその花の絵を描くのではないでしょうか。「濃く淹れたコーヒーのことを考えてください」と言われたら、過去の記憶をたどって、濃いコーヒーの味や香りを思い浮かべると思います。人間の思考の質は、心の中の感覚をいかにうまく活用するか（NLPの用語では「表象システム」と呼ばれています）に影響されているのです。

　表象システムはコーチングへの様々な応用が可能です。NLPでは、人には皆それぞれ好みの表象システムがあると言います。つまり人は「絵」「音」「触覚」のどれか好みのものを使って考えるのですが、ある要素を使うのが得意でも、他の要素は不得意なのです。例を挙げると、クライアントが視覚的な表象システムに強く依存している場合、その人は「自分が見ている物事」には注意を払いますが、「自分が聞いている物事」についてはあまり注意しません。コーチはクライアントがこうした状況に気づくようにサポートし、クライアントが自分のあまり得意ではないシステムを使うように手助けします。そうすること

で、クライアントの考え方がさらに柔軟性のあるものになるようサポートできるのです。

　職業の中には、外面的な側面だけでなく、その人の思考の内面的な側面についても特定の感覚を発達させる必要があるものもあります。例えば音楽家は細かく音を聞き分ける聴覚が必要ですが、音楽の能力を伸ばそうとするには、心の中の音をはっきりと聞き取る力も必要とされます。NLPのコーチングでは、さらに素晴らしい成果を得るために、クライアントの考え方を洗練し高めることができるのです。

　NLPでは、他にも「思考」や「学習」、「意思決定」のために一連の表象システムを利用していると説明しています。NLPのコーチは、クライアントが意思決定するやり方を見つけ、さらに優れた意思決定の戦略をクライアントが展開できるようにサポートします。こうすることで、決定した内容の質を高めていくのです。

　人は当たり前のように、自分流の思考パターンや戦略を選択します。誰もが同じ方法で考え、そのパターンは変えられないと決め込んでいるのです。別の場所へ移動すると目に映る光景は変わります。NLPのコーチは、これと同じようにしてクライアントの「視点」を変化させます。こうすることで、クライアント自身が自分の思考プロセスをじっくりと考え、向上させることができるようになるのです。

　NLPのコーチはどのようにして、クライアントたちの思考法を認識するようになるのでしょうか？──それは、クライアントの身体言語（特に無意識で行う目の動き）を観察することで、クライアントがどのように物事をとらえているか（絵、音、感覚）がわかります。またNLPのコーチは、クライアントが使う言葉に注目します。言葉は思想を直接反映するため、もしクライアントが「私にはこの問題の先を見通すことはできません」などと言った場合は、クライアントは視覚的な隠喩（メタファー）を用いています。これが、クライアントが問題について考えを巡らす方法なのです。そうした場合、コーチは同じ表象システムを用いて「では視野をもう少しだけ広げて考えてみましょう」などと答えてラポールを築きます。そして、その問題を解決するための他の思考法

をクライアントが作り上げられるようにサポートできるのです。

● ───思考の内的な特徴

　クライアントが心の中で自分の感覚を使う時には、外界で何らかの識別を行う場合と同じ種類の識別を行っているはずです。例えば、一般の地図には「色」「サイズ」「距離」「色の明るさ」があるように、心の中の地図にもそうした要素があります。心で感じる「音」には「リズム」「ピッチ」「音量」があり、心の中の「感覚」には「温かさ」「圧力」「方向」があります。クライアントが自分の思考の性質を変える時には、「それが何に関する思考なのか」という意味を変えるのです。この性質は「サブモダリティ（従属要素）」と呼ばれています。

　特に重要なサブモダリティの1つに、思考が何かとアソシエイト（一体化）しているか、それともディソシエイト（分離）しているかということがあります。その思考に入り込んでいる時、人は思考と一体化しています。例えば、果物を食べているところを想像してみてください。本当にその果物を食べているような味や感覚を体験するのではないでしょうか。

　自分が思考の外側にいる時、自分はその思考と分離している状態にあります。つまり自分がある状況に置かれているのがわかるのですが、その状況は出来事とは精神的な距離をもたらします。そうすると、人は「その場にいる」時と同じような臨場感が得られません。誰かが果物を食べている場面を思い描いても、その味わいがわからなければ、この時、人はその体験と分離しているのです。

　NLPのコーチは、クライアントがこうしたツールを使って体験から学ぶようにサポートします。過去の体験が良くないものならば、コーチはクライアントがしばらく分離した状態に留まるようにその体験を評価する手助けをします。そうすれば、クライアントは再びその悪い体験を感じることはありません。

　これは一度だけで十分です。クライアントはその体験を客観的に振り返り、そこから何らかの学びを得ます。逆に、過去の体験が楽しいものであれば、コーチはクライアントが記憶と一体化するようにサポートするのです。動機付けを確立するために、NLPのコーチはクライアントに「望みの目標が既に達成された」ように考えることを勧めています。このように考えると、クライアント

はその「絵」の中に入り込み、一体化が行われ、あらゆる良い感情を得ることができるのです。

　クライアントの中には、時間管理に問題を抱える人もあります。その場合、NLPのコーチは、時間に関して「分離した」視点をとるようサポートします。そうすることで、クライアントは時間が経過していくことに気づき、現在の瞬間にとらわれることがなくなります。

● ――― 言語

　言葉とは、人が自分の心の中の「絵」「音」「感覚」を他者に伝える手段です。しかし、自分の「考え」は「体験」そのものではなく、「言葉」もそのまま「考え」になるものではないため、いざ自分の体験を話そうとする時には、「体験」が大きく形を変えてしまうことがあります。人間は何が起こったかを忘れたり、間違って解釈したりします。しかし言葉は、それ自体は現実をおぼろげに反映する存在にすぎないのですが、「現実」となって現れます。言葉は2度にわたって（つまり1度は体験そのものから、2度目は心の中にその体験が現れる時に）実際の体験から取り出されます。行われた判断とそのことを説明する筋道は、いつしか真実という性質を帯びるようになります。

　「地図は現地ではない」という、アルフレッド・コージブスキーの有名な言葉がありますが、クライアントは自分の「地図」（自分の言った言葉、自分が覚えていること、起こった物事に対する解釈）が「現地」（そこに居合わせた誰もが同意する客観的に本当の事）であると信じています。つまり「言語」とは自分自身に対して、また他の人に対して現実を作り上げる際に使う原料だと言えます。NLPもコーチングも、共に構成主義的アプローチを採用しています。

　NLPでは、「メタ・モデル」と呼ばれる一連の分類手段を使って、クライアントのサポートを行います。メタ・モデルとは言語を使った言語のモデルで、言語を解明するために言語を使っています。メタ・モデルは一連の質問で構成され、クライアントが自分の体験を話す際の、語り口のもつれを解きます。クライアントが問題を言葉で表現しようとする場合、「言葉」は様々な方法で操られたり解釈されたりする可能性があります。そこで、コーチは、クライアントが話すのをサポートする前に、クライアントの言語の混乱を解決しなければ

なりません。NLPのコーチは、クライアントが体験から引き出す言葉の混乱を解きほぐす手助けを行い、そして問題に対してさらに適切な地図を見つけるようサポートします。

　メタ・モデルのパターンの一例を挙げてみましょう。クライアントの「判断」を問題とする場合、「誰がその判断をしているか」「その判断は何を基準にしているのか」を質問します。大部分のクライアントは、自分自身に関して判断を行います。たいていは「悪い」と判断していますが、NLPのコーチはこの正当性を詳しく調べることができます。クライアントの中には他者の意のままに感情的になる人もあります。つまり、こうしたクライアントは自分が怒ったり、悲しんだり、あるいはリソースに乏しいと感じる時には、なにも選択の余地がなく、ビリヤードのボールのように他者によって揺り動かされていると感じています。ニュートンの「運動の法則」はありますが、「感情の法則」などは存在しません。クライアントは「誰かが私を怒らせた」と言うかもしれませんが、それは発言の形式でしかありません。誰にも他者を怒らせる力などありません。NLPのコーチなら、クライアントがどう感じるかを選択するためのサポートを行います。

　そしてクライアントの大部分は、生きている間ずっと「やるべきこと」と「やってはいけないこと」の重みに苦しんでいます。皆、社会的な義務や責任の重圧に引き裂かれ、どうにかしてそこから逃げ出したいとさえ願っています。他者の命令を心の内に取り込み、自分自身の体験として感じているのです。この場合、NLPのコーチはクライアントが本当に自分の望むものをじっくり検討するようにサポートできます。同時に、義務を目標に変換し、「やるべきこと」を「やりたいこと」に変えることができるのです。

　クライアントは自分の目標を達成したいと思っていますが、いくつかの障害物が待ち受けています。障害物がなければ、クライアントはコーチに相談しないかもしれません。こうした障害物は、通常は外的な世界にではなく、クライアントの心の中に存在しています。クライアントは自分自身や自分のリソース、あるいは他者に関して見方の狭い思い込みを持っています。他のコーチング手法と同様に、NLPコーチングでは、その「思い込み」がクライアントにとっ

ては本当のもののように感じられるとしても、「思い込み」を「真実」だとして対応することはありません。

　NLPコーチングでは、その「思い込み」を過去の体験に基づいた最善の推測として扱います。狭量な思い込みは、自己実現しつつある予言として作用します。人は何かを信じている時にはそれに従ってしまうので、その「信じているもの」に疑問を投げかけるために他者からの意見（フィードバック）を集めたりはしません。人は「信じているもの」が真実であるかのように行動してしまうのです。万有引力を信じない人はいないでしょう。自力で空を飛ぼうとする人などいません。羽もないのに空を飛ぼうとしたら、致命傷とまではいかなくても、フィードバックはかなり手痛いものになることでしょう。

　しかし、自分自身や他者に対する「思い込み」、つまり人が互いにどう接するのかについては、「重要性」に対する「思い込み」とは大きく異なります。この「思い込み」は幼年期や青年期に影響力のある大人に倣ったり、その大人をまねすることで身につきますが、それが「真実」だというわけではありません。「思い込み」は、人がそれを真実だとみなして行動する時に、「真実」になります。「思い込み」は学習されるものであり、また忘れることもできるのです。「不安感」や「制限」を持って生まれてくる人はいませんが、人はこれらをいつの間にか身につけて、大人になっても引きずっているのです。「思い込み」がクライアントに限界を作っている場合、NLPのコーチは、クライアントが別の見方で自分を見つめるように手助けし、クライアントが望むならばフィードバックを受け取り、クライアント自身を変えるサポートを行います。

　コーチングは「変化を起こす」ことです。NLPでは変化には「シンプル（単純）な変化」と「ジェネラティブ（生成的）な変化」の2種類があると考えます。
　シンプル（単純）な変化は、行動や能力のレベルで起こります。職場のマネジャーはスキルを身につけ、スキルを使うべき時とそうでない時を知り、さらに能率を上げ、有効性を高めます。図6.1で説明してみましょう。
　この図は「シングルループ・コーチング」と呼ばれています。ここでは「人に仕事を任せられず、大量の仕事を抱え込んでストレスが溜まっている」という問題を例に挙げています。このマネジャー（クライアント）はコーチのサポー

図 6.1　シンプルな変化

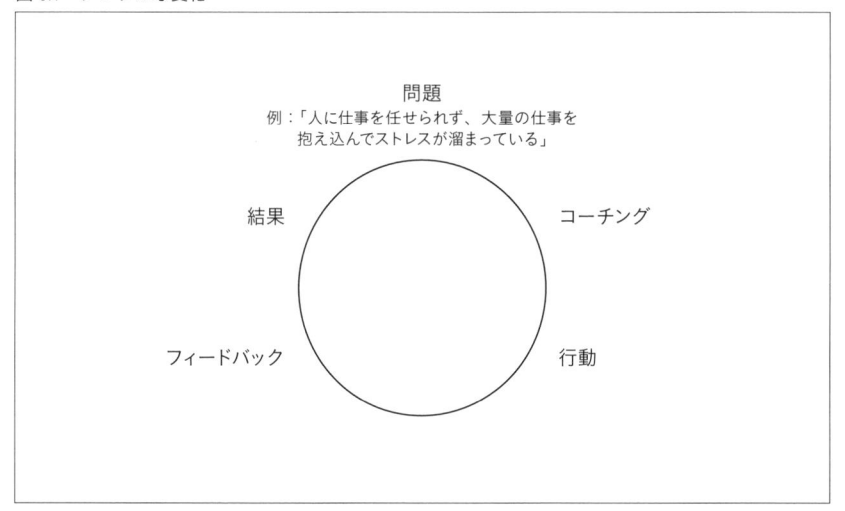

```
                           問題
            例：「人に仕事を任せられず、大量の仕事を
                抱え込んでストレスが溜まっている」

        結果                          コーチング


        フィードバック                   行動
```

トを受けながら、自分の仕事を人に任せてみます。マネジャー（クライアント）とコーチはフィードバックを観察し、色々な結果を得ていきます。問題は徐々に減り、やがて全員が満足することとなります。ここでコーチの仕事は完了です。

　生成的な変化では、「思い込み」と「価値観」というニューロロジカル・レベルでコーチングを行います。このコーチングでは、新しいスキルを構築するだけではなく、クライアントの「思い込み」への問いかけを行います。こり固まった「思い込み」というのは、クライアントの学習を停滞させてしまうこともあるのです。

　これは「ダブルループ・コーチング」と呼ばれています。問題に関してだけではなく、クライアントの「思い込み」についてもフィードバックを得るようにクライアントをサポートするためです。コーチは「思い込み」について議論することも、その誤りを指摘するようなことも行いませんが、小刻みに段階を分けて経験を重ねさせることにより、クライアントがより優れたフィードバックを得られるように手助けします。なかなか解決しない問題の裏側には、常に自分を制限するような「思い込み」が潜んでいるのです。ダブルループ・コー

チングでは問題の解決だけを行うことはありません。最初にその問題を生じるに至った思考を変え、その次に変化した思考を持続させていきます。

●───メタプログラム

　NLPにおけるメタプログラムとは、自分の体験にフィルターをかける方法のことです。五感で受け取る「体験」はあまりにも数が多いため、そのすべてに対応したり反応したりするのは不可能です。そこで、人間は習慣的に「体験」のある一部分に注意を払い、その他の部分は無視しています。メタプログラムのパターンは多彩です。最もよく知られているものが「主体・行動型」（何か行動を起こす積極的な人）と、「反映・分析型」（分析を行い、他の人が最初に行動するのを待つ反応の敏感な人）です。

　また他にも、メタプログラムのパターンには「全体型」（全体像を把握して、それから細部に分けていくタイプ）と、この対照となる「詳細型」（細部から入り、そこから全体像を組み立てていくタイプ)、さらに「類似点」に気づくタイプと「相違点」に気づくタイプというパターンもあります。メタプログラムは、自己同一性（アイデンティティ）を目的とするものではありません。また、どれか1つのパターンが他のものより優れているということもありません。メタプログラムは、自分が達成したい内容によって変わります。NLPのコーチは自分のクライアントのメタプログラム・パターンに注目し、クライアントの行動様式や行動原理を理解します。そして、そのクライアントにとって最善の方法となるようコーチングを組み立てていくのです。

●───NLPコーチングの活用法

　NLPはコーチング用として特別に開発されたものではありませんが、セラピーでは幅広く活用されてきました。コーチングはNLPの色々なツールに素晴らしい手段を提供しています。また学術上、NLPと同じような分野から生まれたコーチングも数多くあります。NLPはコーチングのどういう部分に貢献しているのでしょうか？　NLPは実用的で、「何を行うか」と合わせて「どのように行うか」を重視しています。

まず1点目は、NLPは「良いコーチ像」を示すために利用できるということです。最高のコーチとその他のコーチを区別するものは何でしょうか？　最高のコーチの思考パターン、言葉、価値観、信念などを詳しく掘り下げることにより、NLPでは有用なコーチのトレーニング方法を作り上げることができます。

　2点目は、NLPはどのニューロロジカル・レベルにおいても、クライアントとのラポールの構築に利用できるということです。このラポールの構築は「空間の心理学」に注意し、丁寧に身体言語や声のトーンのマッチングを行い、また価値観や信念を尊重して進めます。言葉のマッチングはラポールの構築に有用です。

　例えばクライアントが自分の問題について、視覚的な隠喩(メタファー)を使った場合（例えば「私にはこの先の進路が見えないのです」など）、コーチは問題を話し合う際には、その視覚的な言葉を使ってマッチングを行います。こうすることでクライアントは「コーチが自分の考え方を大事にして接してくれている」と安心します。NLPのコーチは、「バックトラッキング」というテクニックも利用しています。これはクライアントと同じキーワードやジェスチャーを使って、クライアントが話した内容を確認することを言いますが、「言い換え」ではありません。「言い換え」は、コーチが自分の言葉を使ってクライアントの話した内容を変形させるため、クライアントにとっては「同じこと」を意味することにはならないのです。

　NLPの言語に関するメタ・モデルも、質問の陰に仮定が隠れているのを明確化する際に役立ちます。例えば、「もしこの目標が達成できたら、何が実現しそうですか？」と尋ねられた場合、「もし」という言葉には「不確かさ」の意味があります。「この目標を達成した時には、何が実現しますか？」という質問には「確信」が感じられます。またNLPの観点は、「目標に到達しよう」とするクライアントの気持ちに目を向けるのに役立つので、前述の質問に答える際の手助けにもなります。「あなたには何かリソースがありますか？」という質問は「クローズド・クエスチョン（はい・いいえで答える質問）」で、前提としてリソースそのものを答えるようにはできていません。「あなたが持っているリソースのうち、その状況に対応するにはどれが1番適切でしょうか？」

という質問の方が有効です。この質問はクライアントの関心を自分のリソースに向けさせるからです。

　NLPのコーチなら、クライアントの課題に対する考え方が、解決の妨げとなっていると考えるかもしれません。そこで、NLPのコーチはクライアントが色々な表象システムを利用するよう勧めます。例えば「将来に関する絵を描く」ことは、「将来について考える」ことよりも有効で、確実に具体化が行えます。

　NLPでは「アンカー」という概念も用いられます。「アンカー」とは、過去の特定の感情や反応に結びついた（アソシエイトした）「光景」「音」「感覚」のことです。そのため、「アンカー」は今現在の時点にも同じ感情を引き起こします。その感覚には、良い感覚も悪い感覚も含まれます。懐かしい香りが記憶を呼び起こす時があったり、ある音楽のある部分を聴くと特別な瞬間を思い出すなど、誰にもそうした体験があるものです（多くのカップルには、2人が出会った時を思い出させる特別な音楽があります）。同じように、ある声のトーンを聞くと身がすくむのは嫌いな人のことを思い出すから、ということもあるかもしれません。

　時には、ある人に対して「今現在のその人の状態」ではなく「過去の記憶の中のその人の姿」をもとにして対応してしまうこともあります。NLPのコーチは、クライアントが現在の自分の人生の中でどんな「アンカー」があるのかを見極め、その「アンカー」が「リソースの乏しい状態」を引き起こしてはいないか、確認するようサポートします。こうした恐れがある場合、コーチはクライアントが「アンカー」に気づくように手助けするので、クライアントはアンカーを無力化できるようになります。アンカーを認識していれば、コーチはクライアントに「リマインダー（思い出させるための合図）」を構築しやすくなります（「ストラクチャー」と呼ばれることも多いようです）。このリマインダーは、クライアントが前進するために身につけなければならない「タスク（任務）」「行動のステップ」「視点の変化」を思い出すのに役立ちます。

ケーススタディ

　NLPのコーチであれば、ブライアンを多彩な方法でサポートできます。まずNLPコーチとブライアンは、3つの知覚ポジションを詳細に探っていくことでしょう。ブライアンは第1のポジションが強いタイプでしょうか？　ブライアンは自分がどんな信念をもっているか、自分が何を求めているか、はっきりとわかっているでしょうか？　次に、ブライアンの感情移入の強さはどのくらいなのでしょうか？　第2のポジションに進む準備はできているのでしょうか？　妻や職場の同僚に対してブライアンが抱えている問題は、彼の弱点かもしれません。NLPのコーチならば、ブライアンが妻や子どもや同僚の考え方をより良く理解できるよう、第2のポジションを取るようにサポートすることでしょう。そうすることで、ブライアンは自分の将来に関する決定を行うためのさらに優れた情報を得ることができるのです。コーチは隠喩（メタファー）的に、ブライアンに「問題の外側に立って、第3のポジションから問題を眺める」ように勧めるかもしれません。それをきっかけに、ブライアンは自分が豊富なリソースを持っている状態だと感じ、自分自身のコーチングができるようになるでしょう。

　またNLPのコーチなら、ニューロロジカル・レベルを利用して、ブライアンが問題を理解するサポートをすることもできます。ブライアンは、各レベルにおいて自分に必要なリソースを持っているのでしょうか？　ブライアンは自分が必要としている情報を持っているのでしょうか？　ブライアンは自分が何をしたいか、知っているのでしょうか？　ブライアンは、そのためのスキルを身につけているのでしょうか？　現在のポジションでは何がブライアンにとって大切なのでしょうか？　他の仕事には何を望んでいるのでしょうか？　ブライアンの精神的な信念は、この状況で「リソース」となることができるのでしょうか？　ブライアンは自分の弱点を認めた時に、それを解消する行動を起こすことができるでしょうか？

　さらにNLPのコーチならば、対人関係に役立てるため、ブライアンに

身体言語や声の調子をマッチングするラポールのスキルも教えるかもしれません。また、ブライアンが意思決定の「戦略」を理解するようサポートを行うでしょう。NLP の用語では、「戦略」は成果につながる一連の表象システムを意味します。言い換えると、それは心の中の「絵」や「音」や「感覚」がひとつながりになったものなのです。ブライアンの意思決定の戦略とは何なのでしょうか？　ブライアンの思考はどのような順序で組み立てられているのでしょうか？　それはブライアンの役に立っているのでしょうか？　意思決定の戦略が貧弱であると、決定した事項の質も低下します。つまり、ブライアンに必要な情報が全部含まれているわけではなく、その順番も間違ったものになってしまうのです。

　ブライアンは「ディソシエイト（分離）した」ポジションから自分の口論を振り返り、そこから何かを学ぶ術を身につけることでしょう。「怒り」や「苛立ち」といった、あまり利口でない状態に自分を駆り立てる環境に存在する「アンカー」を見つけることもできるはずです。アンカーは声の調子や、特定の状況といったものかもしれません。ブライアンがこうしたアンカーに気づけば、そのアンカーを避けることもでき、アンカーに自分がどう対応するか、その選択肢を広げることもできるのです。ブライアンなら、「詳細型」のメタプログラムを活用できるでしょうし、「反映・分析型」となることもできるでしょう。NLP のコーチなら、ブライアンが今よりももっと大きな視点で全体像を考えて人生に積極的になれるように、サポートするのではないでしょうか。

新時代のコーチング

ロバート・ディルツ

Column

　いわゆる「コーチング」とは、1人の人間、あるいはチームの能力を最大限に活かせるように手助けするプロセスです。人の強みを引き出し、その人の最高の状態が出せるように個人的な障壁や限界を回避するサポートを行い、また、チームメンバーとしていっそう効果的に行動できるようにします。このように、効果の高いコーチングでは、課せられた役割と人間関係を重視することが求められます。

　またコーチングでは、ジェネラティブ（生成的）な変化が重視され、具体的なゴールを決めて達成することに集中して取り組みます。コーチングの方法論は成果（アウトカム）指向で、問題指向ではありません。また解決策を重視する傾向があり、考え方や行動に対する新しい戦略を開発するよう促します。これは、問題や過去の葛藤を解決しようとする立場とは真逆になります。問題を解決する行動や療法で変化をもたらそうとすることは、カウンセリングやセラピーに関連しています。

●──コーチングの起源

　「コーチ（coach）」の文字通りの意味は、出発地点から希望する地点まで人を運ぶ「輸送手段」のことです。教育分野でのコーチングという概念は、車が物を運び伝えるように、「教師とは試験により教え子を導いたり知識を伝えたりするもの」と考えることから始まりました。教育分野でのコーチは、「個人教授」や「個人またはグループで実技を行う者を指導・トレーニングする人」、あるいは「競技の原理を競技者に指導したり、チームの戦略を指揮したりする人」と定義されます。またコーチを行うプロセスは「指示や実演により徹底的なトレーニングを行うこと」と定義されています。

　そのため歴史的に見て、コーチングが重視してきたのは、特定の行為に関す

る能力を高めることです。「ボイスコーチ」「演技コーチ」「ピッチングコーチ」といった種類で効果の高いものは、個人の行動をよく観察し、指導を受ける者に対して、特定の背景や状況の中で実技を向上させるヒントや助言を授けます。ここでは、注意深く観察やフィードバックを行うことで、その人の行動面での能力の進歩を図ることが求められます。

●───コーチング革命

　1980年代以降、コーチングの概念はさらに一般化が進み、その意味を広げてきました。企業内コーチングでは、業績の向上や個人的な限界の克服に役立つ様々な方法を取り扱います。各企業は社員の限界がその企業の限界を作っていることを認識しています。

　企業内コーチングには、よく見かけるものがいくつかあります。「プロジェクト・コーチング」は、最も効果的な成果を達成するための戦略的なチーム管理に関わります。「シチュエーション（状況）・コーチング」は、ある状況における特定の能力を高めることに焦点を置いています。「トランジション（過渡期）・コーチング」は、ある仕事や役職から別の仕事などに変わる際のサポートを扱います。

　急速に進展したもう1つの分野が「ライフ・コーチング」です。ライフ・コーチングでは個人的な目標を達成する際の手助けを行います。この目標は自分の仕事や企業の目標とは大きく異なる場合があります。トランジション・コーチングと似ていますが、ライフ・コーチングでは人生のあるステージから別のステージへと変わる際に個人が直面する様々な行動の問題に効果的に対応できるように、その人の意識を高めます。

●───「固有名詞」化したコーチングと「普通名詞」のコーチング

　パーソナル・コーチングやエグゼクティブ・コーチング、ライフ・コーチングが、「行動」「能力」「信念」「価値観」「自己同一性（アイデンティティ）」といった様々なレベルに基づくサポートを行っているのは言うまでもありません。時には「精神的なレベル」のサポートまでも行います。様々な形態を持つこれらの新しいコーチング（エグゼクティブ・コーチングやライフ・コーチング）は、「固

有名詞」化したコーチングだと言えるのではないでしょうか。

「普通名詞」のコーチングは「行動」のレベルを重視し、特定の行為に関する能力を獲得したり、その能力を高めたりする際のサポートを行うプロセスを扱います。「普通名詞」のコーチングの手法は、そもそもはスポーツのトレーニングモデルに由来しており、リソースや能力をハッキリと気づかせ、意識的な能力の開発を進めます。

「固有名詞」化したコーチングでは、様々なレベルに基づき効果的に成果を達成するようサポートします。徐々に進む変化に重点を置き、自己同一性や価値観を強めることに意識を向け、夢や目標を実現させます。「固有名詞」化したコーチングは、普通名詞のコーチングのスキルを網羅していますが、もちろんその他の要素も含まれています。

コーチからアウェイクナー（啓発者）へ

NLP（神経言語プログラミング）のスキルとツールは、またとないほどコーチングの効果的な推進に適しています。NLPでは望ましい成果を重視しており、また創始期には優秀な業績をあげた人々をモデルにしていました。これらに加え、段階的なプロセスを作って長所を伸ばすというNLPの特徴により、NLPは「固有名詞」化したコーチングと「普通名詞」のコーチング双方の重要かつ強力なリソースとなっています。

NLPで一般的に使われているスキルやツール、テクニックは、目標の達成や望ましい成果をもたらします。また心の中の状態を管理し、別の知覚ポジションを取り、長所が表われるタイミングを特定し、リソース全体の地図を作り、高品質のフィードバックを行います。

「固有名詞」化したコーチの仕事は、必要なサポートを行い、「ガーディアン(守護者)」としての責任を果たすことにあります。これらは、学習と変革のあらゆるレベルにおいて、クライアントが力を伸ばし順調に成長するのを助けます。クライアントの状況や必要性により、コーチはレベルの各段階でサポートを行うように求められ、複数の役割のうちのどれかを引き受けることが必要になることもあります。[★1]

ガイディング（案内）とケアテイキング（後見）

「ガイディング」と「ケアテイキング」では、変化が起こる場である「環境」に対するサポートを行わなければなりません。ガイディングは個人や集団を、現在の状態から望ましい状態へ続く進路に沿って導いていくプロセスです。これは、「案内人」がその進路に前もって存在していること、そして望みの状態になる最善の道を（あるいは最善の道筋でなくても、そこにたどり着ける道を）案内人が知っていることが前提となります。ケアテイカー（あるいは「後見人」）となるには、安全で協力的な環境を提供することが求められます。ケアテイカーは、外界の状況に注意を払い、必要なものが入手できるか確認し、さらに外界から不必要な邪魔や妨害が入らないことを確かめなければなりません。

従来型のコーチング

従来型のコーチング（普通名詞のコーチング）では、行動のレベルが重視され、コーチはクライアントが特定の行動を実行する力を獲得し、それを高めるようにサポートするプロセスに携わります。このレベルのコーチング手法は主としてスポーツのトレーニングモデルに由来し、リソースや能力を自覚させて意識的な技能の向上を促します。従来型のコーチングは、丁寧な観察やフィードバックを行うことでその人の能力を引き出して強化し、他のチームメンバーと協力した行動を取ることを促します。こうしたコーチで効果を上げる人は、その人の行動をよく観察し、その人が特定の背景や状況で行動に磨きをかけるヒントやアドバイスを行っています。

ティーチング（教育）

「ティーチング」は物事を認識するスキル（認知スキル）と能力を伸ばす手助けを行うものです。一般的にティーチングでの目標は、学習という分野に関連した能力を高め、「考えるスキル」が伸びるようにサポートすることにあります。ティーチングで重視するものは、全体的に物事を認識する力であり、特定の状況での特定の技能ではありません。教師（ティーチャー）は、個人の考え方や行動に対する新しい戦略を作り上げる手助けを行います。ティーチングで重視されるものは、その人の既存の能力を磨くことよりも、新しいことの学習だと言えます。

メンタリング（助言）

　メンタリングでは、その人がまだ自分では気づいていない能力を見出し、心の中の抵抗や干渉を克服するように導くことが求められますが、それはその人自身を信じ、そのポジティブな意思を承認することにより行われます。メンター（助言者）は、ポジティブに個人の信念や価値観に影響を与えたり、あるいはそれらを形成する手助けを行います。このサポートはその人の内面的な知恵に「共鳴」したり、あるいはその内面的な知恵を解き明かして解放することによって行います。これはメンター自身の体験例を通じて行われることも多いようです。こうしたメンタリングは、その人自身の一部として内面化することもよくあります。そうなると外界でのメンターの存在は必要なくなります。人は、人生の色々な状況に対応するカウンセラーや案内役として「心の中のメンター」を持つことができるようになるのです。

スポンサーシップ

　「スポンサーシップ」とは、他者の特質や自己同一性（アイデンティティ）を認識して受容する（「目で見て祝福する（seeing and blessing）」）プロセスです。スポンサーシップには、他者の中に潜在する可能性を探して保護することが求められます。また自己同一性や中核となる価値観の発達が重視されます。効果的なスポンサーシップが行えるのは、すでに個人やグループの中に存在しているが、まだ能力を最大限に発揮していないものを成長させるように懸命に働きかけた場合です。

　「君は存在感があるね」「いつも見ているよ」「君は値打ちのある人物だ」「君は大事な人だ」「君は特別な存在だ」「君の代わりになる人はいない」「いつでも歓迎するよ」「君はここの仲間だ」「君には世の中のために働ける力があるよ」――こうした言葉を常に送ることで、スポンサーシップは完成します。良き「スポンサー」は、相手が行動し、成長し、そして素晴らしい人物となれるような状況を作り出します。スポンサーは、色々な状況やコネクション、リソースを集団や個人に提供します。こうした手助けのおかげで、サポートを受ける者は自分の能力やスキルに目を向け、スキルを高めたり能力を活用したりすることができるのです。

アウェイクニング（覚醒）

アウェイクニングは、コーチングやティーチング、メンタリングやスポンサーシップを超えたもので、「ビジョン」「ミッション」「目的」といったレベルに相当します。アウェイクナー（啓発者）は、サポートを受ける人が自分自身のことや「心」や「愛情」を理解する上で最高の状態を引き出せるような環境や体験を提供する手助けを行います。アウェイクナーは自らの完全性と調和性により他者を「覚醒」させます。つまり、自分自身のミッションやビジョンと完全に一体化しているので、他者をその人自身のミッションやビジョンに結びつけることができるのです。

●───まとめ

コーチにとって総合的な目標は、自分のクライアントがスキルを身につけ色々な変化レベルでツールを活用する手助けを行うことにあります。こうしたスキルやツールを狙い通りに役立てて、クライアントは自分の希望する将来像を構築し、その将来像を達成するのに必要なリソースを活性化していきます。

コーチの役割はクライアントのサポートにあり、クライアントが必要なスキルやツールを独力で利用できるように学習するのを手助けします。クライアントは徐々に「道具箱」の中のツールの扱いに慣れてくるので、やがてはそれほどコーチに頼らなくても、独力でうまくツールを活用できるようになっていきます。このようにして、クライアントは充実した実り多い人生を送れるように、本当の力を身につけていくのです。

ロバート・ディルツ　[Robert Dilts]
ジョン・グリンダーとリチャード・バンドラーによって1975年に作られたNLP分野（神経言語プログラミング）の第一線の開発者、トレーナー、コンサルタント。ミルトン・エリクソンやグレゴリー・ベイトソンに師事。またNLPについての著書を18冊執筆。

第 7 章　ポジティブ心理学コーチング

「自分の胸に『君は今、幸福かい？』と問いかけてみたまえ。
とたんに君は幸福でなくなってしまうよ」

——ジョン・スチュアート・ミル

　ポジティブ心理学は、マズローの自己実現の心理学の足跡を厳密に受け継いでいます。ポジティブ心理学では問題への対応よりも精神衛生（メンタルヘルス）や幸福感、ウェルビーイング［ポジティブ心理学のトピックの1つで、5つの計測できる要素（ポジティブな感情、没頭、関係、意味と目的、達成）から成り立つ］を重視しています。そのため、精神衛生モデルについて、心理学の様々なシステムがたどっているものとは異なる見方をしています。通常のモデルでは、行動や感情の問題の原因を突き止め、手当を行って治療します。その後まもなく患者は平常通りに回復します。しかしこのモデルはコーチングには当てはまりません。「普通」のものを「特別」なものに変えようとするのがコーチングなのです。ポジティブ心理学に基礎を置いたコーチングは、多くの場合「本当の幸せコーチング」（AHC：Authentic Happiness Coaching）と呼ばれています。

　ポジティブ心理学の研究テーマは、「人はどのようにポジティブな感情を持っているのか」「ポジティブな感情を増やすには何を行えば良いのか」ということです。ポジティブ心理学がモデルに使うのは幸せで充足感のある人です。そうした人々が、どのように生活の中で長続きするポジティブな感情を豊かに構築しているのかを詳しく調査しています。そうすることで、コーチは同じことができるように他者を手助けできるのです。こうした問いかけは、いままで心理学分野ではあまり顧みられることがありませんでした。

マーティン・セリグマンが生みの親となったポジティブ心理学[★1]では、3つの要素を重視しています。1番目はポジティブな感情。2番目はポジティブな性格の特徴で、ポジティブな感情を支える頭脳と身体と精神の強みや長所。3番目は、そうした性格の特徴を後押しするポジティブなシステムの研究です。この分野はよく検証された研究をもとに構築されています。

ポジティブ心理学を使ったコーチングとは、クライアントの基本的な強みと価値観を特定してそれを高め、さらにその強みや価値観をクライアント個人の生活や仕事に活用することを指しています。ポジティブ心理学では、「人はもっと幸せになりたい、もっと充実したいと思っている」という前提に立っています。つまりポジティブな感情を育み、ネガティブな感情への対応を行うということです。ネガティブな感情は、外界の色々な危険から守る壁となります。その働きは単純で、危険な状況を回避することはできますが人を幸せにすることはできません。ネガティブな感情は生活のバランスを取り、危険を防いだり、破綻状況（ブレークダウン）を建て直すのに役立ちます。コーチングのコーチを探している人はたいてい、物事がうまくいっているタイプの人で、自分の素質をさらに引き出したいと考えています。また、さらに良い状態になるのを悲観する必要はないと感じています。幸福とは、単に「不幸ではないこと」なのではありません。またそれと同じように健康も「病気ではないこと」とは異なります。

● 希望と楽観主義

クライアントが「本当の幸せコーチング」を受けるとどうなるのでしょうか？

まずコーチは、そのクライアントが自分の体験をどのようにとらえているのか、また起こった出来事の意味をどのように理解しているのかを詳しく調べます。出来事を理解する方法については、セリグマンとそのペンシルバニア大学の同僚たちにより、1980年代に「帰属スタイル」（図7.1）と名付けられました[★2]。この「帰属スタイル」は2種類に区別できます。「悲観主義的なスタイル」と「楽観主義的なスタイル」と呼ばれ、3つの要素が関係しています。

まず1番目の要素として、悲観主義的なスタイルで物事を考える人は、「不幸せは自分の失敗だ」と思い込んでしまいます。このスタイルの人は自分自身を責めて、不幸せを個人的なものだと考えます。そして何か良いことが起こっ

図7.1 帰属スタイル

楽観主義的な帰属スタイル	悲観主義的な帰属スタイル
① 個人的 良い出来事は自分の手柄とするが、悪い状況に対して自分を責めることはない。	❶ 個人的 悪い出来事があると自分を責めるが、良い出来事があっても自分がやったと言わない。
② 一時的 良い状況はいつまでも続き、悪いことは長続きしないと考えている。	❷ 一時的 悪い状況はいつまでも続き、良いことは長続きしないと考えている。
③ 影響の広がり方 良い影響は自分のこれからの人生に影響するが、悪い経験が自分の人生のその他の面にまで影響するとは考えない。	❸ 影響の広がり方 悪い経験は自分のこれからの人生に影響するが、良い経験が自分の人生のその他の面にまで影響するとは考えない。

た場合には、その反対に「幸せは自分の力でどうこうできるものではない」と考えます。

2番目の要素として、このスタイルの人は「悪い状況はこの先も続くだろう」と考えます。ところが何か良いことが起こると、「これは長続きしないだろう」と思ってしまいます。

3番目の要素として、「悪い体験はその影響が他にも作用し、生活の色々なところに影響を及ぼす」と考えてしまいます。良い体験をしたとしても、悲観主義的なスタイルの人は、それが生活に影響すると思いません。そのため、悲観主義的なスタイルの人は、例えば友人とけんかをすると自分自身のことを責めて、「友情はもう終わってしまった」と考えます。またその友達がこの喧嘩のことを何人もの人に話すだろうと思い込みます。新しく人と知り合いになったとしても、「今度の友達はなんていい人なんだろう。でも、どうせこの友情も長続きしないだろうし、これで生活が何か良くなるわけでもない」といじけてしまうのです。中には、「悲観主義的なスタイルの方が、どちらかというと現実的だ」と考える人もいるようです。こうした人は、「最悪のことを考えなさい。そうすれば失望することはない」と言いますが、実は悲観主義は、楽観

主義よりも「現実的」だというわけではないのです。

　楽観主義的なスタイルはこれとは正反対です。楽観主義的な人なら、悪い状況に対して恨み言を言いません。また良い状況は自分の手柄にします。悪い状況は一時的なものだと思い、また良い状況はずっと続いていくと考えます。何か悪いことが起こっても、楽観主義的な人なら、それは他には影響しないことだと考えます。しかし良い体験については、他にも影響を及ぼして生活の色々な面で役立つと考えます。

　この2つのスタイルにはいくつかの性質があります。人はどちらかのスタイルに偏る傾向がありますが、極端なタイプの人はあまり見られません。

　楽観主義的な人々は、良い出来事はその後も長く影響し、悪い出来事は一時的なものと認識しています。つまり楽観主義的な人は、悪い出来事があってもすぐに気持ちを立て直し、良い出来事の心地良い満足感をその後もずっと長く保ち続けているのです。また、悪い出来事に対してはかなり限定された解釈を行いますが、良い出来事に対しては普遍的に解釈します。成功の喜びは生活の色々な側面に影響を広げますが、失敗は自分だけの箱にしまっておきます。このように楽観主義と悲観主義は対極的な位置にあります。たいていの人は、この2つの位置のどこか中間点に収まります。

　ここからどのような違いが生まれてくるのでしょうか。その違いは大きなものです。ハーバード大学で35年以上にわたって行われた研究によると[3]、一般に年齢が20代の時に悪い出来事を楽観主義的に解釈していた人は、悲観主義的な解釈をしがちな人と比べて、その後（40代以降）健康な人生を送っています。しかし悲観主義的なグループについては、健康状態が顕著に低下しており、これはその他の変数（ライフスタイル、喫煙、食習慣など）では説明できないものでした。結論を言うと、楽観主義の人は19%も寿命が長くなっていたのです。

　これは統計的に有意な結果となりました。偶然だとする可能性は1000分の1以下です。有毒な食べ物があるように、害を及ぼす思考パターンというのも存在します。楽観主義が悲観主義と同じくらいに現実的であるとするなら、楽観主義的に考えることには、明らかにメリットがあります（もっとも、不必要なリスクをカバーする適切な対策を講じた上でのことですが）。

楽観主義と対をなすのが「希望」です。この2つは数々の研究のテーマとされてきました。良くない出来事が起こった時、楽観主義と希望は絶望感を和らげてくれます。また仕事の能率を高め（骨の折れる仕事に携わっている際には特に）、身体の面では健康を増進してくれます。なんと言ってもありがたいのは、一般的に信じられているのとは逆に、楽観主義も希望も練習で身につけられるということです。ポジティブ心理学のコーチは、クライアントが楽観主義的な思考を身につけるよう手助けしていきます。どのような問題にぶつかっても、楽観的な考え方はクライアントの役に立ち、また長期にわたるメリットをもたらせてくれます。

セリグマンは、悲観主義的な考え方を認識して反論するシンプルなプロセスを説明し、これを ABCDE モデルと名付けました。A は「困った状況（Adversity）」、B は「信念（Belief）」、C は「結末（Consequences）」、D は「反論（Disputation）」、E は「元気づけ（Energization）」の頭文字を表しています。

困った状況（Adversity）

「困った状況」とは体験の中でも、特にネガティブだったものを指します。これはどのような課題でしょうか？　例えば、自分はコーチングのセッションを担当していますが、あまりやる気が出ず、クライアントには進展が見られません。セッションの終了時に、クライアントは「何も変わらなかった」と感じたと言っている、といった場合です。

この状況は色々な視点で見ることができます。出来事から解釈へ一足飛びに進み、解釈を抜かして判断へと飛んで、すぐに「あれは良くないコーチングセッションだった。いや、そもそもコーチが良くなかった」という結論へと急ぐことは簡単です。これは典型的な「悲観主義的な結論」かもしれません。

信念（Belief）

起こった事柄のどういうところを信じていますか？
それは自分のせいでしたか？
次のセッションも同じように悪くなりそうでしょうか？
自分のスキルを見失っていませんか？

クライアントはコーチングを続けるでしょうか？

結末（Consequences）

悲観主義的な思い込みの結末は何でしょうか？　おそらくは、コーチングに対する不安や、クライアントがコーチングを止めてその友人や重要な取引先にこのことを話すのではないかという心配でしょう。もしかすると、ビジネス関係のクライアントは途絶えてしまうかもしれません。自分には何らかのアドバイスが必要なのかもしれません。

反論（Disputation）

反論は重要なステップです。その出来事や周囲の状況、信念、これから起こりそうな結末を、客観的に注意深く考えてみてください。

悲観主義的な部分について反対尋問を行ってみてください。証拠から目を離さず、またその証拠を正当化することのないようにしてください。自分にはどのような証拠があるでしょうか？　他にどのような解釈がありますか？　1つの出来事であっても原因は1つだけとは限りません。常に複数の状況が重なっているのです。例えば、最初に「前の夜によく眠れず、セッションの前は少し身体の具合が悪かった」ということを思い出すかもしれません。また、自分の息子の通信簿のことも心配していたかもしれません。どうやら前の学期のようには良い成績ではないようで、この心配はなかなか頭から消えませんでした。また、その前のセッションが長引いたため、短時間のリラクゼーションや気持ちを切り替えるおまじないも行えずに、次のセッションに臨むことになったのでした。息子に対する心配は表面上には現れなくても、消えずにふつふつと沸き続けていたに違いありません。こうした色々な事情がある中、ベストを尽くそうと考えるのは現実的ではないかもしれません。また思い出していただきたいのは、そのクライアントはこれまでのコーチングには満足していたということです。

誰でもうまくいかない日はあります。今回のようなセッションは以前にも経験があります。おそらく月に1回程度はありそうですが、繰り返しのパターンになっていることは、まずなさそうです。

では、ここから予測される結果はなんでしょうか？　人間なのですから、うまくいかない日もあります。クライアントがコーチングに来るのを止めたとしても、それはコーチの責任だけではなくてクライアントの責任でもあると言えます。悲観主義的な考え方は論理的とは言えません。

元気づけ（Energization）

　ネガティブな思い込みや悲観主義的な考え方に反論すると、元気が出てきます。このことから、どんなことが学べるでしょうか？　完璧である必要はありません。仕事ぶりはその時々で変動します。それが自然なのです。仕事ぶりが通常よりも悪いとしても、また通常時以上に良くなることもあり得ます。もしかしたら、それと同じ週に注文の厳しいクライアントの女性と素晴らしいセッションを行っていたかもしれませんし、それがそのクライアントに目覚ましい洞察力をもたらして飛躍的な進歩につながったかもしれません。つまりは、自分は前よりも良いコーチになりつつあるのかもしれません。そしてクライアントも職場の人に自分を推薦してくれるかもしれません。

　いつも仕事ぶりが素晴らしく、時には最高の出来映えの仕事をする人であっても、自分の仕事ぶりを観察してそのパターンに気づくと、色々なことに役立ちます。問題のクライアントとの次のセッションでは、前回の振り返りから始めても良いでしょう。前回のセッションについてクライアントがどう考えているのかを理解し、そこから前に進むこともできるでしょう。また、前回のセッションの記録をざっと振り返り、どういう質問を行う方が良かったかを考えることもできるかもしれません。コーチングはいつも前進し、上昇するものとは限りません。回り道や障害物が少しでもあると、その分ブレークスルーが素晴らしいものになるのです。

　この ABCDE プロセスは覚えやすく、クライアントが問題に対応するサポートになるばかりでなく、考え方の癖を変える手助けにもなります。長生きがいつでもコーチングのメリットだと考えられるわけではありませんが、おそらくはメリットとなるのでしょう。

● 幸福

「幸福」とは一種の「状態」です。人間は生まれてから死ぬまでの間に、たとえ色々な問題や困難、病気や惨事があったとしても、様々な方法で幸福を求めようとするものなのです。幸福には不変の公式はありません。トルストイはその小説『アンナ・カレーニナ』(光文社、2008年) の冒頭でこう語っています。「幸せな家族はどれもみな同じように見えるが、不幸な家族にはそれぞれの不幸の形がある」。この着想から興味深い物語が作り上げられましたが、正しいのは半分だけです。すべての人には、そしてすべての家族には、それぞれの幸せの形があるのです。

セリグマンは幸福へとつながる次の3つの経路を突き止めました。

- 感情から幸福へ至る道
- 心の中での (内的な) 活動や外的な活動とのつながりにより幸福へ至る道
- 個人の心理的意義により幸福へ至る道

同じ人間は1人もいません。自分の能力も、自分に必要なものも、そして幸せになる方法もそれぞれ違っているのです。「本当の幸せ」は、それぞれの方法で幸せになることを指します。コーチはその人が自分の強みと潜在能力を見つけるように手助けします。また、その強みと潜在能力を伸ばすサポートを行います。幸福は享楽主義と同じものではありません。享楽主義の人はできるだけ多くの楽しみを求めます。しかし幸福は楽しみと同じではないのです。幸福とは何なのでしょう。人間は幸福を測定することができるのでしょうか。

幸福の公式

幸福という言葉には色々な側面があります。誰もが幸福は望ましいものだと認めることでしょう。そして幸福は皆から尊ばれ、手に入れたいと思われていますが、とらえどころのないものです。1990年代の中頃までは「一定の温度に合わせて電流を調整するサーモスタットのように、幸福の分量はこの世に生まれてきた時に定められている」と考えるのが一般的でした。ある人は他の人よりも生まれつき幸せですが、それをどうこうする術は特にはありませんでし

た。良い出来事にしろ、悪い出来事にしろ、それで自分のレベルが変わることはありましたが、その後は当初決められたレベルに戻っていく傾向でした。ところが今では、「幸福はそのすべてが遺伝によって決まってしまうわけではない」ということが知られています。

下記の公式は、ポジティブ心理学における「幸福」の公式です。

$$H = S + C + V$$

「H」は、その人が幸福を持続し得るレベルです。人には皆、幸福な時がありますが、それはたいてい長続きしません。

「S」は定められた範囲です。これはかなりの程度まで遺伝的に決められています。人は新しい環境に慣れていきますが、しばらくすると、これまで自分を幸せな気分にしてくれたものが普通の生活の一部分になってしまいます。そうすると人は自分に幸せをもたらしてくれそうな新しい目標を定めます。その新しい目標は幸せをもたらしてくれますが、それもしばらくの間だけです。人は目標を達成するとそれを楽しみますが、自分の人生にどんな良いことがもたらされようと、それに慣れてしまうのです。

「C」は環境です。人は自分の環境を変えることはできますが、それは簡単なことではありません。金銭では幸福は買えません。国民全体に社会的なセーフティネットのある豊かな国では、収入が増加しても幸福レベルにはほとんど影響がありません。アメリカの最も裕福な層でさえ、平均と比べてわずかに幸福度が高いだけだと言われています。年齢、教育、気候、人種、性別は幸福とは関係がないようです。環境は外部からもたらされます。幸福を持続する力は内部が源となり、これは自分でコントロールできるものです。

「V」は自分が自発的に行える物事で、自分でコントロールできます。例えば、楽観主義的な思考パターンは、幸福のレベルを高めるために自発的に行うことができます。しかし幸福はちょっとしたパラドックスでもあります。幸福とは一種の状態であり、今この一瞬だけ幸せになれるというものです。幸福は、前日持っていたなら翌日目覚めた時にも側にあるような、携帯できる持ち物ではありません。掴もうとすればするほど、その手から逃げていってしまいます。

幸福は内気な友達のようなもので、自分の家に来てもらうにはその気にさせなければなりません。友人の手を掴んで無理矢理玄関から入れようとすると走り去ってしまい、もう近づいてはこないでしょう。

●──喜び

ポジティブ心理学では「幸福」と「喜び」と「満足感」を区別しています。「どうしたら私は幸福になれますか？」というのは漠然とした質問です。幸福には「喜び」と「満足感」という、明確に異なる2つの要素があります。喜びは感覚的なものです。直接的で感情的です。喜びとは、心地よく感じている状態です（時には、罪の意識などのネガティブな感情がその後に起こることもありますが）。性行為や熱いお風呂、冷たいシャワー、素晴らしい音楽の一節、一片のチョコレート、大きな笑いなどの生のままの喜びは、すべて素晴らしいものです。音楽鑑賞やワインのテイスティングなど、深い知識を伴う鑑賞は喜びを豊かにします。こうしたリストを自分の余暇に加えてみましょう。喜びというものは、いずれにせよ基本的な感覚で、あまり種類の個人差はありません。これは生物学的に人間の身体は類似しており、苦痛や喜びを感じるシステムが同じだからです。喜びは無意識のものです。喜びを分析しようとしたり、疑ったりしないでください。そんなことをすれば喜びは消え失せてしまいます。

厄介なのは、喜びは徐々に薄れていってしまうということです。ワインの1杯目はとても美味しいのですが、10杯目でも同じ喜びを与えてくれるとは限りません。次の1杯からは杯を重ねるごとに何かが失われていくのです。人は喜びに慣れていきます。同じ喜びを得るためには同種の刺激をますます求めるようになることがよくあります。これが「中毒」の始まりなのです。喜びは外に展開することが必要であり、また最高の効果を求めて味わうことが求められます。こうした意味において、コーチはクライアントが自分の喜びを最大限に活かすように教育することができるのです。

●──満足とフロー

喜びはその大部分が受け身の状態です。人はくつろいで喜びを享受します。反対に満足感は積極的なものです。満足感は人を魅了しますが、もし「喜び」

がそこにあるならば、すぐ「満足」に気づくとは限りません。満足感は「フロー状態」と呼ばれる状態をもたらします。「フロー状態」になるのは、今行っていることに集中し釘付けになっている状態です。行動には意味と目的があります。ポジティブ心理学コーチングでは、クライアントが生活の中でフロー状態になる頻度を増やすようサポートし、意図と目的を達成する手助けを行います。「フロー」の研究を初めて行ったのはミハイ・チクセントミハイ[★4]です。フローは選ばれた少数の人だけが到達できる恵まれた状態ではありません。適切な環境さえ与えられれば、誰もがいつかは体験できるものなのです。フローの力は育てることができます。ポジティブ心理学コーチングではクライアントがフローの力を高めるようにサポートを行っています。

「フロー」状態とはどういうものなのでしょうか？ はじめに、フローは心の内面の明確さだと言えます。すべてが明瞭に見え、何も疑うものはありません。次に、フローはまぎれもなく現在の瞬間に存在しているということです。自意識はほとんど存在せず、自分はここにいるのですが、「これが自分だ」という感覚がありません。自分は人生のフローの一部なのです。「これはすごい。自分はフローの中にいる」と考えた瞬間、フローから外れてしまいます。

また「フロー」とは、アスリートにとっての「ゾーン」の別名でもあります。ゾーンに入った状態のアスリートは最高の状態にありますが、自分のプレーの巧拙は頭にありません。何が起きてもその瞬間に反応するだけです。頭に何もない状態に至っており、身体を通じてそのアスリートの「スキル」が外に流れている（フローしている）だけなのです。これは正に、インナーゲームが育もうとしている状態です。

フロー状態に入ると「コントロールしている」という強い感覚があります。そして「フローを行っている」という感覚が、行動の中に溶け込んでいきます。何かを行う「行為」は存在していますが、それを行う「行為者」は存在していません。フローの中にいる時には、時の経過はほとんど感じません。長い時間が過ぎても人はフロー状態の中に捕まった状態で、ほんの数秒か数分のように感じられます。

こうした特徴（内的な明確さ、「現在」にいる感覚、時間のずれ）は、フロー状

態が生じた結果なのです。これはコントロールできず、試すこともできませんし、実際にやろうとしても不可能です。ところがフロー状態に関して、クライアントにもコントロールできるものが2つあります。また、コーチはクライアントがコントロールできるようにサポートすることができます。

　1つ目は、クライアントの「スキルレベル」と「挑戦レベル」のバランスを取ることです。フローには高度な挑戦に見合ったレベルの高いスキルが必要です。このスキルと挑戦のレベルとは、クライアントが認識しているレベルの点数であり、絶対的なレベルではありません。クライアントが「この挑戦はレベルが高すぎる」と思えば、クライアントはフロー状態ではなく、心配状態に入ってしまいます。クライアントが挑戦に見合うレベルよりも自分は高いレベルだと考えると、挑戦は退屈なものになってしまいます。

　2つ目は、モチベーションです。やりたくないことをやっている時にフロー状態に入る人など、どこにもいません。コーチは、クライアントにとって価値があり、その目的のために楽しんで行えるような行動を探す手助けを行います。フロー状態はお金で釣ることもできませんし、押しつけたり無理に得たりもできません。フローに必要なのは、魅了され、引き寄せられることなのです。

　コーチは次のような方法により、クライアントがフローや満足感を得られるように手助けを行います。

- クライアントの行動に明確で迅速なフィードバックを行う。どこから、またどのようにして他者からの明確なフィードバックを得るかを確認するようサポートを行う。フィードバックは協力的でポジティブなものであるべきだが、その数が多くなりすぎないこと。ポジティブなフィードバックが多すぎると逆効果になる。
- クライアントが自分の体験を振り返る手助けを行う。時間をどのように使っているか？　何をしているのか？　もし時間が「お金」であるとしたら、クライアントは何に投資するか？　自分が価値を認め幸福感が得られる活動のために、生活の中に実際に時間を確保しているか？
- クライアントのスキルレベルや挑戦レベルの視点を尊重する。この2つの要素の適正なバランスを見つけられるように手助けすること。スキル

図 7.2　フロー、スキル、挑戦

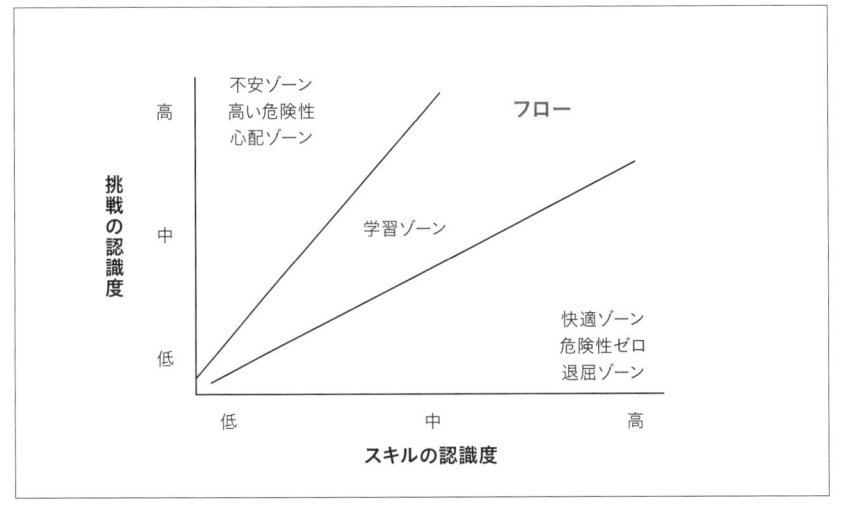

（縦軸：挑戦の認識度　低・中・高　　横軸：スキルの認識度　低・中・高）
- 不安ゾーン／高い危険性／心配ゾーン
- フロー
- 学習ゾーン
- 快適ゾーン／危険性ゼロ／退屈ゾーン

レベルも挑戦レベルも、常にコンフォートゾーンよりも少し上に引き上げること。上に引き上げすぎて、不安や心配ゾーンにまで持ってこないこと。

- おそらく何よりも重要な点は、クライアントに自分の心の内部での対話に気づかせることにある。この対話は極めて批判的なこともある。クライアントの多くは自分自身を酷く責めたて、常に自分の頭の中でネガティブなフィードバックを行っている。このネガティブなフィードバックは、外側の世界から与えられるポジティブなフィードバックをすべて打ち負かすことすらある。クライアントに必要なことは、自分の心の中での対話を自覚し、それをできる限り自分を励ますものに代えることである。

◉───**価値観と美徳と強み**

　ポジティブ心理学コーチングでは、クライアントが自分にとって大切なことや、自分が得意な分野とつながりを持てるようにサポートすることを重視しています。クリス・ピーターソンとマーティン・セリグマン[5]は、VIA（Value in Action：行動における価値観）テストと呼ばれる性格の強みの分類方法を開発し

ました。性格の強みは行動や思考、感覚に関係する生まれつきの能力です。これを使うと人は最適の方法で行動できるので、目標を達成したり本来の力を発揮したりできるのです。

コーチはこのテストを使ってクライアントの性格の強みを確認するように指導しています。両者はクライアントの強みを伸ばし、日々の生活の中でさらにその能力を活用するように協力して取り組みます。強みには24種類ありますが、これらは主な文化や宗教で認められた6種類の基本的な美徳に由来します（図7.3）。この基本的な美徳はそれ自体が高く評価され、またさらに高めることが可能です。自分の強みを測るVIAテストは、インターネットで無料で受けられます。[★6]

クライアントは自分の特徴である強みを基に行動している時、確かな手応えを感じて元気が沸いてきます。また、強みを活用する方法を他にも見つけたくなります。強みは最高の業績を引き出すための一種のツールなのです。クライアントの強みの分析結果には、その人が絶好調の時にはどのような状態であるか、何がその人のモチベーションとなるのかがわかります。コーチはクライアントの価値観を活用し、その人が満足感やフローを構築して6つの普遍的な美徳とつなげていくサポートをします。

◉───**ポジティブ心理学とチーム**

ポジティブ心理学は色々なビジネスと密接な関係があります。人は仕事をし

図7.3　主な文化や宗教が認めている基本的な6つの美徳

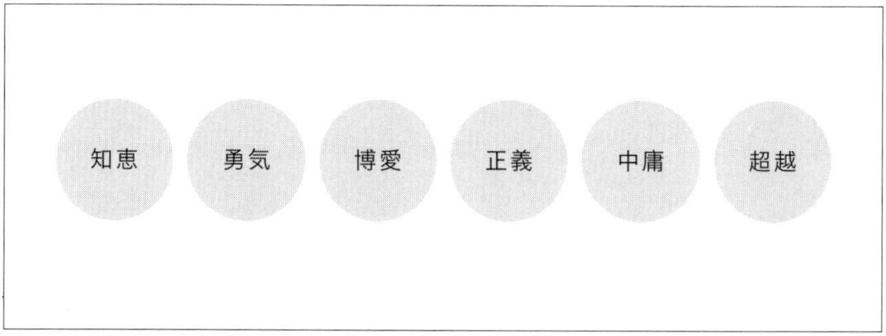

知恵　勇気　博愛　正義　中庸　超越

ている時に幸せでありたいと願います。また、チームの一員と感じて自分の仕事を楽しみたいと思っています。自分の特徴となる強みを仕事にも応用すると業績が高まります。ポジティブな感情は人々を元気づけ、さらに創造的な仕事をするようにモチベーションを与えてくれます。

　60のビジネスチームの業績をもとにしたマーシャル・ロサーダの調査研究によると[★7]、ポジティブな感覚はそのチームの機能の発揮の仕方や、成果の達成度に対して大きく貢献していることがわかりました。それらビジネスチームの会議が開催される時、研究者たちはその場で出されたポジティブな発言（承認や支持する意見）とネガティブな発言（不承認や批判的な意見）の確率を測定しました。チームは収益性と顧客満足度により評価され、「高」「中」「低」という採点が行われました。その結果から、業績の高いチームは、おおむね1件のネガティブな反対意見に対して3件の割合でポジティブな賛成意見を出していることがわかりました。ポジティブな意見の確率がネガティブな意見に対して少なくなるほど、そのチームの評価も下がっていきました。これは、協力的な意見が多くても、批判的な意見や異議申し立てがゼロであるとは限らないためです。チームが本領を発揮できるようにするには、こうした結果が重要であることは言うまでもありません。

　その後の研究から[★8]、人はそれほど多くの「良いこと」を所有できないことが明らかになりました。「ポジティブな意見」対「ネガティブな意見」の割合が12対1を超えると、そのチームはうまく機能しなくなりました。またチームメンバーは融通が利かず自分の頭を働かせないようになっていました。この研究結果には、ビジネスチームを扱うコーチやライフ・コーチに対する色々な情報が含まれています。協力的になる——これは良いことです。しかしそれもある限度までのお話です。協力も度を超すと相手は責任も主体性もない人間になってしまいます。

◉───**まとめ**

　ここで話をまとめてみましょう。ポジティブ心理学のコーチはクライアントの強みと価値観に働きかけ、生来の強みを使って、最高の業績を収められるようクライアントをサポートします。コーチはクライアントが楽観主義的なスタ

イルで物事を考えるように手助けします。さらにクライアントが楽観主義的に考えるのに役立ち、またポジティブな感情を強化し、活動へ積極的に関与して目的意識を高めるようなタスク（作業課題）を与えます。

例えば、ポジティブな感情を強めるためのタスクでは、クライアントは自分が好む満足感の高い活動に充てる時間を確保します。クライアントはその時間を満喫して活動に夢中になり、新しい方法で行うこの「喜び」に感謝することでしょう。こうした時間を定期的に生活に取り入れることになるかもしれません。ポジティブ心理学では、「幸福」「フロー」「性格の強み」など、ほんの２、３年前まで「研究するには主観的すぎる」と思われてきた概念を採用しています。そしてこれらを実用的かつ慎重に研究された方法により活用し、人々が人生を謳歌するのに役立てているのです。

ケーススタディ

ポジティブ心理学コーチはどのようにしてブライアンをサポートするのでしょうか？

ポジティブ心理学コーチなら、まずはブライアンに自分の「強み」と「既に達成している成果」を重視するように勧めるでしょう。何が間違っているかには目を向けず、また不満の残ることがあってもそれを否定しないようにします。ブライアンのようなクライアントは、現時点での問題点で気持ちが晴れなくてもそのまま放ってしまいます。そのため、自分の「強み」や「既に達成している成果」をも見失ってしまうのです。すると、リソースが乏しい気分が生まれ、さらに不幸せな状態や問題をもたらしてしまいます。

コーチは、ブライアンと協力し、より多くの希望が得られるように取り組むでしょう。そのためにはまずブライアンに「自分には何ができるのか」を示し、その状況に自分が影響力を持っていることを理解するように手助けします。次には成功への道のりを築く明確なアクション・プランを作るようにサポートします。

コーチはブライアンがポジティな方法で状況を考えるように手助けし、自分の中の楽観的な考え方を分析するサポートもします。コーチはブライアンに ABCDE プロセスをすべて体験させ、現在の問題点が他とは関連のないものであり、近い将来解決できるものだと考えるように手助けします。また、ブライアンが頭の中で堂々巡りをしていて、心の中にある批判的な対話に気づくようにサポートします。コーチは、ブライアンが「起こってほしい」と思っていることを自分で明確化し、どうやればそれが達成できるのかを考えるよう手助けします。さらに「起こってほしいこと」がポジティブな方法で生活の色々な局面に影響を与え、長く継続できるようにします。コーチはブライアンが現在の問題点を考えられるように手助けします。つまり、何を信じているのかを知り、その思い込みの結末を考えて、自分自身を不幸でリソースに乏しい状態にさせているものに挑み、そしてポジティブで希望に満ちた方法で前進するようサポートします。

　またコーチは、ブライアンのチーム内の力関係や、ブライアンがチームとどのように協力して仕事を行っているかを詳しく調べ、ポジティブで協力的なフィードバックが増えそうかどうかを確認します。また、ブライアンが他者から役に立つフィードバックを得る方法を見つけられるように手助けします。ブライアンの課題からすると、どうやら彼は予想以上に孤立しており、フィードバックを求めたり良いフィードバックを得るのが難しい様子なのです。

　さらにポジティブ心理学コーチングでは、ブライアンの価値観を詳しく調べ、個人的な強みを伸ばす手助けを行います。ブライアンにとって、チェスのどういう部分が魅力的なのでしょうか？　また読書ではどうでしょうか？　ブライアン自身の家族、妻や子どもたちについてはどうでしょうか？　ブライアンが本当に大事にしているものは何なのでしょうか？　ブライアンに最高の喜びや満足感を与えてくれるものは何でしょうか？　コーチはおそらく、ブライアンが生活の中で、こうしたことをさらに頻繁に行う方法を見つけるように勧めます。コーチは、ブライアンに定期的に何か楽しくて満足感のある行動を行うという宿題を出す

かもしれません。

　ブライアンはVIAテストも受け、自分の性格の強みを確認するでしょう。この分析結果をもとに、コーチはブライアンが自分の状況の中で鍵となる強みを活用し、影響を及ぼすためにこれらの特別なリソースをどう用いたら良いかを検討するよう手助けします。最後に、コーチはブライアンの強みを最大限に活かして、将来に関わる重要な決断を行うにはどうすれば良いかを見極めるようサポートを行うでしょう。

臨床心理学からポジティブ心理学へ
コーチングへの旅

キャロル・カウフマン

Column

　コーチングという職業に出会い、ポジティブ心理学という学問分野を知った時、私はかごから放たれた鳥になったような気がしました。私はとうとう知的フレームワーク（枠組み）と頼りになる仲間を手に入れたのです。これらは私が、臨床心理学の中のあるべき位置に誤ってはめ込まれていた「不自然な制約」を乗り越えるのを助けてくれました。またその後すぐに、私自身に、そして私が一緒に働く幸運を得た素晴らしい仲間たちに、新しい可能性を開いてくれたのです。

　クリニカル・サイコロジスト（臨床心理士）としての私の仕事は、クライアントの苦しみを探り、心の癒しや人間関係の回復、そして身体機能の向上を求めて流した彼らの「涙の跡」をたどることです。これはやりがいのある仕事です。-10 から 0 へ進むように、人々がマイナスの状態から元の状態へ前進しようとするサポートを行うことは確かに重要です。しかし私はさらに先に進みたいと強く願っていました。いわば、0 から +10 へ進むような、さらに高いレベルへの進歩です。

　私は、ポジティブ心理学とコーチングを通じて、その高みを目指すチャンスを見つけたのです。臨床療法とは異なり、コーチングは「夢の跡」をたどり、最高の生活満足度とパフォーマンスを目指して共に旅を創造することに関わります。「癒し」がその過程で生じることも多いのですが、それは「強み」を見出し、より多くの喜びを感じ、仕事や生活や自分自身をもう一度好きになることの副産物です。

　セラピストから転向した多くのコーチと同様に、私は「普通の心理学」に何が欠けているのかよくわからないまま、コーチングに心を傾けながらも最初の仕事に留まっていました。心理学の分野での私の最初の仕事は研究助手で、

1974年にその職に就きました。

　病状が重くなる可能性のある子どもたちの研究を行い、対象となった子どもたち全員の母親が（重度の）精神病を患っていました。新しい上司と初めて顔を合わせた時、私は次のように質問しました。「どうして私たちはこの子どもたちの悪い部分だけに目を向けているのでしょうか？　精神病の母親を持ちながらも健康でいる子どもの研究をしてもよいでしょうか？」

　進取の気性に富むハーバードの教授たちは、21歳の私に、その頃教授たちが進めていた研究にこの仕事を加えることを許してくれました。数年後、私の研究結果は、6年間の研究から得られた結果の中で最も重要なものになっていました。私の指導教授は、機会を与えようと道を譲り、私を論文の代表執筆者にしてくださいました。驚いたことに、「スーパーキッド──精神病の母を持つ優秀な子どもたち」は、『アメリカ精神医学』誌に掲載されました。[1]

　私は、心的外傷（トラウマ）を専門とするクリニカル・サイコロジストになる道に進みました。フルタイムの個人診療を行いながら、ハーバード・メディカルスクールの教育病院であるマクリーン病院で教鞭をとりました。「強み」に対して抱いた以前の関心は、私の中に残っていました。それまでに参加した十数回のセミナーと何百回かの研究ミーティングの中で、私はいつも「私たちには〈人間の良い部分〉を説明する言葉が乏しい」と思っていました。私たちは「悪い部分」や「足りない部分」、あるいは「病的な部分」のみを議論していました。私が「強み」や「人間の潜在力」について話す時、同僚たちは寛容でしたが、興味を示してはくれませんでした。

　理論的なフレームワークと、そのフレームワークを裏づける数百の研究を持たない私の意見には、ほとんど重みがありませんでした。私は「明るい面」に目を向ける心理学者だと見られていましたが、それは重要だとは見なされませんでした。心理学の文献に快活さや創造性に関する研究はありましたが、当然ながら、それらは主流ではありませんでした。

　状況が変わったのは2000年1月のこと。ポジティブ心理学が正式に創設され、最適機能を扱った『アメリカン・サイコロジスト』誌の特集号が刊行されたのです。私はその瞬間のことを鮮明に覚えています。当時、私はクライアントの

方たちが好きでしたが、自分の仕事への希望は失っていました。同僚が持っていた『アメリカン・サイコロジスト』誌が私の目をとらえました。表紙には「人間の最適機能に関する特集号」とありました。郵便を受け渡すメール室に1人たたずみ、私はそれを読み始めました。そして、鳥かごの扉は開いたのです。

　ポジティブ心理学は、多くの点でコーチングを支援できる科学です。ポジティブ心理学は、ポジティブな個人的特性、ポジティブな主観的経験、ポジティブな組織制度の実証的研究と定義されています[★2]。
　別の定義では、コーチングにかなり近い位置にあることが感じられます。そこには「ポジティブ心理学とは、個人、集団、組織の発展または最適機能に貢献する条件とプロセスについての研究である[★3]」と述べられているのです。「このポジティブ心理学がなかったとしたら、コーチングは何を提供できたのだろうか」と考えてしまいます。
　ポジティブ心理学は、心理学者が「強み」を真剣にとらえるために必要なフレームワークを提供してきました。現在ではコーチングを「本当の」職業として認めることに役立つ数百もの研究が存在しています。私にとって、自分がずっと興味を持ってきた仕事の科学的な基盤を持つことは重要なことでした。私たちはもう孤立無援ではありません。今や「強み」に基づくアプローチの利点を証明する優れた研究があり、信頼できるデータによって、ポジティブな影響の長期的な利益が示されています。
　いくつかの研究は、ネガティブな経験とポジティブな経験の特定の割合が、創造性やウェルビーイング（満足のいく状態）を生じさせること[★4]（Fredrickson & Losada）、フロー状態と最適なパフォーマンスのゾーン内に留まらせる特定の条件をもたらすことを明らかにしています[★5,6]。現在、ポジティブ心理学には一定の評価ツール[★7]（Lopez & Snyder）があり、コーチングとポジティブな診療行為の効力を証明する実証的研究[★8]（Seligman et al）があります。現在は「技術」に加えて、「科学」もコーチングの中核にあると言えるでしょう[★9,10]。

　「これらすべてをどうまとめるか」——私はこの問題に取り組んでいます[★11]。私は、クライアントに対応する際に、5つのステップでポジティブ心理学の基本

原理を適用しています。ワークショップやグループ・セッションでは、これらのステップは診療行為を同時に行いながら、系統的な方法で提供されます。しかし多くの場合に、私は、あまりがっちりと体系化されていないクライアント主導型モデルを用います。診療行為は、多くの場合、間接的なものであり、効果的な質問や調査、依頼を通じて、コーチングのプロセスの中に織り込まれます。間接的なものも明示的なものもありますが、私が対象としているのは次の分野です。

- フォーカスの転換
- ポジティブ・アセスメント
- ウェルビーイングの増進
- 希望の醸成
- ピーク・パフォーマンスの達成

紙面の都合で詳しい紹介は行えませんが、これらの5つの分野の背景にある科学について簡単に説明しましょう。

フォーカスの転換

何かに教え込まれて（そしてもしかすると何かに操られて）いるからなのか、私たちはつい自分自身や他人の悪い部分に注目してしまいます。私たちの脳は、解決済みの問題（成功やポジティブな経験）よりも未解決の問題（失敗など）を処理する時に活発に働きます。研究では、この興味の焦点（フォーカス）を転換することが、より優れた創造性、大局的思考、生産性の向上、ウェルビーイングの増進につながることが示されています。

ポジティブ・アセスメント

その他に、自分の「強み」を明確にし、それをうまく利用できるようになると、ウェルビーイングの増進や憂鬱な気持ちの緩和、自尊心の向上につながることも、研究によって示されています。「強み」を対象としたアセスメントは沢山あります[*12] (VIAStrengths.org; AuthenticHappiness.org; Peterson & Seligman)。これには、

楽観主義[13]（Carver & Scheier）、幸福度、生活満足度、勇気、たくましさ、希望[18]（Lopez & Snyder）などが挙げられますが、これらの貴重なツールは私たちが目標に向かって進む時に、進歩を海図のようにわかりやすく示してくれます。

ウェルビーイングの増進

例えばフレドリクソンの研究[14,15,16]では、ポジティブな経験の影響は長続きすることが示されています。つまり、その人が気分良く過ごしている間よりも、さらに長時間にわたってそのポジティブな経験の影響が持続しているわけです。ポジティブな経験を少しずつ積み重ねると、思考、スキル、行動様式のレパートリーが広がり、機能が強化されます。250件を越える研究のメタ分析からも、幸福が成功につながること（その逆の「成功が幸福につながる」ということは示されていない）や、幸福が健康の増進と能力の向上をもたらす可能性があることが明らかになっています[17]（Lyubomirsky, King & Diener）。

希望の醸成

ロペス[18]やスナイダー[19]などの多くの証拠によって支持されている希望理論は、希望には2つの要素があることを示しています。すなわち、「発動力」（自分が高く評価される結果を達成できるという信念）と「経路」（それを達成するためにどのようなステップを踏む必要があるかについての理解力）です。両方持っていることが理想です。人は、どのように目標を達成すればいいかがわからなくても、目標を達成する自分の能力に強い自信を持つことがあります。

また、ポイントAからポイントBに行くためにどのようなステップが必要であるかはっきりわかっているのに、それを行う自分の能力に自信がない、という人もいます。データでは、「希望」はスポーツや学業、仕事上の成功に対する強力な予測因子であることが示されています。現在では様々な方法を使って希望を高めることができます[18]（Lopez et al）。

ピーク・パフォーマンスの達成

フロー状態は、かつてはオリンピック選手のような特別な人だけの領域とみなされていましたが、実際には誰もが経験できます。何百という研究によって、

フローを促進する条件が明らかになってきました。その1つの鍵が、スキルとチャレンジのバランスです。高度なスキルを難易度の低い活動に使うと、退屈が生じます。スキルがない場合にとてつもないチャレンジに直面すると、不安が生じます。多くのコーチング技法では、どちらか一方の側に手を加えて、フローとピーク・パフォーマンスを促進することができるとしています。

　これらのステップは、最初は手強いものに思えるかもしれません。しかし、実際には、気持ちの切り換えや探求は、心地よく楽しいもので、たくさんの素晴らしい「アハ体験」［今までわからなかったことがわかるようになった時の体験］を伴います。「成長」と「笑い声」は共通のものなのです。ポジティブ心理学の基礎をコーチングの実践に織り込むことは刺激的なことです。このプロセスは、私たちコーチとクライアントの両方を変える力を持っています。

キャロル・カウフマン　［Carol Kauffman］
ハーバード大学医学部准教授（臨床学）。コーチング心理学研究所設立者。『国際コーチング心理学概説』誌のポジティブ心理学特集号の共同編集者であり、新しい論文誌『コーチング——理論・研究・実践に関する国際ジャーナル』のチーフとして共同編集を行う予定。詳細は、下記ウェブサイトから。
www.PositivePsychologyCoaches.com
www.CoachingPsychologyInstitute.com

第8章　行動コーチング

「2点間の最短距離は今も工事中」

————ノエリー・アルティート

　行動コーチングは、クライアントの内面的な目標、価値観、動機から、外面的な行動に焦点を移動させます。「行動（behaviour）」の語源は、中期英語の"be"と"have"で、特定の振る舞いをすることです。行動とは、出来事に対して人が行ったり口に出したりすること、つまり行為や反応のことです。クライアントが何カ月もコーチングを受けたにもかかわらず、やっていることが以前とまったく変わらないとしたら、コーチングの効果が疑われるかもしれません。効果的なコーチングは常に行動の変化をもたらします。コーチングは人々の行動を変える手助けをするもので、結果は、外の世界に影響を与える行為の中に見出すことができるのです。これらの行為はその人の外側から見ることができますが、行為の背後にある思考や感情は目に見えず、推測しなければなりません。行動コーチングは、行動を引き起こす「思考」や「感情」に焦点を当てるのではなく、「行動」に重点的に取り組みます。

　コーチングはクライアントの内面的世界や、価値観や感情、思考をも変化させます。内面的な主観の変化がなければ、外面的な行動の変化もありません。思考と感情の変化は、必ず行為の変化につながります。すべてのコーチングは行動に影響を及ぼしますが、すべてのコーチング・アプローチが主に行動に焦点を当てているわけではありません。行動コーチングの背景にある前提は、「行動は学習される。学習した内容は忘れられることもあるが、再度学んだり、修正することが可能だ」ということです。

行動コーチングは、行動科学において既に実証済みの手法であり、測定ができ、かつ継続して維持できる行動の変化を追求します。行動科学とは、社会学、人類学、心理学の諸部門（人格心理学、臨床心理学、産業心理学）といった研究分野です。発達心理学は、経時的な変化と、変化の相互関係に焦点を当てるため、行動科学には含まれません。行動コーチングは、行動の意味やそれが生じた原因ではなく、行動に焦点を当てるものです。

　変化の前後で行動を測定する手段がなければ、変化を評価できません。変化が測定可能であれば、変化は明確になります。測定できないものを変えることはできず、認知できないものは測定できません。行動コーチは、変化を外部の視点からとらえます。変化は目に見えるものでなければならず、測定できるものでなければなりません。

●── ビジネスにおける行動コーチング

　行動コーチングは、主にビジネスを背景として用いられます。ビジネスでは業績の高さが求められます。また、業績は測定可能であり、異なるレベルと比較される場合、業績の高さだけが意味を持ちます。個人の業績が向上すれば、組織全体の利益になります。行動コーチングは、個人と企業の業績を高める手段として用いられます。個人は、職場でのコーチングの結果、学びを深めて成長できます。この学習と成長は、ビジネスの効率や効果を高めて企業の目標を達成し、ビジョンやミッション、そして価値や採算性の拡大に役立たなければなりません。個人が組織に対して幻滅し、退職という結果を招くコーチングは、成功とは見なされません（場合によっては、それが最善の道かもしれませんが）。仕事での改善なしに個人を幸福にするというコーチングも、成功と見なすことはできません。

　行動コーチングは、主に管理職の社員や重役が、仕事や私生活の中でスキルを改善し、個人的な障害を取り除き、価値が高く永続的な変化を達成するために用いられます。行動コーチングのモデルは、明確で実証されたモデルと経営原理に基づいており、客観的に測定可能な結果をもたらすものでなければなりません。クライアントの変化は、クライアントの仕事の中で進められる、クライアント用の改善計画の一部となるアクション・プランに反映される必要があ

ります。

　行動コーチングの主な提唱者は、スザンヌ・スキフィントンとペリー・ゼウスです。両氏には、行動的アプローチを研究した数多くの著書があります[1,2,3]。スキフィントンとゼウスによって定義づけられた行動コーチングの全体の目標は、「仕事や教育、医療の場面、あるいは大規模な共同体の中で、個人が自分自身の生産性を上げ、また満足感を高めることを手助けする」ことにあります。
　両氏は、企業のビジネスに行動コーチングが関与するための6つのステップを提示しています。それは、「教育」「データ収集」「アクティブ・プランの作成」「行動の変化」「フィードバックと測定」「評価」です。行動コーチングのモデルは行動の変化を目指すものなので、企業目標の達成につながる行動の変化に基づき、進歩を測定し、結果を評価するために行動のフィードバックを収集します。この手順では、主にコーチングの構造や、最高の状態で働くために外部から働きかける方法が扱われます。このように行動コーチングは、インテグラル・モデルの右側の象限に当てはまるものとなっています。

●────ステップ1　教育

　コーチは、コーチングについて、それが何をするものか、どのように評価されるかをクライアントに教え込む必要があります。また、クライアント自身やその企業がクライアントに対して抱く期待をコントロールし、コーチングについての誤解を取り除くことが必要です。多くの場合、コーチング・ニーズ分析は、この段階で行われます。
　このステップでは、守秘義務の問題が生じます。守秘義務は非常に重要です。コーチとクライアントは互いに協力する必要があり、クライアントは自分が言ったことが上司に漏れ伝わることはないと確信していなければなりません。そのような確信がなければ、クライアントは自分が思っていることを話さず、情報も提供してくれないでしょう。コーチは、管理上の圧力から独立していなければなりません。コーチが上司の手先と見なされ、自分の言ったことは上司に報告されると考えている場合、コーチングの効果は得られません。コーチがクライアントの信用を得なければ、コーチング・プロセスは最初からつまずく

でしょう。

　コーチは、企業との契約と義務を履行する一方、個々のクライアントの守秘義務も尊重する必要があります。クライアントと雇用者は同じではないため、利害対立が起こる場合があります。企業は組織内で管理職のコーチングのためにコーチを雇います。クライアントとなるのは管理職の社員です。コーチとクライアントとその企業は、最初にこの点について合意する必要があります。この場合、主に次の２つの対処法があります。

- コーチとクライアントは、上司に定期的にレポートを提出し、このレポートは常にクライアントが内容を確認し、署名する。
- クライアントの行動の変化と業務実績の向上を測定する方法が合意されている場合、これらを企業へフィードバックする。

　企業はセッションで何が行われているかを詳細に知る必要はなく、行動による結果だけを必要とします。というのも、これこそ企業が報酬を支払う目的だからです。

ステップ２　データ収集

　コーチは、企業の現状と、企業がコーチに求める結果についての情報を必要とします。また、自分がコーチする予定のクライアントと、クライアントが目標達成するためにどのような行動を変えなければならないのかという情報も必要とします。

　コーチは企業と協力して、プログラムの範囲、クライアントの人数、セッションの数、タイムスケジュールを定めます。コーチングの効果をどのように測定するかについても合意しなければなりません。またコーチは、クライアントに関わる多くのステークホルダーと話をする必要があります。ステークホルダーとは、コーチングの範囲に従って、同僚、直属の部下、経営陣、（場合によっては）顧客などが含まれます。個々のクライアント、クライアントが所属するチーム、企業に関連する要素もまた、すべて考慮されます。

データは、面接やフォーカスグループ、直接観察やアンケート調査によって収集されます。心理試験が用いられる場合もあります。個人の感情活動を基にしたパーソナリティモデルについては、すでに多くの心理学的研究があり、これらが個々のクライアントの評価に用いられる場合もあります。

　データはその背景がわからないと役に立ちません。また、データはいずれかの目的がなければ持っていても無用の存在となってしまいます。その背景と目的が揃って初めて、データは有用な情報となるのです。こうしたデータを収集する目的は、個人とチームの行動上の強みと弱点を評価することにあります。というのも、個人とチームの強みや弱点は、個人やチーム、あるいは企業レベルでの目標達成に必要な能力に関係しているからです。能力とは、ビジネスの状況により定義される特定のスキルのことで、企業によって定められた個人目標や企業目標を達成するために必要とされます。評価では、クライアントの弱点を克服するだけでなく、強みを引き出すための最善の方法が提案されます。また、コーチングの成功を判断するためのフィードバックを得る測定方法が提案されます。

　ビジネス・コーチングのプロセスには、配慮を要する重要な4種類の対人関係があります。

① 個々のクライアントとコーチ。最もはっきりとわかる対人関係で、両者が効果的に協力する上で極めて重要になる。
② コーチと人事部（またはコーチと契約した企業内の部署）。コーチは、組織の背景事情におけるコーチングの位置づけを十分理解する必要がある。
③ クライアントと人事部。クライアントは、自分がコーチングを受ける理由と、自分に何が期待されているかを知る必要がある。また人事部は、クライアントがコーチングを最大限に活用できると確信する必要がある。
④ クライアントと直属の上司。クライアントの直属の上司は、コーチングの期間中、クライアントを理解し、サポートしなければならない。また直属の上司は、コーチング・プログラムの目標の決定に関与することもある。

コーチングや、コンサルティング、トレーニングに企業が関与するためには、こうした最初の手続きが準備段階で重要となります。

シングルループと多重ループ

行動コーチングには、情報収集で用いられる質問法のモデルがあります。
「シングルループ」の質問は、ある問題について、それが起こった原因に踏み込むことなく話題に取り上げ、詳細を探るものです。
「ダブルループ」の質問は、問題が生じた理由や、それに影響している要因を探るものです。
「トリプルループ」の質問は、問題につながっている可能性のある組織の前提条件や価値観を探るものです。これは、個人の行動をビジネス・システムや企業の実績に関係づける体系的な質問です。
これらの質問は、NLP コーチング・モデルにおける「シングルループ／ダブルループ・コーチング」に似たモデルを構成しています。

●──ステップ3　アクション・プランの作成

変えるべき行動をコーチが把握したら、次の問題はどうやってそれを変えるかです。行動は、具体的で観察できるものであることが必要です。行動は新しいものである場合も、これまでの行動を改善したものである場合もあります。新しい行動とそれに伴う結果が「目標」となり、それからその目標達成のための「アクション・プラン」が作成されます。

アクション・プランは、パーソナル・デベロップメント・プラン（PDP：Personal Development Plan）の形式をとることが多いようです。これはクライアントが実施した課題とその結果を書いて記録したものです。PDP はコーチとクライアントが検討する資料になり、コーチングの効果を証明する証拠にもなります。どのような形式のアクション・プランにするかをコーチとクライアントが決めるとしても、内容を明確にして、コーチとクライアントで共有し、書面に記録することが必要です。

プランニング段階での重要な部分は、変化の必要な行動を継続して維持できるような組織的な要素が企業にあるかどうかを調べることです。たとえば、上

司が気難しい、人間関係が希薄である、無駄な手続きがある、リーダーシップが欠如している、または社内の情報伝達体系がお粗末である、などがこの「組織的な要素」にあるかもしれません。コーチはレポートでこれらの点を指摘することがありますが、その場合、コーチはコンサルタントの役割も担うことになります。最後に、ある行動を継続して維持するべきならば、その行動を促すことが求められます。新しい行動の「ご褒美」は何でしょうか？ 結果としてクライアントは何を得るのでしょうか？ クライアントはその結果に価値があると思えるのでしょうか？

●───ステップ4　行動の変化

さてこの段階で、コーチはクライアントとのコーチングを開始できます。行動を管理し変化させるために行動コーチが用いるテクニックは沢山あります。

- 「モデリング」とは、クライアントが望む行動をしている他者を観察し、模倣すること。
- クライアントは、望まない行動を引き起こしている要因（アンカー）を認識するようになり、このアンカーによって、その行動をしないようにしたり、あるいは最低でも望まない行動を減らすアンカーを効果的に意識できたりするようになる。
- フィードバックとロールプレイングを行う練習も有効。クライアントが自分の行動を観察すると、自分の進歩に気づく。最終的にクライアントは、コーチから自立して新しい行動を継続的に維持できるようにならなければならない。古い習慣を変えて新しい習慣を根付かせなければならないとしたら、変化を永続的なものにするためには、忍耐と練習、そして反復が必要となる。
- 行動コーチは、「プロンプト」を用いる。これは、特定の行動を止めて、別の行動に切り替える合図となるもの。例えば、コンピュータのスクリーンセーバー、ポストイットのメモ、机の上の写真などが「プロンプト」として使われる。これらはNLPコーチングでは「アンカー」と呼ばれ、コーアクティブ・コーチングでは「構造」と呼ばれている。

- もちろん、問いかけも用いる。例えば、「あなたが違うやり方でやろうとしていることは何か？」という問いかけが、行動に関する質問となる。これは、主観的な認知に関する質問（例えば、「あなたはなぜそうしたのか？」など）や、感情に関する質問（例えば、「それについてどう感じるか？」など）とは異なる。

発達経路

行動コーチは、「発達経路」[★4]という概念も用います。これは、行動の変化のための必要十分条件です。5つの要素があり、すべてクライアントや、その内面的思考、そしてコーチングへの反応に関係しています。

1つ目の要素は「自己洞察力」です。これは、発達を必要とする部分、変える必要のある部分、また、現在の行動が有効に働いていない理由をクライアントがどの程度理解しているかを示すものです。

2つ目は「動機」です。その変化はどれだけ重要でしょうか？　クライアントの価値観にどのように関係しているでしょうか？　こうしたことから、変化をもたらすためにクライアントが費やす時間と労力が決まります。

3つ目は「現在の能力レベル」です。クライアントは、変化をもたらし、業績のレベルを上げるために必要な特定のスキルを持っているでしょうか？　持っていないなら、その能力を開発し、トレーニングする必要があります。

4つ目は「練習の機会」です。クライアントは、動機だけでなく、スキルを練習し、そのスキルを使用する機会も必要とします。これには、トレーニング・プログラムが含まれる場合があります。

5つ目は「責任」です。クライアントは、進歩や行動の変化についてフィードバックを受け取ることになるのでしょうか？　クライアントは誰に対して責任を持つのでしょうか？　個人に生じる変化の結果はどのようなものでしょうか？　クライアントが価値を認める「ご褒美」はあるのでしょうか？　変化しない場合、良くない結果が生じるのでしょうか？

これら5つの要素はすべて重要です。コーチは、クライアントに足りない部分がどこにあるかを把握するために、このモデルを用いることができます。例

えば、自己洞察力や能力は高いが、動機付けが弱いクライアントについては、コーチはクライアントの価値観に働きかけることが必要です。また、クライアントが価値を認める報酬をクライアントに与えるように企業に働きかけることも必要かもしれません。優れた自己洞察力を持つが、何をすればいいかわからないというクライアントについては、コーチは能力開発に取り組む必要があります。このモデルを用いて、クライアントの変化のために成長させなければならない部分に焦点を絞ることで、コーチは、時間の浪費を防ぎ、コーチングを個々のクライアントに合ったものにできます。

GAPS グリッド

行動コーチングのもう1つの有用なツールは、GAPS グリッドです（図 8.1）。これは、クライアントの現状についての情報を収集し、自己洞察と動機付けの形成に役立つものです。「GAPS」とは、目標（Goal）、価値観（Value）、能力（Ability）、知覚（Perception）、基準（Standard）を表しています。

図 8.1（次頁）の左上部分は、クライアントが自分自身をどう見ているか、また、クライアントの持っているスキルや必要とするスキルを示しています。右上部分は目標・価値観です。これらは両方とも、クライアントの視点から見たものです。

左下部分は、重要な他者（同僚や顧客、上司など）がクライアントをどう見ているかを示します。他者にとって何が重要であるか、またどのように成功を測定するかという「基準」が右下部分です。表の各部分には考えられる質問項目が示されています。

GAPS グリッドは、特にクライアントの自己洞察と動機に問題がある場合に有用です。コーチとクライアントは一緒に表のすべての部分を埋めていきます。重要なのは右側のマスです。「目標・価値観」では、クライアントにとって何が重要であるか、何がクライアントの動機になっているか、クライアントが望む業績のレベルはどの程度かを明確にしていきます。「基準」では、何が期待されているかを明確にします。多くの場合、コーチはクライアントが右下のマスの答えを見つける手助けが必要になるようです。左側の列は、現状を確認し、コーチングで何が起きることが必要とされているかに関する他者の視点が加え

られます。

◉──── ステップ5　フィードバックと測定

　コーチは、コーチングが順調に進んでいることを確認するため、プロセス全体を通じてフィードバックをまとめる必要があります。コーチングの結果として何が起きるのでしょうか？
　クライアントは「パーソナル・デベロップメント・プラン」を用いて、自らの進歩をチェックする必要があります。フィードバックは明確でなければならず、プログラムの最初に合意された測定基準に基づいて行う必要があります。クライアントの同僚や上司も、自分たちが作成するレポートを通じて「測定」における一定の役割を担っています。

◉──── ステップ6　評価

　コーチング・プログラムは成功したのでしょうか？　最初に合意されたことは実現されたでしょうか？──測定を行わないと、評価はできません。個人あるいはチームにとっての行動の結果は、組織の業績に反映される必要があります。次のように、この段階で答える必要がある質問がいくつかあります。

- クライアントは行動を変えたか？
- その結果、チームの行動は変わったか？
- クライアントはどのように変化を感じているか？
- クライアントは変化を維持しているか？
- 行動の変化は、クライアントが望む業績の向上につながったか？
- 行動の変化は、望まれるビジネス目標の達成につながったか？

　測定と評価は、次のような様々なレベルで行われる場合があります。

- クライアントの主観的感覚
- 知識とスキルの向上
- 行動の変化

図 8.1　GAPS グリッド

		クライアントの現在の位置	クライアントが進もうとしている地点
		能力	目標・価値観
クライアントの視点		クライアントはどのようなスキルを持っているか？	クライアントの目標は何か？
		クライアントはどのような資源を持っているか？	クライアントにとって重要なことは何か？
		クライアントはどのようなスキルと資源を必要としているか？	クライアントを動機付けているものは何か？
		クライアントの強みは何か？	クライアントのやる気を失わせているものは何か？
		クライアントの弱点は何か？	クライアントを奮起させるものは何か？
		現在の行動はどのようなものか？	クライアントは危険を冒すことをどう見ているか？
		変化を必要としているものは何か？	
他者の視点		他人はクライアントをどう見ているか？	クライアントの行動は他人にどのような影響を与えているか？
		他人はクライアントの強みがどの分野にあると考えているか？	クライアントの成功はどのように評価されるか？
		他人はクライアントの弱みがどの分野にあると考えているか？	クライアントはどのような基準を満たす必要があるか？
		他人はこれまでのクライアントの成功は何によるものだと考えているか？	クライアントに対する上司の期待はどのようなものか？
		他人はクライアントの将来をどう見ているか？	

● 業務実績

最後の2つは、行動コーチングで最も重要なものです。投資に対する収益率（ROI）または予想に対する収益率（ROE）の計算が行われる場合もあります。これらの測定の詳細については第Ⅲ部で取り上げます。

●───行動コーチングと動機付け

行動コーチングには、いくつかの前提があります。第1に、変化は行動に影響を与えることで生じ、行動は形成することができます。第2に、人は自分にとって重要なことが起き、それを知覚した場合に行動を起こします。コーチの役割は、動機付けを行い、助言やフィードバックを与えることです。クライアントは、何かをする動機がある場合に変化します。

動機は行動を変えるために必要ですが、その動機は目に見えません。「動機（モチベーション）」という言葉は、「移動」を意味するとともに、なぜ移動するのかという「移動の理由（誘因）」の意味も持っています。動機は抽象的観念ですが、その感覚は現実的です。動機とは、何かをする意志、または何らかの理由で変わろうとする意志です。行動コーチングでは、人に「変わりたい」と思わせる誘因を研究しています。誘因はどのように作用するのでしょうか？

誘因は外部から与えることができます。ビジネス環境では、これは通常何かをするように誰かに命じられることを意味し、いわゆるX理論に基づいています（X理論では、たいていの人は働きたがらないので、外部からの刺激を必要とします）。

誘因は内面的なものでもあります。行動のエネルギーは、何かをしたいと思ったり、それが重要だと感じることで、個人の内部からもたらされます。これが、いわゆるY理論の基礎です（Y理論では、人は本来的に動機付けされていて、何も言われなくても自分で働くもとされます）。

この2つの理論は両方とも正しいのですが、完全ではありません。心理学的研究では、一方のみを支持して他方を否定するということはありません。これは状況とその個人によって左右されます。ある人は主に外的動機に反応し、別

の人は主に内的動機に反応します。しかし、これは何をするかによっても変わります。肯定的な内的動機は、クライアントの価値観、つまり「何が自分にとって大切か」といったことからもたらされます。例えば、仕事を評価されること、挑戦的な意欲を持つこと、職業的な成功を得ることなどです。コーチは、クライアントが外的誘因にどのように反応するかを知り、どのような価値観が内的誘因をもたらすのかを知ることが必要です。

　多くの場合、行動コーチはクライアントにとって重要なものが得られるように、クライアントをコーチすることが必要です。自分が何を求めているかわからない場合、人は動機を失いますが、マネジャーが自分のやりたいことをわかっていない場合にも従業員は動機を失い、その期待に応えることができません。

　管理職に就いている人たちにとって、最大の誘因の１つは業績をきちんと評価されることだと調査によって示されています。自分が尊敬する相手に評価してもらえる時、動機は最も強くなります。さらに責任ある立場につき、財産を増やすことも誘因となります。お金そのものに価値はありませんが、価値のある物を買うことはできます。コンピュータや液晶テレビだけでなく、安全や自由といった、もっと重要なものを買うこともできます。お金そのものでは創造性を買うことはできず、高い業績も保証されません[★5]。

　行動的な観点から見ると、報酬を与えられた行動は繰り返される傾向があります。悪い結果をもたらした行動は、その人が行動と結果の関連性を見出した場合、繰り返されない傾向があります。報酬は、クライアントに「ご褒美」として認識される必要があります。例えば、困難なプロジェクトを期限内に完了したことの「報酬」が、厳しい期限に設定されたより困難なプロジェクトになる場合があります。これは、クライアントから見て「ご褒美」にはなりません[★6]。

　動機は行動をもたらします。そのため、行動コーチングでは行動に注目しますが、個人全体を考えることが必要です。感情と思考は行為につながり、そして行為は思考と感情を変えます。人間は刺激に反応するだけの機械ではありません。人間は自分が価値を認める誘因に反応するのです。

　つまり、コーチは変化が必要だという気づきをクライアントに与えるのです。そして、クライアントが求める目標を達成するための動機と誓いをもたらしま

す。クライアントとコーチはアクション・プランを作成し、クライアントが結果を得た時、コーチはフィードバックを与えます。

　企業が色々と関与してもあまり長続きしません。何もサポートのない環境では、たとえクライアントが変化を維持したいと思っても、その維持は不可能なのです。行動を変え、より良い結果を得るには、クライアントが新しい習慣を育めるように、実践の中で新しい考え方を心に深く刻み込む必要があります。このための明確な実践的ステップと練習がなければ、すぐに古い習慣に戻ってしまいます。学習は、その根底に感情的な深い思い入れがある場合のみ続けられます。「私は本当に変わりたいのだろうか？」——これは、あらゆるコーチング・モデルにおいて、クライアントにとっての鍵となる問いかけです。

ケーススタディ

　行動コーチングでは、クライアントであるブライアンに対して、他のコーチングとは異なるアプローチで仕事での業績に焦点を当てることになるでしょう。おそらくは、ブライアンと彼の上司、コーチングを手配する人事部、そしてコーチの間で話し合いが行われます。ブライアンは、コーチングに対する期待を明確化でき、またブライアンとマネジャーは、彼のどのような行動を変える必要があるか、コーチングの結果はどのようなものになるかについて確認します。ブライアンはおそらく、自分の「気分」を今までとは変えて、より生産的にチームと協力して取り組むことになるでしょう。

　ブライアンは自分が会社に残ることに迷いがあると、コーチに打ち明けるかどうか決心する必要があるかもしれません。コーチは、会社に残るように彼を説得することはしませんが、会社に残るとすればそれが正しいことだとブライアンが確信できるようにするでしょう。

　またコーチは様々なタイプの質問をします。例えば、「ブライアンが仕事で直面している問題や課題は何なのか」「それらの問題はどのように生じたのか」「仕事についてブライアンがどう感じているか」「ブライ

アンの問題の背後に、会社側の思い込みがあるのではないか」「会社側は彼に過大な期待をしているか」「なぜブライアンの昇進が見送られたのか」「過去に、彼の実績に対して明確なフィードバックがあったか」「社内でチームはどのように編成されているか」「そのチーム編成方法が対立につながってはいないか」といった質問です。

　さらにコーチはブライアンと協力しながら、チームと一緒に彼を支え、必要であればマネジャーの助けやサポートを求めるように支援することもあるかもしれません。しかし現在のところ、ブライアンは助けを求めることに抵抗を感じているので、プレッシャーがあるとだらだら行動し、しまいにはかんしゃくを起こしてしまうのです。こうしたパターンの事柄が起こらなくなるよう、ブライアンとコーチは取り組んでいくことになります。

　ブライアンにとって仕事にはどのような動機があるのでしょうか？　彼にとって価値のあるものは何なのでしょうか？　彼はなぜこの仕事をしているのでしょうか？　行動コーチなら、ブライアンがこの仕事をする動機は何か、またこの仕事にどのような良いところがあると思っているのかを尋ねるでしょう。ブライアンは出世を望んでいるのでしょうか？　彼にとって出世とは何を意味するのでしょうか？　他人から認められることでしょうか？　それとも昇給でしょうか？　現時点で、ブライアンにこうした「動機」がないことは明らかです。

　ブライアンは自分の状況を非常によく見抜いていますが、コミュニケーション・スキルを学ぶ必要があり、そのスキルを練習する機会を必要としています。コーチは、チームとうまく付き合うためにブライアンが必要とするスキルを示すことで、彼の手助けができるでしょう。また、ロールプレイングやフィードバックを行うことも助けになるでしょう。こうしたアクションを並行して行うことで、無力感を生じさせる要因を特定し、根絶することができるのではないでしょうか。ブライアンは、自分に期待されていることや自分にとって重要なことを理解するために、PDPやGAPSグリッドを作成するかもしれません。

行動コーチングなら、ブライアンの仕事ぶりを改善し、彼が今の仕事を続けるか、それとも会社を去るかを決定する助けになるでしょう。

第9章　オントロジカル・コーチング

「魚網は魚を捕らえるためにある。
　だが魚を捕った時にはもう網のことは忘れてしまう。
　野ウサギを捕るために罠を仕掛けても、
　野ウサギを捕らえた時には罠のことは忘れてしまう。
　言葉は考えを伝えるためにあるが、その考えを理解した時には、
　もう当の言葉は忘れてしまってもいい。
　すべての言葉を忘れることができるような語り手の言葉に耳を傾けたいものだ」

――荘子

　オントロジカル・コーチングは原理ではなく、行動から始まります。オントロジー（存在論）とは「実在するもの」、つまり存在というものの本質や特性を研究するものです。ここでいう存在とは、毎日人間が頭の中で考えているものではなく、日々の中で体験しているものを指します。オントロジカル・コーチングでは、こうしたまだ研究の進んでいないアイデアを採用し、コーチングの実務の最前線で活用しています。

　オントロジカル・コーチングでは、クライアントの「行動様式」ではなく、「在り方」と呼ばれるものを重点的に取り扱います。この「在り方」は「言語や感情、生理機能の活き活きとした相互作用[*1]」と定義されています。「在り方」は行動様式を操縦し、人間の感覚や言語、行為を生み出します。クライアントの在り方を変化させることが、オントロジカル・コーチングの目標なのです。NLPやインテグラル・アプローチとは異なり、オントロジカル・コーチングはコーチング・モデルとして特殊な発展を遂げ、独自のコーチング専門用語を持っています。

「オントロジカル・コーチング」という用語を最初に使い、その主な理論を打ち立てたのはフェルナンド・フローレスです。フローレスはサルバドール・アジェンデ大統領のもとでチリ政府の大臣を務めましたが、当時の政権は1973年にピノチェト将軍率いる軍事クーデターにより倒れました。フローレスは投獄されますが、後にアムネスティ・インターナショナルの交渉により、他の政治囚と共に解放されます。

フローレスはアメリカへ移住し、そこでコンサルタントとして働くかたわら、独自の組織論とオントロジカル・コーチングの核となるアイデアを構築します[★2]。これについては、この章の後のインタビューの中で詳しく紹介します。

言語のシステムや構造、機能に関するフローレスの考え方は、チリ人の生物学者ウンベルト・マトゥラーナ[★3]に大いに影響を受けています。1980年代にフローレスは2人のチリ人と共同で研究を行いました。ジュリオ・オラッラ（アジェンデ大統領とともに働いたチリ政府の法学者。ピノチェト将軍体制下で国外追放となった）とラファエル・エチェベリア[★4]です。オラッラとエチェベリアは1990年に共同で会社を設立しました。オントロジカル・コーチングはスペインという国や、特にアルゼンチンやチリなどの南アメリカのスペイン語圏の国を強烈に象徴しています。

オントロジカル・コーチングの基本的なステップは次の通りです。

① コーチングの対人関係を確立する。
② クライアントの心配事を特定して対応する。また、生活の破綻状況の程度を確認する。
③ クライアントの言語、気分、感情、生理機能を詳しく調べる。クライアントはこれらを使って自分の在り方を構築している。
④ 言語や気分などの要素はクライアントが破綻状況に対応する妨げとなっている。有用で成果の上がる方法により、クライアントがこうした要素を変えていくことを手助けする。

● ──**コーチングの対人関係**

オントロジカル・コーチングでは、クライアントは「正真正銘の他者」とな

ります。これは何を意味しているのでしょうか？　つまり、コーチがしっかりと聞くのは「クライアントにとって何が本当に問題になっているのか」ということであり、必ずしも「何を達成したいか」ではないのです。コーチはクライアントがあるがままの状態で自分の言葉で話すのを受け入れます。コーチとクライアントは実に様々な会話を行い、共通認識を構築します。

傾聴（リスニング）

　傾聴はオントロジカル・コーチングの中核となるものです。聴覚（ヒアリング）は純粋に音を聞くことを意味しており、つまりは音波が鼓膜にあたる現象です。傾聴はこの音に意味を加えたものです。傾聴とは言葉の裏側に隠れた「相手」の姿に注意を払うことを意味します。

　言語は少なくとも2人の間で構築されるもので、「話を聞く」ことと「話をする」ことの両方が結合したものです。話す言葉は聞き手がいなければ成立しません。では誰も自分の話を聞いてくれないならば、その言葉には価値があるのでしょうか？　答えは「イエス」です。それは、どんな時にも耳を傾けてくれる、「自分自身」という存在があるからです。心の中での対話（ダイアローグ）には話者も聞き手も存在します。自分の頭の中で行われる個人的な対話は、自分が他者をどのように観察し、どのように他者を傾聴するかを方向付けます。

　傾聴は受け身の行為ではありません。言葉を現実のものとし、何が話されているかを理解する能動的なプロセスなのです。自分が解釈した意味は、誰がその話をしていたかということや、会話が行われた文脈の影響を受けるようです（もしも誰かが劇場のステージに立って「火事だ！」とさけんでも、観客はすぐには避難しないでしょう）。

　NLPと同様に、オントロジカル・コーチングは言葉を「あらかじめ定められた意味を運ぶ無害な手段」とは見なしていません。話者にとって言葉がどういう意味を持つかは、おそらく聞き手に対して持つ意味とは異なるものと思われます。オントロジーの考え方では、人は常に傾聴を行っていますが、これは自分自身でいつも意味の解釈を行っているからです。他者とコミュニケーションをとる場合、解釈のマッチングを行い、話された言葉の意味の解釈を調整します。

オントロジカル・コーチは傾聴を行っている間、次の3つの質問を自問自答するように勧めています。

① どのように傾聴しているか。話されたことについて自分はどのような意味づけを行っているか。
② なぜこうしたことを傾聴しているのか。自分にはどういう心配事があるか。
③ このような話し方をしているクライアントの心配事は何か。

●───クライアントの破綻状況と心配事

「心配」という言葉には「心を配る」という意味があります。オントロジカル・コーチングでは「心配事」は重要です。他のコーチング・モデルでは、これは「価値観」と呼ばれています。生活における意味づけや満足感は、自分の心配事への対応から生じてきます。何か問題がある時、自分の心配事には格別の注意を払うだけの価値があります。

オントロジカル・コーチングでは、クライアントは「破綻状況」が原因でコーチに相談します。破綻状況の内容を定義するのはクライアントで、コーチではありません。オントロジカル・コーチングにおける破綻状況とは、生活の流れに障害がある状態です。この説明はドイツ人哲学者マーティン・ハイデッカーの著作[5]に由来します。ハイデッカーによると、たいていの場合人生は「無色透明」の状態です。つまり透明なガラス窓のように、そこにあることに気がつかないということなのです。人はガラスがそこにあると認識せずに、それを通して向こう側を見ているのです。

この良い例が、身体の健康です。人は、病気にかかって初めて自分の健康に気づきます。人生が「無色透明」の状態である時は、人は習慣的に行動しています。行動する習慣、注目する習慣、思考する習慣を作り上げます。こうした習慣がうまく働いている場合には、すべてがスムーズに運びます。対応できない状況に遭遇した場合、生活は「無色透明」の状態ではなくなり、「破綻状況」を体験します。習慣だけでは破綻状況への対応には不十分なのです。

破綻状況は考え方の習慣の他に行動の習慣についても疑問を投げかけてきま

す。破綻状況は悪いこととは限りません。例えば、新しいパートナー、仕事の昇進、あるいは1冊の本から深く影響を受けるなど、こうしたものの影響で、それまでの人生の習慣に疑問が湧いてくるならば、どれも破綻状況となりえます。離別や喧嘩、失業など、破綻状況はネガティブなものにもなりえます。またどちらともはっきりしない状態（ニュートラル）にもなりえますが、それでも、「決定をしなければならない」「最善の行動は行わずにすませる」などの何らかの行動を起こすことが求められます。

　通常、できる限り迅速に破綻状況の修復が行われ、「無色透明」の生活がまた戻ってきますが、時にはそれができないこともあります。思いがけない不幸を冷静に処理する人もいますが、型どおりの毎日にちょっとした騒動が起こっただけで生活に支障が出る人もいます（その周囲の人々にも影響が及びます）。破綻状況には行動が必要ですが、援助もまた必要なのです。破綻状況が起こるとクライアントは苦しみます。何をすれば良いのかわからず、助けを求めます。オントロジカル・コーチングでは破綻状況には話し合いが必要です。そうすることで状況を考え修復できるのです。

◉───**言語**

　オントロジカル・コーチングでは、言語には互いに交わす言葉以上の意味があります。言語は一種のテクノロジーで、言語を利用することで、人は物事を成し遂げられるのです。言語には「話をする」と「話を聞く」という両面があります。また、自分自身と他者との間で行動を調整する手段でもあります。言語の利用は人類の本質的な要素です。話をする時、人は自分の結論を公にしてその責任を負います。

　オントロジカル・コーチングでは、NLPと同じ様に、しかし別のやり方で言語を重視しています。NLPが話された言葉に特に注目しているのに対して、オントロジカル・コーチングでは言語を行動としてとらえます。つまり、「将来に対する約束を行うこと」と考えているのです。オントロジカル・コーチングでは、クライアントがどのように無意識のうちに言語を利用し、その結果制限や課題が起こって長々と引きずっているのかを理解するように手助けします。そしてより良い「現実」を築くためには、どのように言語を利用すれば良いの

かを示します。こうしたことを行いながら、オントロジカル・コーチングでは効果的な行動の妨げになっているクライアントの「在り方」について詳しい調査を行い、それを解消していきます。

オントロジカル・コーチングでは、6つの基本的な「言語活動」を定義しています。これらの概念は、カリフォルニア大学の哲学教授であるジョン・サールの研究[★6]をもとにフェルナンド・フローレスが発展させたものです。この基本的な「言語活動」とは言葉の他に、身体言語（ボディーランゲージ）や、言葉や身体言語に伴う感情なども含まれています。これらの言語活動をどれだけうまく活用するかによって、生活の心配事や破綻状況に対応できるかどうかが決まります。

宣言

「宣言」もまた言語活動の1つです。宣言とは、権威があり一般的に同意された事実を述べることで、それ自体がその後のことを決定します。例えば、裁判官は法廷で有罪か無罪かの「判決」を下します。これも一種の「宣言」です。キリスト教の神父は、カップルが結婚したことを「宣言」します。サッカーの審判はレッドカードを示します。これもまた一種の「宣言」なのです。

ある状況の中で「権威」を持つ意見は限られます。「権威」や「宣言の有効性」は、それを受け取る側の聞き方で決まります。受け取る側が耳を貸さなければ、それは1つの「意見」であり、他の意見と比べて良いか悪いかの問題に過ぎません。「宣言」には力がありますが、その宣言が他人に影響を与えるには何らかの「権威」が必要です。しかし自分自身について宣言することは誰にでもできます。自分の目標を示すことは一種の「宣言」です。例えば「今日から禁煙します」など公に目標を示すと、その言葉はそれを聞いた他の人の頭に残ります。しかし、人間は自分の宣言に一貫して従うとは限りません。単に「望んだ」だけに留まることもよくあります。オントロジカル・コーチではその人が自分の人生の「権威者」になれるように手助けした上で、自分の宣言を自分が守り続けられるようにサポートします。

主張

「主張」とは、自分が気づいたものを実際に述べることです。主張は「真実の主張」になることができます（我々はこれを「事実」と呼んでいます）。事実が真実となるには、社会的な同意が必要です。主張に人々が同意する場合には、皆が共に行動をとります。例えば「駅でお会いして、9時の電車に乗りましょう」と私が友達に言うような場合です。主張は間違っている場合もありますが、それでも行動はなされます。例えば電車が10時に発車するとしたら、友達と私はプラットフォームで1時間ほど電車を待っていなければなりません。多くの場合、人間は自分の主張とは矛盾した情報を知っているとしても、自分の主張は真実であると思い込みます。「保留中の主張」とは、予測はしたものの決定に至らなかったり、行動しない状態です。

評価

「評価」とはあるものを検討して判断を行うことです。「良い・悪い」の判断は自分自身が行うもので、自分が従っている法律や規則によって判断するものではありません。「私は正直者だ」というのは自分についての評価ですし、「ジョンさんは正直者だ」というのはジョンさんに対する評価です。後者では「ジョンさん」は文章の「主語」ですが、それは言語学上の用語の問題で、「ジョンさん」が主体的に評価をしているわけではありません。「評価」とはその評価を行う人が述べる内容であり、その人自身の基準をもとにして行われます。「私はジョンさんよりも正直者だ」というのは、私とジョンさんの両方に対する評価です。品質や属性、あるいは比較した内容であっても「事実」として一般的な同意が得られないものは「評価」となります。評価を決める基準は現実の広い社会の中ではなく、評価を行う個人の心の内にあります。

　人はいつでも自分や他者の評価を行っています。自分の自己評価はいったいどこから得ているのでしょうか？　まず子どもの頃には、誰か権威のある人物から評価を得ます。また人生の重要な体験からも自己評価は得られます。その時、人はネガティブな自己評価は嘘のない判定だと考えることがあります。しかしネガティブな自己評価は心を傷つけてしまいます。一方でポジティブな自己評価からは自信や自負心が得られます。

オントロジカル・コーチは、ネガティブな自己評価を詳しく研究することでクライアントをサポートできるのです。この時使用するのが、「基礎作り（グラウンディング）」です。ここではクライアントが評価する理由と方法を調査します。例えば、クライアントがある運動法を開始しようとしているところを想像してみてください。そのクライアントは、過去の失敗の様子をコーチに説明します。忍耐力に欠けていたため続かなかったのです。言葉の最後で彼はため息とともにこう言いました。「まだトレーニングが十分でないようです」。これはつまりネガティブな自己評価なのです。これに対する基礎作りを行うために、オントロジカル・コーチなら次の５つの質問を使って詳細な調査を行うことができます。

①　この評価をするのは何のためですか？
　それとよく似た質問に、「人生で重要なことをやり遂げるためには、この意見はどのように自分に役立ちますか？」というものがあります。これは将来に関する質問ですが、評価は過去の情報をもとに行われています。少なくともクライアントの視点からすると、評価とはポジティブな行為なのですが、それはこの質問のポイントではありません。

②　何か特定の分野に注意していますか？
　これは一般化に意義を唱える質問です。ネガティブな評価はかなり一般化された判断になってしまいます。つまり当初の文脈(「ある運動法」)を離れてしまい、クライアントの生活全体を包括的にとらえてしまうのです。この点を明確にすることが大切です。

③　どの基準に基づいていますか？
　判断というものは、採用した基準の結果であるべきですが、基準は評価ではありません。それは親が言ったことなのですか？　クライアントのトレーニングにはどういうものが含まれていますか？　どういうことからトレーニングが不足していると判断したのですか？　トレーニングは妥協を許さない性質のものですか？

④　この評価を裏付ける本当の主張は存在するのでしょうか？
　これは事実に基づく意見でなければならず、評価はもう必要ありません。「私がすごい怠け者だからなんです」というのは、また別の評価です。「先週はジムに行きたかったのに、結局その代わりにテレビをずっと見ていました」というのが一種の主張です。しかしここは、行動様式のレベルの話なので、最後の質問に移ることにしましょう。

⑤　この評価に反対する本当の主張とは何なのでしょうか？
　クライアントが具体的な行動により規律を示す場合には、本当の主張が数多く出てくるかもしれません。3番目の質問から基準を得られると、本当の主張を見つけるのも簡単になるでしょう。
　評価の基礎作りには、厳格になることに加えて、自分の意見の説明責任を果たすことが必要です。またポジティブなもの、ネガティブなものに関わらず、評価の基礎作りは重要な評価のための有用な手順となります。これにはポジティブ心理学コーチングのABCDEプロセスとの類似性があります。

依頼、提案、約束

「依頼」は、また別の種類の基本的な言語パターンです。依頼とは誰かに将来の行動を実行してもらうように頼むことです。依頼する場合は、誰かに何かをやってもらう約束をします。依頼の背景に十分な権威がある場合、相手は「自分には選択肢がなく従うしかない」と感じますが、この場合、「依頼」は「宣言」に変わります。
　多くの人はあまり上手に依頼していません。あるいは依頼するのを恐れているとも言えるでしょう。遠回しに言ったり（「この部屋はなんて汚いんだ！」）、特に誰という名前を言うことなく頼んでみたり（「誰かがこの部屋を片付けてくれたらいいのになあ」）しています。その他の不器用な依頼の方法には、「誰が、いつ、どの程度まで」やるべきなのかまるで具体的に言わずに済ませるというものもあります。これでは失望と憤慨が生まれてくるだけです。依頼する際には、相手が理解したかどうかを確認してください。相手が理解していると決め込まな

いでください。クライアントの中には、相手が自分の心の内を読み取ってくれて、何も言わないでも依頼を実行してくれることを期待している人もいるようです（「もし私のことを本当に大事に思っているなら、散らかった部屋で椅子に座るのは大嫌いだと知っているはずよね？」）。オントロジカル・コーチは、はっきりとわかりやすく、しかも成果の上がる依頼ができるように手助けします。またその手助けをすることで、クライアントは自分の不運を他人のせいにせず、自分の話に耳を傾けてもらい、意見を尊重してもらえたと感じるようになるのです。

同様にクライアントにとって重要なのは、他人からの依頼に対応する力です。依頼への対応には次の５種類があります。

① 依頼を了解して約束する。
② 依頼を断る。
③ その依頼をどのように、いつ行うかについて対案を出す。
④ 「やってみるかもしれないけど」のように、曖昧に約束する。これは、通常は「依頼を断る」という意味で、「やらない」とあからさまには言いたくない時に使われる。
⑤ 最後には、依頼を引き受ける気がないのに、「それをやります」と嘘をつく。すると心の中の言語が、外界へ出した言葉と一致しなくなり、誠実ではないので信頼も失われる。

依頼と、その承諾の宣言は約束となります。これもまた別の基本的な言語活動です。約束とは将来取るべき行動についての態度を表明することです。ただしその人物が信頼でき、約束を実行する能力があることが前提となります。依頼して受諾されると、相手は行動します。その約束は両者に関与します。

提案とは条件付きの約束です。相手は条件付きで受け容れる宣言をします（「お金を支払ってくれるなら、やってもいいですけど」）。何かの提案をして受け入れられたなら、次にはその行動を実行します。約束は両方に関与します。

●───会話

オントロジカル・コーチングでは「会話」には特定の意味があります。「会

図 9.1　オントロジカル・コーチングにおける基本的な言語活動の概要

宣言	▶ 将来の行動を決定する権威者による意見。
主張	▶ 過去の観察に関する、事実に基づいた意見。 ▶ 事実に基づく物事が、関係両者の間で共有する同意となる。
評価	▶ 個人が世の中を解釈する方法を元にした判断または査定。
依頼	▶ 他者に何かを行うように頼むこと。
提案	▶ 条件を付けて、他者に何かを行うと告げること。
約束	▶ 行動をとるという双方向の約束。 ▶ 約束は、依頼と受諾、あるいは提案と受諾で成立する。

話（conversation）」という単語には、なかなか深い意味が含まれています。「con」というラテン語に由来する部分には「共に」という意味があり、「versare」は「回転する」ことを示しています。つまり「会話」は、ある意味で「言葉のダンス」とも言えるのです。他の人と会話をしていると、言葉を口に出したり耳で聞いたり、表情を目で見たりするうちに、自分の気持ちや感情、身体の状態には何かの影響が現れます。会話は他者と行動を強調させる手段となります。出来事に意味を与え、将来を築き、人間関係を深めます。オントロジカル・コーチングでは、会話をいくつかのタイプに分類しています。

　1つ目のタイプは、物語や、個人の評価に関連する会話です。これは出来事をよく理解するために利用されます。（できれば）共感してくれる聞き手と共に、話を延々と語ることもあります。

　2つ目のタイプは、内容を明確にして、理解したことや出来事からの学びを共有するための会話です。将来のシナリオを創造したり、探求したりするためにできることについての会話もあります。また、コネクションや業績に関わる会話もあります。時には、何を話すか決めていないけれど、何か適当な会話を行うという場合もあるかもしれません。

オントロジカル・コーチングのスキルの大部分には、どのような種類の会話が必要で、誰と会話するかを検討することが求められます。特に企業でのコーチングはこの傾向が顕著です。明確さに欠けていたり、内容が貧弱な意思決定は、必要な種類の会話が行われていないことを意味します。

　またオントロジカル・コーチングでは、自分自身の個人的な物語を作り上げることを提案しています。これは自分とはどういう人間で、どういう行動をしているかを説明する物語です。これにより、オントロジカル・コーチはクライアントが自分の心の中の対話を自分自身に語る、という物語を観察するようサポートできるのです。また人は文化や社会の中に組み込まれ、自分が使っている言語や考え方などの様式を形作っています。つまり、人間は個人とは関係のない物語の中へ生まれ落ちたとも言えるのです。キリスト教の物語、イスラム教の物語など、国によって色々な物語が見られます。こうした物語はスケールの大きなものであり、自分が生まれた時から今に至るまでそこに存在しており、おそらくは自分がこの世から去る時にも依然として存在し続けていることでしょう。内省を通じてばかりではなく、こうした歴史を通しても、人は自分自身のことを知るようになるものです。ハイデッカーの言葉にはこうあります。「物語は人類をその中に住まわせている大きな建物のようなものである」

　他者との対人関係や人脈においては、我々が考えるよりも深く、人間がどのようなものであるかがすでに定義されています。オントロジカル・コーチングでは、文化の重要性を説く脱近代主義的な発想と個人の特性を定義する共通の意味を支持しています。言語と社会は、我々が呼吸に使っているのに意識しない空気のような環境を提供してくれています。人は他者との対人関係で定義されているのです。

　コーチングがどのように脱近代主義的な考え方と関連しているかについては、第Ⅲ部で詳述します。

●───気分と感情

　オントロジカル・コーチは、クライアントの言語だけではなく、気分や感情、

姿勢についても詳しく研究しています。感情はエネルギーでもあります。「感情（emotion）」という言葉は、「動力装置（motor）」や「動き（motion）」と同じ語源から発生しました。感情は人を動かします。感情が起こらないところでは会話は始まりません。使用する言葉や会話は、関心事に由来します。このように人が会話を行う際には、感情は常に会話の中に存在しています。

　気分は他に影響を与える力のある、感情的な「調子」です。音楽のフレーズの音程や、絵の中の光のようなものです。これは特定のタイプの行動に対する気質であり、自尊心を支えるものです。「気分」には、高い教養があると見せかけようとする「皮肉」のように、他者に優越するために維持しているものもあれば、憤慨や欲求不満のように他者よりも劣った位置だと見なすものもあります。

　オントロジカル・コーチングでは、基本的な気分を6つに区別しています。「憤慨」「諦観」「不安」の3つはネガティブなものです。ただし、これらはポジティブな行動を引き起こすことがあります。この共通点は個人のエネルギーを内向きに収縮することと言えます。これに相当するポジティブな気分は「安らぎ」「楽観」「驚き」の3つで、感情を外に向け外の世界とのつながりを築きます。オントロジカル・コーチでは、クライアントに感情を日記につけることを勧めています。これは気分の変化を記録し、どの種類の気分になることが多いのかを確認するためです。

　またオントロジカル・コーチングでは、生理機能は重要です。気分や感情や習慣はどれも身体と精神に関係があり、1つの組織体としてまとまっています。これらは表情や姿勢にそのメッセージを表現します。習慣的に怒りやすい人は、憤慨する気分が優勢で、それが顔の表情に現れるようになります。これは、筋肉が一定のやり方で収縮するように使われて、それが習慣となっているためです。「そんな顔つきをしてはだめ。風の向きが変わってもその顔のままになってしまうよ」と両親が言う時には、正しいことを言っているのです（おおげさではありますが）。

　感情は顔の上に少しずつ、時間を追って反映されていきます。ある1つの感情ばかりが長期にわたってあまりに何度も現れるなら、その感情は顔の上に永

遠に刻まれてしまうのです。絶えず不安な気分でいる人は、声の調子や身体の姿勢、人と一緒にいる時の態度にそれが現れてしまうかもしれません。

　従って、オントロジカル・コーチは（もちろん了解を得た上で）頻繁にクライアントの身体の調整を行います。そうすることで、クライアントが言葉や感情に盛り込みたい変化と姿勢を一致させることができるのです。精神と身体と感情が持続できる方法で共に変化しなければ、クライアントの「在り方」の変化は起こりません。オントロジカル・コーチの論じるところでは、問題のある感情や気分が依然として身体に残っていると、認識的な洞察力だけでは変化を起こせません。コーチはクライアントが自分の姿勢や表情を意識するようにサポートし、気分や思考にどのように反映されているかを明らかにしていきます。

●───**より良い観察者**

　オントロジカル・コーチングではその他に、クライアントがより良い「観察者」となる手助けを行います。この用語はウンベルト・マトゥラーナの認知に関するアイデアから採用しています。人の感覚の内面的な構造が、物事の見方や自分が「本物だ」と考えていることに対応する方法などを決定します。例えば人間はその目の構造から、外の世界がある特定の様式で目に映ります。両方の目は、それぞれが異なる角度から見た１枚の光景をとらえます。

　この２つの異なる画像は、脳へ運ばれて処理されます。２枚の画像は脳で１枚の絵になります。組み合わされた画像は、それぞれの部分の寄せ集めではありません。これは立体的な画像となります。つまり奥行きのある研ぎ澄まされた知覚となるのです。美しい画像であっても片目だけで見たものは完全に立体的な画像とはなりませんので、外の世界は違って見えます。異なっているのは内部の構造なのです。

　ハエの目からは多角的な画像が得られます。それはどのような世界なのでしょうか？　いったい何面あるのでしょうか？　その答えはわかりません。わかるのは、誰が見ているかによっては、見え方は無限に可能性があることだけです。何を見るかは人がどのように見るかに左右されます。そしてどのように見るかは、誰が見るかということと、その人の考え方によるのです。「一斤のパンがどのように見えるかは、自分がどれほど空腹かであるによって異なる」

図9.2　第2次の学習

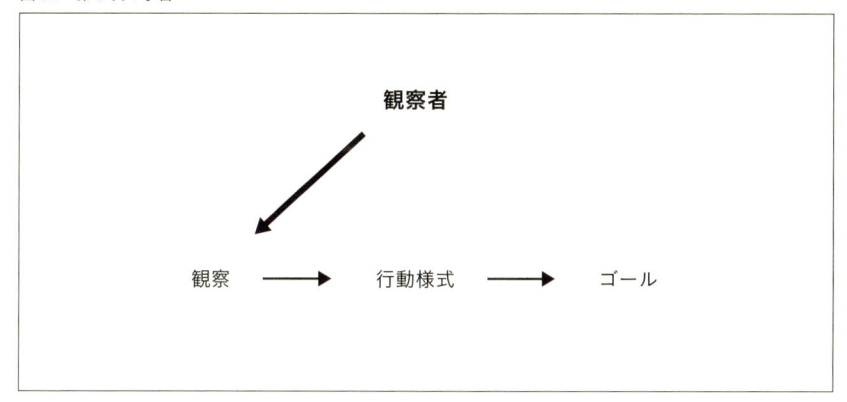

```
                    観察者
                      ↓
        観察  →  行動様式  →  ゴール
```

と言います。観察することは、解釈することです。人が物を見る時には、物事をそのままの姿でとらえるのではなく、自分の考え方でとらえるのです。この基本となる構成主義的な考え方は、オントロジカル・コーチング全体に普及しています。人は自分が観察していないものを変化させることはできません。このようにオントロジカル・コーチングでは、自分の考え方に疑問を呈することのできる強力な観察者の養成を目指しています。[7]

　第1次の学習は、自分の行動様式と、行動様式が成果に影響を与える様子を観察する場合です。

　第2次の学習は、「自分がどのように観察しているか」に関する観察者となった場合です。

　第2次の学習では、自分の観察や行動様式に疑問を投げかける力が与えられます。これは、発育モデルではありません。新しい観察者は別のレベルの人ではなく、さらに強力な分類手段を手にした同一人物なのです。

◉───**まとめ**

　オントロジカル・コーチは、クライアントが自分の破綻状況に対応する手助けを行います。そして、クライアントが自分の「在り方」を、気分や感情、生理機能や言語に働きかけて変化させ、自分の人生を前進させるサポートをしていきます。またクライアントが自分の不安感を理解することや、言語活動を深

く見つめて、自分自身がどういう会話をする必要があるのかを決定する手助けもします。コーチは学習の進行役です。コーチは用心深くクライアントのニーズや心配事に応える存在となって、クライアントのために働きます。コーチングの会話はクライアントの「在り方」に新しい可能性を開く道なのです。

ケーススタディ

　オントロジカル・コーチなら、まずはブライアンの生活や仕事が破綻している状況をはっきりさせることでしょう。何がブライアンを悩ませているのでしょうか？　ブライアンの心配事は何なのでしょうか？　ブライアンが最も大切にしている価値観とは何でしょうか？　現在ブライアンの生活に何かが起こり、それによって自分の大切な価値観が傷つけられているとしたら、ブライアンはそれをどのように感じているのでしょうか？　そうであれば、コーチはブライアンの妨げとなっている物事を変えることを中心に考えるでしょう。そうした妨げがあるため、ブライアンは破綻状況に対してポジティブかつ成果の上がる方法で対応できていないのですから。
　ブライアンとコーチは、ブライアンの言語を詳しく調べます。特にブライアンが自分自身と、職場の同僚や妻、家族などの他者に対して行う評価については、念入りにします。ブライアンは自分と職場の同僚に関するネガティブな評価をしそうなので、コーチはそうした評価をベースにした手助けをするでしょう。職場の同僚たちの目的は何なのでしょうか？　おそらく、短期間にブライアンの気分が晴れるようにしようとしているのでしょうが、長期的に見ればブライアンを犠牲者のように感じさせているのです。職場の同僚が関連している分野は厳密には何なのでしょうか？　ブライアンが1人の人間に難儀しているという事実は、ブライアンの社会的な対人関係がずっと正常に機能していないことを意味するのではありません。どのような基準により、ブライアンは自分や他者の評価を行ったのでしょうか？　ネガティブな評価を支持する、ある

いはそれに反論する本当の主張にはどんなものがあるのでしょうか？ ブライアンの仕事の中でどのような部分がうまくいっているのでしょうか？

　またコーチはブライアンが上司や同僚や妻とどのような種類の会話を行っているのか調査するかもしれません。おそらくブライアンに必要なのは、自分の仕事の不満点を上司と話し合う際に予想されることについて、対話を行うことなのでしょう。ブライアンは人に依頼する方法を身につけることが必要なのかもしれません。そうすることで望むものを手に入れて、自分の関心を満たすことができるようになります。コーチは明確な目標を、将来へのポジティブな宣言という形で定めるようにサポートするかもしれません。コーチとブライアンは、2人の間で1つの約束をするかもしれません。それはブライアンが自分の目標に向かって専心して働くことです。

　気分や生理機能は「在り方」の一部です。ブライアンにはどのような気分や生理機能があるのでしょうか？　ブライアンの主な気分はどういうものなのでしょうか？　それは敵意や心配のように思われます。オントロジカル・コーチはブライアンに日記をつけて自分の感情を記録するように勧めるでしょう。これは感情が表面に表れるタイミングや、何がその感情の引き金となるのかに気づくことにもなります。

　またコーチは、ブライアンに自分の姿勢や表情に気づかせ、同時に自分の在り方を具体化する方法や、ブライアンが他者にどのようなメッセージを与えているかについても気づかせます。コーチとブライアンは、姿勢を改善し自分の身体言語にさらに気づくようになるよう、協力して取り組むかもしれません。これはブライアンの思考や気分の変化を強めるでしょう。

　最終的にコーチはブライアンが暮らしている韓国の文化的なことを考慮しながらブライアンについて詳しく調べていくでしょう。「韓国人であるということには、どのような意味がありますか？」「どういう風に育ってきましたか？」「どのような展望を持っていますか？」「この話は

ブライアンさんの人生の中でどういう位置を占めると思いますか？」こうしたやりとりによりブライアンは自分の人生をより一層洞察できるようになり、達成感が得られるかもしれません。

フェルナンド・フローレスへのインタビュー

2007年1月

Column

Q：あなたの経歴と、コーチングに関心を持つようになったいきさつを教えてください。

まず経歴からお話します。チリで生産工学の学位を取り、卒業後なんとかチリ政府の経済財務省で働き口を見つけました。しかし、ピノチェト将軍の軍事クーデターで政権が崩壊し、軍事刑務所に3年間収容されました。その後やっとのことで釈放され、教職に就くためにカリフォルニアに渡り、スタンフォード大学でコンピュータ・サイエンスの特任研究員になりました。

刑務所にいた頃、私は次第に「認知」に関する問題に詳しくなりました。フランシスコ・ヴァレラが認知科学について学び、「デカルトの存在論との私的な戦い」と自分で名付けた研究に取りかかりました。

長い話をかいつまんで話しますと、1978年にカリフォルニア大学バークレー校で学際的な研究を開始しました。私は哲学を研究したのですが、それまでの専門は工学でしたので、哲学の研究は難しいものでした。しかし、まわりの人たちが大変親切にしてくださったこともあり、私は記録的な速さで課程を終了しました。

一方で私は5人の子どもの父親だったので、すぐに仕事を見つけなければなりませんでした。コミュニケーション理解の新しい方法を考えついたのはその頃だったと思います。これは企業と経営者の双方にとって極めて重要なものでした。その時期が突破口となったのは確かです。これ以降はこの分野の多くの人々に認められるようになりましたが、当時は生活費を稼ぐことが必要でした。

Q：それはいつのことですか？

1978年の6月頃だったと思います。その1日のことは、はっきりと覚えています。私は友人たちとサッカーの話をしていたんです。1人の選手が得る喜

びと知識について私たちの意見が一致しました。そうですね、「ジャーナリスト」のことを想像してみてください。ジャーナリストは試合の前にも後にも色々な「意見」を出します。しかし、誰が試合の勝者となるかに対しては何の影響も与えません。では、「コーチ」はどういう人物かというと、彼は試合前にも後にも、その試合を観察して意見を述べたり検討できたりするのです。しかしコーチの主な目標は「試合中」に選手をプレーに集中させることです。決して「試合の後」にそのようなことはしません。

コーチと対話する際には、クライアントは何かが自分をずっと思い悩ませていることに気づかされます。また、ここでの違いは、クライアントは過去の経験にはあまり目を向けず、潜在的な可能性に期待を寄せることにあります。つまり、情報的な知識ではなく、真剣な取り組みに心を向けるようになるのです。

周りの人たちはこの考え方を試した結果、とても良い経験が得られたと言うようになりました。そこで私はこの理論を発展させて、後に、人々は「性質や能力などの〈評価〉」と「自分の意見を言う〈主張〉」を混同しているために大きな悩みを抱えるのだという考えに至りました。

Q：その２つについて説明してもらえますか？

「私はチリ出身のフェルナンド・フローレスだ」というのは「主張」です。主張は明確で、真にも偽にもなり得ます。しかし、「私はとても優秀なコーチだ」と言った場合を想像してみてください。これは「評価」ですね。ここには「主張」の要素（「私はコーチだ」という部分）も入っていますが、「私は〈優秀な〉コーチである」と言っている部分は「評価」です。この評価によって私が人に与える言質は、「私はフェルナンド・フローレスだ」と言う時の言質とは大きく異なります。「優秀なコーチ」と一言で言っても、それはどの分野なのでしょう？

確信を持って言えますが、私は良いバスケットボール・コーチではありません。さらに、どうすれば「自分が優秀なコーチだ」とわかるのでしょうか？判断する唯一の方法は、まずは何か行動すること。そしてその行動に対して「これが優秀なコーチとなるために必要なレベルだ」と自分で納得できるような基準を定めることです。

「辻褄の合わない話をする」ことを存在論的（オントロジカル）に定義してみ

ましょう。あなたがコーチである場合に必要な行動は、クライアントに、クライアント自身の「辻褄の合わない話」に耳を傾ける術を身につけてもらうことです。「嘘」は簡単に見分けがつきます。自分が嘘つきであれば「自分は今嘘をついている」ことがわかっています。しかし「辻褄の合わない話」をしている時には、本人は「自分は今辻褄の合わない話をしている」とは気づきません。ところが他の人にはそれがわかるのです。どうすれば自分が「辻褄の合わない話」をしていると認識できるのでしょうか？　特に私たちの社会では「辻褄の合わない話」をしがちですからね。

　その違いは、嘘つきは「自分が相手を欺いている」ことを知っていますが、「辻褄の合わない話」をしている人はその自覚がない、という点にあります。同じことが「約束」についても言えます。正直な人であれば、その人の意志と約束は一致します。嘘をついている人の場合は、その約束には相手を欺く気持ちが含まれています。つまり、その人は自分には約束を果たすつもりがないとわかっているのです。しかし「辻褄の合わない話」をしている時、その人にあるのはごく普通の気持ちですし、さらには善意すら存在します――こうしたことから、「辻褄の合わない話」は物騒なものになってしまうのです。

　コーチングには「誠実になる方法」を人々に教えることも必要です。これは道徳的圧力になることもあります。優秀なコーチは忍耐強く、思いやりの気持ちを持ち、クライアントがスキルを磨くための余裕を持っていなければなりません。このような時、人は圧力を感じず、開放感を味わえるのです。

　コーチは聞き手になる必要がありますが、漠然と聞くだけではなく、クライアントが話していることの背後にある気持ちを読み取ることが必要です。これは「ブラインドネス」という現象です。コーチは、そのクライアント個人に対して、社会に関係するブラインドネスの因果関係を明らかにしていきます。ここで1つ、文化に関することを例にしてみましょう。ラテン系の人にとって「時間」は他の文化圏の人と同じものではありません。アメリカ人はとても性急です。彼らはすぐに要点を聞きたがりますが、これは「人生とは物事を行うことだ」と考えているためでしょう。しかし待つことが必要な時もあります。また、聞くことが必要なこともあるでしょう。

Q：オントロジカル・コーチングは、大変興味深いものだと思います。感情や身体、さらには生理的な機能にも特別な注意を向けていますからね。この点について、考えをお聞かせいただけますか？

オントロジカル・コーチングとオントロジカル・デザインには違いがあります。

この違いは、個人だけに関係する問題ではありません。これはその「媒体」の構造、問題となっている「環境」の構造にも関わっています。例えば「場の雰囲気や気分（ムード）」について尋ねる場合には、とても重要なことなのです。

教会の「環境」を例にとってみましょう。そこにはある種の「ムード」があります。これとは別の例が良いようでしたら、バーやナイトクラブを想像してみてください。その場所は「ムード」を形成しており、また「ムード」を変えることもあります。私が思うに、建築家や音楽家はこの「ムード」を熟知しており、また自分が何を行えばこの「ムード」なるものを構築できるのかについて精通しているのではないでしょうか。

さらに、私たちは「状況」の中で感情を変化させることができます。これは身体にも影響を及ぼします。このことは哺乳類の動物を見れば、はっきりわかるでしょう。例えば、犬だと耳の動かし方や警戒姿勢の取り方に現れます。危険が通り過ぎると、犬はリラックスした姿勢に戻ります。小さい子どもも同じような行動を見せます。私はこれを「オペレーション・ムード」と呼んでいます。また「場の雰囲気や気分（ムード）」は、自分の気持ちの向け方という点で、感情や意志に影響を受けます。

「うれしさ」は、行方がわからず探し続けていた「何か」を見つけた時に得られるものです。優秀なコーチには「ムード」を敏感に感じ取る能力が生まれつき備わっています。コーチが「場の雰囲気」や「気分」を感じ取ってはいけないような文化があるとするなら、コーチはその文化を捨て去らなければなりません。

Q：私たちは、コーチングに対する文化の影響に関心があります。異なる文化でのコーチングの方法や、異文化間コーチングについて、人々が理解することは重要だと思いますか？

私の印象では、コーチングについて私が話をした人たちのほとんどは、この点をよく理解しておらず、あまり優れたコミュニケーション・スキルは持っていないようです。ほとんどの人は、偉い人から学べる「方程式」を繰り返すのみで、コーチたちは信頼や自信について不安を感じています。

　私の考えでは、「信頼」は、その人自身が誠実であれば得られる「力」なのです。だからこそ人々はコーチに心を開き、他の人には示さない意欲をコーチに示すのです。大抵の場合、人は「信頼」に関する良くない経験を積み重ねているので、その意味で多くの可能性を失っています。

　「自信」についても同じです。私たちは自分自身について、沢山の悪い評価を積み重ねていて、幾度となく対応すべき状況に向かい合う勢いや勇気をなくしているのです。これは私たちの自信や信頼に傷を負わせるものが、それまで自分が詳しく分析したことのない過去の事例に関係していることが多いためです。このことが、厳格な規則に従って生きることの問題となっているのです。

Q：コーチングの将来についてどのようにお考えですか？

　私は「コーチングは大きな影響力を持ちつつある」と考えています。特にインターネット上で始まっていることを見ると、その思いが強くなります。私たちに必要なものはオンライン・コーチングの可能性と限界を探ることです。私は異文化コミュニケーションというものに対してネットワークがどのように役立つのか、探りたくて仕方がありません。上院議員になり、コーチングを考える多くの機会がありました。今後もこの調子で進んでいきたいと願っています。

フェルナンド・フローレス　[Fernando Flores]
1980年代に哲学の応用に取り組み、またソフトウェア設計や経営・人材育成の分野に従事しオントロジカル・コーチングの基礎を作り上げた。カリフォルニア大学バークレー校の学際的研究分野の博士号を持ち、アメリカとチリで複数の会社を設立。また数多くの書籍や論文を執筆。29歳にして政府閣僚となり、2002年からチリの上院議員を務めている。

第10章　インテグレーテッド・モデル

「優れた理論以上に実用的なのものはない」
　　　　　　　　　　　　　　　　　　　　——クルト・レヴィン

「理論とは、洞察力の一様式である。
　つまり、この世界を見る方法の1つであって、
　世界がどういう在り方をしているかという知識をまとめたものではない」
　　　　　　　　　　　　　　　　　　　　——デヴィッド・ボーム

　第Ⅱ部の冒頭では、主人公のナスレッディンが法廷で色々な異なる話を聞かされて混乱したというところまで話しました。この話は終わっていません。アリストテレス論理学に精通した彼の法律顧問が最後に戻ってきたのです。

「閣下、このままにしておくことはできません。真実を語っているのは彼らの中の1人だけなのです」と彼は言いました。
「問題は真実かどうかではない。問題は信頼だ」とナスレッディンは答えました。

　想像がつくと思いますが、「真実 (truth)」と「信頼 (trust)」という言葉は同じ語源から派生したものです。私たちは「真実」だと自分が思うことを「信頼」します。つまりここから、コーチングの本質であるコーチとクライアントの間に形成される信頼、コーチとクライアントと方法論の間に形成される信頼が生まれるのです。
　本章では、他のいくつかのモデルから抽出した中核的モデルを明らかにします。これはコーチングの本質と考えられるもので、トレーニングや実践で用い

図10.1 インテグレーテッド・モデルの4つの観点

	内的	外的
個人的	▶ コーチとクライアントの目標、心的習慣、価値観。 ▶ コーチ、クライアント、その他のステークホルダーの主観的な期待。	▶ コーチとクライアントの行動。 ▶ 身体言語と音声言語。コーチング・セッションの心理地理学。
集団的	▶ コーチとクライアントが体験する両者の関係。期待の共有と、結果的な相乗効果。	▶ セッション、ビジネスの枠組み、ロジスティクス、経済体制を支える外的システム。

られています。ここで述べるのは最善の実践ではありません。これは常に時代の制約を受けます。私たちが手にしているものは、コーチングを成功させるために必要にして十分な要素であると同時に、絶え間なく変化し混沌とした様相を見せる実際のコーチングからその中核的方法を取り出したものなのです。私たちは、そのような方法を何年も様々な国で試し、それが実践に耐えるものだと考えるようになりました。

　そのような中核的方法にはどのような要素が含まれていなければならないのでしょうか？　上記に示す〈インテグレーテッド・モデル〉の4つの観点（図10.1）が必要です。

　まず左上には、主観に関する部分があります。クライアントの頭の中では何が起こっているのでしょうか？　コーチの頭の中では何が起こっているのでしょうか？　コーチはどのように考える必要があるでしょうか？　コーチとクライアントにとって、どのような信念、価値観、目標が有効でしょうか？

　右上には、コーチング関係でのコーチとクライアントの外的行動と、その結果生じる変化に関わる部分があります。これはコーチとクライアントのパフォーマンスにどのように影響するのでしょうか？

左下にあるのは、システムと構造です。コーチングはどのように提供されるのか？　コーチングをうまく企業に導入するには、どのようなシステムと実践が必要になるのでしょうか？　どのようなことが起こるでしょうか？　どのような人の意見を聞く必要があるでしょうか？　どのような構想が必要で、どのように期待に応えたらいいでしょうか？
　最後が右下にある、関係にかかわる部分です。コーチとクライアントの間では、どのような関係を構築する必要があるでしょうか？　その関係はどのように構築され、その中で何が起こるでしょうか？
　コーチングに成功するためには、4つの要素すべてを考える必要があります。

　1つの方法論には一連の特徴があります。それぞれの専門的職業は、その世界観に基づいて、専門家同士がお互いを理解し、一定の見方で世界をとらえ、行動をとるようになるという特徴を持っています。コーチングは発達の過程にある職業であり、私たちは自分たちの提言がこの職業にふさわしい特徴を作る出発点になると考えています。またコーチングが専門的職業になると考えています。その理由は学問領域と方法論がその名称と実践と同じものであり、これは一般に法律や心理学などの職業にも当てはまるからです。

●──基本的なコーチング・プロセス

　コーチングは変化を扱う方法論です。すべてのモデルには3つの基本的なプロセス（図10.2）が見られます。
　1つ目のプロセスは、クライアントを支援し、その関心を方向づけることです。これはコーチの質問を通じて行われ、コーチがクライアントに向ける関心の質によって決まります。コーチは、クライアントの行動、言葉、言葉に出さない内容、責任を持てる範囲を理解します。
　2つ目は、意味づけと意見を与えることです。これは、クライアントが話すこと（言葉）と行うこと（行動・身体言語）を、コーチの頭にあるコーチング「モデル」に当てはめることです。そのモデルに基づいて、コーチはクライアントにフィードバックと意見を与え、クライアントの問題について別の（できれば有益な）観点を示します。コーチの頭にあるコーチング・モデルは、クライア

図 10.2　中核的コーチング・プロセス

> ① クライアントを支援し、その関心を方向づける。
> ② クライアントの問題について、本人の思考を超えるような意味づけをし、意見を与える。
> ③ クライアントが行動を起こす手助けをする。

ントがもたらす無数の題材を網羅するような豊かさを持っている必要があります。モデルが豊富になればなるほど、コーチングはうまくいきます。

3つ目は、クライアントが行動を起こす手助けをすることです。クライアントがとる行動は、これまでしてきたことやこれからしようと思っていることとは異なります。クライアントが以前にしたことは習慣に基づくもので、そうした習慣を永続させた結果です。新しい行動は異なるフィードバックをもたらし、変化につながります。

またすべてのコーチング・モデルは、はっきりと、あるいはそれとなく次の3つの基本的な質問をします。これらの質問の根底には1つの観念が存在しています。それは人間の在り方についての解釈であると同時に、コーチとクライアントが信じるものがその関係の中で可能となるという観念です。

- コーチは変化のプロセスを開始するためにどこから働きかけを始めるのか？
- コーチとクライアントは何に関心を払うべきか？
- コーチとクライアントはどのような結果を望むか？　またどうやって結果を評価するのか？

◉━━━**出発点**

人間には「認知」「感情」「生理」「精神」など、多くの側面があります。そ

してコーチは、それらすべてを念頭に置きながら、最初に取り組む部分や働きかけを行う部分を判断しなければなりません。すべての側面はつながっており、1つの側面での変化は別の側面での変化をもたらします。ただし、その変化はクライアントが望み、変化を維持する必要がある方向を向いていなければなりません。コーチングの方法は、一例一例でクライアントや文脈が異なる要素に注目しているため、それぞれ望ましい出発点が異なります。

ほとんどのコーチングは認知レベルから出発し、問題についての考え方を変えることをクライアントに求めます。考え方を変えることは、行動を変え、感情を変え、言葉を変えることにつながります。一般的に、コーチは感情レベルから取り組みを開始することはなく、クライアントの問題に関して感情を表に出さないようにします。特に否定的な感情を表に出すことはありません。

ただし、コーチは色々な感情に注意を払っています。身体的レベルから出発することもまれです。これは姿勢や身体言語を扱う専門家に委ねられます。ただし、オントロジー(存在論)を重視するコーチは、クライアントの姿勢や表情を扱うことがあります。当然、行動的研究を重視するコーチは多くの場合、行動レベルから出発します。NLPを重視するコーチと、オントロジー(存在論)を重視するコーチは、クライアントの言語パターンに注目する傾向が強いようです。

認知コーチングと行動コーチングの間に論争はありません。思考の変化は行動の変化につながり、その逆も言えるため、両者は相性の良い関係です。この2つのアプローチは結果ではなく、出発点と注目点で異なっています。

行動コーチングは、「インテグレーテッド・モデル」の右側の象限に注目します。これに対し、認知コーチングは左側の象限に注目します。認知コーチングと行動コーチングは異なる観点を持っており、バランスのとれた見方は両方の観点を含んでいます。

コーチングは人を助ける職業であり、人間の学習と発達に関心を向けます。コーチとクライアントは共にその中で自己を認識し、様々な可能性を実現します。クライアントは変わりたいと望みますが、そのプロセスはコーチにも影響を及ぼします。コーチとクライアントの間に形成される関係を介して、変化が

起こるのです。

　コーチングの働きについて包括的に論じるには、コーチとクライアントの両方を考慮し、またこの両者の関係を考える必要があります。つまり次の点を考えることになります。

- コーチの主観的世界
- クライアントの主観的世界
- コーチとクライアントの関係（２つの主観的世界が出会うところ）
- コーチの行動と言葉
- クライアントの行動と言葉
- コーチングを提供するための外的手段とシステム

　ここでは、コーチとクライアントは、同じ文化的背景を共有しているものと仮定します。異文化間コーチングについては第Ⅲ部で扱います。

　様々なコーチング・モデルが、プロセスの様々な部分で重視されます。これらの要素同士の関係とバランスによって、実践において方法論がどのように用いられるかが決まります。ここでは、まずコーチについて考えますが、その後にコーチとクライアントの関係、最後にクライアントについて考えます。

1. コーチ

　コーチは、クライアントとのコーチング関係の共同の構築者であるため、完全に客観的になることはできません。コーチはシステムの中に含まれています。ただし、コーチはコーチングとクライアントの問題の性質について自分の考えを持っています。

　コーチは自分の考えをコーチング関係に持ち込むことはできません。コーチはクライアントの考えをそのまま反映するだけの鏡ではありません。これは不可能であるだけでなく、望ましいことでもありません。状況に対するコーチとクライアントの観点には違いがあるべきで、そうでなければ進歩はありません。

質問する

　コーチは何を行うのでしょうか？　ほとんどの場合、コーチは「質問」します。コーチが質問し、クライアントが答えます。コーチが答えを出したり、問題を解決しようとしたりするコーチング・モデルは存在しません。質問の質が、答えやコーチング関係、結果の質に影響するのです。こうした観念は、クライアントとクライアントが起こしている問題についての仮説をもたらします。質問によって仮説が検証されますが、この仮説は問題の解決策ではありません。クライアントはどのように思考しているか、そこにどのような盲点があるか、クライアントはどのような観点を持っているかというのがここでの仮説です。

　質問の仕方を知ることは、コーチングの初歩の基本スキルです。質問は、クライアントをサポートし、クライアントの関心を方向づけ、状況に対するコーチの仮説を検証します。コーチングのすべてのモデルはこの点で一致しており、NLPコーチングとオントロジカル・コーチングでは、質問の言語的側面が詳しく扱われます。質問はコーチによる働きかけの主要部分です。しかし、質問のどんなところが重要なのでしょうか？——質問することによって、コーチング・プロセスに必須の色々なことが行われます。

　第1に、質問を拒否することはできません。クライアントが賛成でも反対でも、答えが「はい」でも「いいえ」でも、クライアントは答えを考えなければなりません。質問は、コーチがクライアントの心の暗闇を照らすサーチライトです。クライアントはコーチのところにやってくる時、答えを持っていません。クライアントはすべての答えを持っていると言っても意味はありません。答えはコーチング関係の中で作られると言えます。コーチもクライアントも最初から答えを持っているわけではないのです。

　仏教の禅宗には、夜の道端の灯の下で必死になって探し物をしている男の話があります。ある人が通りかかって足を止め、その男が何をしているのか確かめようとして話しかけるのが、次の場面です。

「何を探しているんだい？」
「鍵を探しているんだ」

「では手伝ってあげよう」とその親切な人は言って、2人は一緒に道端の灯の下で鍵を探しました。

5分ほどすると、「どこにも見つからないな」と親切な人が言いました。「本当にここで落としたのかい？」

「いや、鍵をなくしたのはあっちの方なんだ」と男は答えて、20メートル先を指さしました。

「おいおい、ちょっと待ってくれ。向こうでなくしたのなら、なぜここを探しているんだい」

男はこう答えました。「向こうは暗いからさ。暗くて見えないじゃないか。こっちは明かりがあるから、ここで探しているんだ」

　クライアントが行うのもこのようなことです。クライアントは自分のわかる範囲で答えを探すのです。コーチの質問は灯の役割を果たすので、クライアントは以前には見えなかった場所を探すことができるようになります。この喩え話を続けるとしても、コーチは自分のポケットから鍵を出して、クライアントに与えることはしません。また、クライアントの家に無理やり入ることを提案することもありません。

　質問はクライアントに新しい観点を与え、可能性を切り開きます。また質問は感情を変えます。良い体験についての質問は、明るい感情を引き起こします。悪い体験についての質問は、暗い感情を引き起こします。質問はまた、クライアントが別の方向に考えを進め、別の観点で物事をとらえる助けになります。

　質問をすることは一種の行動です。目で見て耳で聞くことができるのです。質問が最も効果的で有益なものになるには、コーチはどのような態度をとるべきでしょうか。

　第1に、質問は一方的な判断を避けなければなりません。コーチはクライアントを裁いてはいけません。クライアントはすでに自分で自分を裁いていることが普通です。コーチが心を静め、内的会話を止め、クライアントへの関心を保つことは、コーアクティブ・コーチングでの自己管理プロセスの一環です。

　第2に、コーチは少なくともコーチングの場では、クライアントを尊重しな

ければなりません。クライアントを賛美したり、クライアントに賛同する必要はありませんが、クライアントを人として尊重することは必要です。

　第3に、コーチはクライアントに献身的でなければなりません。コーチング・プロセスに対するクライアントの献身の重要性については多くのことが語られていますが、コーチもまた献身的でなければなりません。コーチが献身的でなかったり、クライアントの能力に疑いを持っていると、クライアントはそれを察し、両者の関係は損なわれます。コーチが献身的であると、質問は正直で誠実なものになります。コーチは、すでに答えを知っている質問や、自分が特権を持っている分野で特定の答えがある質問をするべきではありません。

　また、クライアントに特定の答えを強要するように組み立てられた質問をしてはいけません。コーチは自分の考える正解にクライアントを誘導する質問をしてしまう誘惑に駆られることがあります。そのようにしてクライアント自身が自力で答えを出したと思い込ませようとするのです。このようなことはうまくいかず、クライアントは相手に操られていると感じることになります。どれだけ良い答えでも、それはクライアントの答えではありません。コーチが自分で有益だと思う考えを持っている時、クライアントを操ってそれを言わせようとするよりも、クライアントに率直に自分の考えを言う方がはるかに良いことです。クライアントは腹話術の人形になりたいわけではありません。

　コーチが正直であれば、クライアントも正直になります。クライアントは、コーチを喜ばせたり、感心させたり、コーチからよく思われたいと望むものです。そのため、クライアントは自分の答えに少し手を加えて、見栄えよく見せようとすることがあります。コーチがすでにクライアントを尊重していて、正直であれば、これはクライアントにとってそれほど問題にはなりません。クライアントはコーチの中に感じ取った特質を手本にする傾向があります。コーチは自分が求めるものを与える必要があります。コーチがクライアントに求める特質が何であっても、まずコーチがそれを示さなければなりません。クライアントは、理解と行動のほかに、実例から学びます。

　最後に、コーチは好奇心と「不知」の態度で質問をする必要があります。コー

チは答えを持っておらず、クライアントよりも答えを知っているわけではありません。クライアントは自分自身の人生のエキスパートなのです。そしてコーチは問題を解決する鍵がどこに隠されているかは知りません。

すべての質問は、何らかの仮定を含んでいます。コーチの質問はクライアントの動機づけ、能力、偶然の成功についての仮定を含んでいることが重要です。

クライアントの質問　「無」の答え

クライアントは自分自身にどのような質問をするのでしょうか？　クライアントの質問は間違った方向に行ったり、状況についての制約的な仮定に基づいてなされることがあります。

コーチは時々、クライアントの質問や問題に答えて、クライアントが持っている仮定についてコメントすることがあります。禅宗の挿話に、これを説明したものがあります。

とある禅の修行僧が寺の中庭を掃除している時、老師がその様子を見に現れました。修行僧は、老師の杖で打たれるのを恐れて、まず何か1つ質問しようと思いつきました。中庭には汚い犬がいて、物陰に隠れて、台所から投げ捨てられた残飯を食べています。
「老師、犬にも仏性はございますか？」
老師は修行僧を見て答えました。「無」

「無」とは何でしょうか？　それは「その質問には答えない」という意味です。老師は質問の背後にある仮定を受け入れていないため、肯定も否定もしないということです。老師は質問の脱構築を行っています。これはしばしばコーチが必要とすることです。クライアントは何をすべきかについて悩んでいます。彼らは色々な質問や問題や課題を抱えてやって来て、間違った質問をします。コーチの答えは「無」です。

尊重、献身、不知というコーチの態度は最良の質問を生み、クライアントは最良の答えを見つけることができます。この態度は、コーチの人間に対する信念から生まれるものです。それが人間であるとはどういうことかを考える基準

となります。

コーチの信念

コーチが行動で示す必要のある信念（図 10.3）とはどのようなものでしょうか？

第1に、コーチは人間性心理学に基づき、人間の本性に対する楽観的見方を持つべきです。コーチに必要な考えとは、「クライアントは完全に行き詰まっているわけではない。クライアントは問題から脱出し、最大限の努力をしたいと思っている。そしてクライアントにはそれができるのだ」と思うことです。精神的に疾患のある人はコーチングの対象としては扱われないので、コーチングのクライアントは最高の成果を得たいと考えている人々となります。色々な問題は出てきますが、それは克服できるものです。個人から最高の成果を引き出すには、相手の中に最高のものがあると信じることが必要です。これは、最も地位の高い企業幹部から最も経験の少ない人まで、あらゆるタイプのクライアントに当てはまることです。

コーチはこれと同じ原則を自分自身にも当てはめなければなりません。「自分は常に向上でき、まだ自分の限界には達しておらず、短い期間となるかもしれないが同じ道をクライアントと一緒に歩いているのだ」と信じることが必要なのです。

第2に、私たちはすべて自分自身の現実を構築し、それを「維持」していると考える必要があります。誰もが唯一無二の存在です。その世界を変える手助けをするということは、より良い世界を与えることではありません。彼らが自分自身でより良い世界を作る手助けをするということです。クライアントは自分で今の状況を作っているのですから、それを自分で解体することは可能なのです。

第3に、コーチは、「〈選択する〉ことは〈選択しない〉ことよりも良いことだ」と考える必要があります。クライアントは、選択肢がなくなったか、今ある選択肢では望ましい状態につながるとは思えない状況にあります。コーチの仕事は、クライアントがより良い選択肢をより多く組み立てる手助けをすることです。

図 10.3　コーチの信念

---
① 人間の本性に対する楽観的見方。
② 現実は人間の手によって作られる。構築されたものなら解体できる。
③ 何かを選ぶ方が何も選ばないよりいい。常により良い選択肢がある。
④ 自分のコーチング・スキルと方法論は役に立つ。

　最後に、コーチは自分のコーチング・スキルと方法論がどのようなものであっても、それを信じなければなりません。コーチが不安な状態にあるのに、どうしてクライアントがコーチを信じることができるでしょう？　コーチの「自信」は、自分が用いる特定の方法論と同じくらい重要です。

2．コーチング関係

　コーチングは、コーチとクライアントとの間に形成された関係を通じて行われます。すべてのコーチング・モデルで、この関係の重要性が強調されています。コーチング関係には、インテグレーテッド・モデルの外的側面（右側の象限）と内的側面（左側の象限）という2つの側面があります。

外的側面（サポート・システム）
- 実際の計画はどのようなものか？
- どのように予測を立てるのか？
- コーチとクライアントはセッションでどのように振る舞うのか？

　これらの外的要因は重要で、インテグレーテッド・モデルの右下の象限に対応するものです。最も高いスキルを持つコーチでも、ロジスティクスが適切に管理されなければ、そのスキルを使うことはできないでしょう。行動コーチングでは多くの場合、関心をコーチング計画の細かな調整に振り向けます。そし

て予測を組み立て、評価基準を設定し、ビジネス・コーチングでのコーチとクライアントのマッチングを行います。外的システムとコミュニケーションは、コーチやクライアント、人事部などの関係者の間でうまく働き、最良の関係をもたらさなければなりません。

ライフ・コーチングでは、コーチとクライアントは、コーチング関係を支援する実際面の詳細についてお互いに合意し、コーチングを行う時期と期間、手段、費用と場所を決める必要があります。これらは、コーチング関係を支援する外的システムに関するものです。

コーチング関係のその他の外的側面は、「セッション」でのコーチとクライアントの文脈と行動です。部屋は快適な状態でなければならず、セッションは中断されてはなりません。NLP コーチングは、この点に多くの注意を払い、アイコンタクト、体の姿勢、その場にふさわしい声の状態を通じてラポールを形成します。部屋の心理地理学的条件（コーチとクライアントの位置）も重要です。コーチとクライアントの距離は、その文化にとって適切なものにする必要があります（ラテン文化圏では、コーチとクライアントは、イギリスやアメリカよりも近い位置に座ります）。

コーチとクライアントは、お互いの角度が 90 度から 120 度になるように座ることが普通です。こうすると、お互いに向かい合った状態（心理地理学でいう「対立」の位置関係）を避けながら、自由にアイコンタクトをとって会話することができます。また、お互いに図や文字を書いたり、身ぶりで説明したりすることも楽にできます。

図 10.4　コーチング関係のサポート・システム

- ▶ 意思疎通と協力の外的システムを整備する必要がある。
- ▶ 時間、場所、費用、期間という実際的な事項をはっきりと決める。
- ▶ 環境を適切なものにする。
- ▶ 心理地理学的な位置関係を適切にする。

内的側面

コーチング関係の内的特性とはどのようなものでしょうか？　これはインテグレーテッド・モデルの左下の象限に対応します。

まずはじめに、ラポールの存在が必要です。ラポールとは、自分と相手がお互いの影響を与えることを認めている関係です。NLP コーチングには、マッチングによりコーチのラポール形成を助ける多くのツールがあります。コーチング関係は、相手を尊重し、相手の話に耳を傾け、断定を避けるコーチの態度によっても強化されます。

オントロジカル・コーチングの言葉で言うと、コーチの「在り方」がコーチング関係の形成に役立ちます。良いコーチは「存在感」を持っています。このようなコーチは、クライアントのために存在し、断定を避け、心を開いた態度をとります。また、クライアントが従わなければならないスケジュールはありません。こうした状況により、コーチング関係は特別かつ効果的なものになります。多くのコーチング・ツールがありますが、それらのツールはこの関係の中で用いられるものであり、ツールがコーチングの関係性の代用になるのではありません。

また、傾聴によってコーチング関係が確立されます。傾聴はすべてのコーチング・モデルで不可欠なスキルになっており、オントロジカル・コーチングとコーアクティブ・コーチングでも重視されています。コーチの傾聴は、クライアントが自分の問題をはっきりと述べる助けになります。クライアントも相手

図 10.5　コーチング関係の内的特性

① ラポール ② 傾聴 ③ 献身

の話を聞くことが必要ですが、コーチの傾聴は寛容的な性質を持ち、クライアントが自分の話をする余地を与えます。誰かが話を聞いてくれない時（例えば、カクテルパーティーで、こちらが話しかけた相手が、他にもっと面白い人がいないか周囲を見回しているような時）、あなたは自信をなくし、会話を続けることは困難になります。傾聴の態度が確立しさえすれば、オントロジカル・コーチングは、コーチとクライアントの間で交わされる会話に焦点を当てることができます。

　傾聴すると、コーチは直観を働かせることができます。これはコーアクティブ・コーチングの重要な部分になります。直観とは、普通必要とされる論理的根拠なしに有益な認識を得る能力です。こうした認識は、コーチが傾聴を行いながら拾い上げたすべての情報を無意識に処理することから得られます。傾聴がなければ、処理すべき情報は得られず、直観も得られません。

　コーチは傾聴している時、無意識に自然とクライアントの身体言語に合わせていきます。これは人間の基本的能力で、1960年代に研究者のウィリアム・コンドン[★1]によって指摘されました。

　身体言語や声の調子には、常に何らかの感情が伴っています。そのため、コーチは自然にクライアントの意思を読み取ろうとする場合には、顔の筋肉のわずかな動きを読み取り、クライアントが何を感じているかのヒントを得ようとします。コーチはリラックスしなければなりません。さもないと顔の筋肉が緊張し（理解しようと「がんばっている」とこうなります）、自然に相手の意思を読み取ることができなくなり、直観も働かなくなります。

　コーチは、自分の中の内的対話で頭がいっぱいになると、傾聴ができなくなります。この一因となるのは直観的メッセージが妨げられることなのですが、そのため、内的な「平静」を保つことが重要なコーチング・スキルとなり、「不知」の態度を保つことに役立ちます。これによりコーチの存在感が強められます。

　献身も、すべてのコーチング・モデルに共通する要素です。「献身」という言葉は、ある信条に心を打ち込むこと、または固く誓うことを意味します。コーチとクライアントにとってコーチング関係は変化が生じる場なので、両者は共にコーチング関係に献身的に取り組みます。コーチとクライアントは、どちらも人生の中で色々なことに献身的に関わっています。コーチングはその中に組

み込まれる必要があります。これがコーチング関係のもう１つの外的側面です。

──コーチングはどのように行われるか

この関係の中で何が起こるのでしょうか？　どのように変化が起こるのでしょうか？　クライアントにとって重要な３つのスキルを習得することで、コーチングは成功すると私たちは考えています。この３つのスキルは、クライアントの変化と目標達成につながるものです。

① 新しい観点で物事をとらえる能力
② 区別をつける能力
③ 自分自身の限定的部分との同一視を止める能力（以前、自分を支配していたことを客観的にとらえる能力）

コーチはこれらの要素を次のことによって伸ばしていきます。
- 質問
- 直接的な説明と解釈
- モデリング（はっきりと、またはそれとなくクライアントの適所を示すこと）

１．新しい観点で物事をとらえる能力

観点（perspective）とは物の見方です。この言葉は「何かを通して見る」ことを意味します。何が見えるかは、何を通して見ているかによって変わります。汚れた窓を通して何かを見ようとしても、目に映るものは〈汚れ〉であり、向こう側にあるものは見えません。コーチは常に、クライアントの問題に対して相手と異なった観点を持つことになります。これはコーチが問題の当事者ではないためで、コーチは異なった観点を与えることができます。

クライアントが求めているのは答えであり、答えを探すことではありません。クライアントに必要なことは、物事を見るための別の位置です。むしろ、同じ場所に立って別の方向から見ることが必要なのかもしれません。コーチは、別の観点を与えることで、クライアントの体験を違う角度から見る機会を与えます。そしてクライアントがこれまで気づかなかった新しい可能性や選択肢に気

づくようにします。

「観点」の良い喩えになるのは、「視覚の盲点」です。人間の両目の網膜には盲点があります。この部分では視神経が眼球の外へ出て脳の方向に延びているため、光を感じる細胞がありません。目のこの部分に像の光が当たっても、その像は「見える」とは認識されません。

次の実験をやってみてください。下の黒点を15センチメートルくらい離して両目で見ます。次に右目をつぶって、左目で点をまっすぐに見ます。目はまっすぐ前を見たままにして、紙を左にゆっくり動かします。あるところに来ると、像が左目の盲点に当たるため、点が消えます。

ある視点から見ると点は消え、視点をずらすと点が現れます。コーチはクライアントに「そこがあなたの盲点です」と教えることはできません。クライアントは「どこにあるのですか？」と言うことでしょう。クライアントは、視点をずらしてはじめて盲点があることがわかります。その時には教える必要はなくなっています。

例えば、インテグレーテッド・コーチングでは4つの象限は観点を表しています。状態と段階、線とレベルも同様です。NLPコーチングには、観点についての明確なモデルがあります。第1の立場（自己の視点、つまり、それが自分にどう影響するか）、第2の立場（他者の視点）、第3の立場（自己と他者の両方を含む全体的視点）から、あらゆることを見ることが可能です。上で取り上げた盲点のゲームでは、黒点を喩えに使い、状況を見る別の見方があることを学ぶ

図10.6　盲点

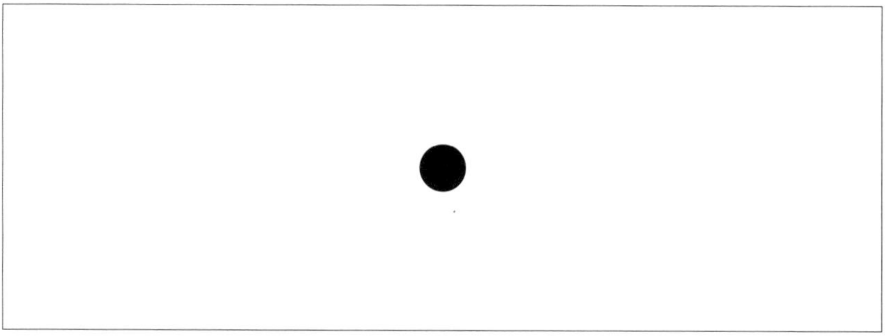

ので、クライアントが客観的に物事をとらえ、断定を避けることに役立ちます。

　ポジティブ心理学に基づくコーチングには楽観主義と悲観主義があります。GAPSの表は、行動モデルの重要な観点を与えています。より大きな枠組みでは、様々なコーチング・モデルが1つの観点となります。そのため、私たちはクライアントの役に立つよう、コーチはコーチング・モデルを変更できると提案しています。

　文化も1つの観点であり、ある文化に縛られて、他の有益な観点が覆い隠されてしまうことがあります。

　クライアントは、ある観点を拒否したり無視することがあります。このことは問題ではありません。新しい観点が非常に有益である場合もあり、クライアントは観点を切り替えるスキルを学ぶことができます。これはひとつの観点をとるよりも有益なスキルです。

　クライアントは新しい観点を知的に理解するだけでは十分ではありません。クライアントは新しい観点を「身につけ」、新しい観点に基づいて行動しなければなりません。この場合、それを完全には信じられなくても、真実であるかのように行動することが必要です。これは、「自分に盲点があることを知ること」と、「実際に以前見えなかったものを見る」ことの違いなのです。

2．区別をつける能力

　区別とは、他から「切り離す」ことです。物事の区別を行うと、「前景」と「背景」が生まれます。コーチングはクライアントに有益な区別を与えます。また、区別を行うスキルを開発します。このスキルは個々の区別より重要なものです。クライアントは、自分が持っている概念の中で、新しい区別や緻密な区別を行うことができます。

　私たちは様々な区別を行うことで、自分の世界を構築します。多くの物事を色々な方法で区別することにより、世界は拡大し、豊かになり、きめ細やかな場所になります。新しい言葉は、新しい区別を生み出します（この〈新しい言葉〉というのが、古い言葉とまったく同じ内容を示すだけの〈新しい言葉〉ではないことが前提ですが）。コーチは、クライアントが自分の体験について区別し、世界を再

構築する手助けをします。新しい区別を行う能力は、コーチングの中でコーチがクライアントに学ばせるために実際にやってみせることができる認知スキルです。

私たちは、区別をつけたものだけに関心を向けることができます。区別しなければ、それは「背景」にとけ込んでしまって見ることはできません。クライアントはたいてい、「前景」にある問題を凝視しています。コーチは、もっと注意して見るようにクライアントを促します。

さてここで、いくつかの例を挙げてみましょう。異文化間コーチングについては後述しますが、新しい言語を学習すると、多くの新しい区別が自分の中に生まれます。1つの観点は1つの区別になります。1つの概念として区別されてはじめて、それを用いることが可能になります。一部の人たちにとって、発酵させた葡萄を瓶に入れたものはすべて「ワイン」となります。これらのワインは個人的な好き嫌いで分類されます。しかしワイン・テイスティング講座では、そうした人たちに、ワインの様々な種類、名前、味を区別することを教えます。音楽について区別を行うとは、楽しみを増やすために音色、音調、構成の微妙な違いを聴き分けることができることを意味します。教育には、ある分野（教師が決めたもの）で区別を行うことが必要です。コーチングは、自己の体験について区別を行う助けになるものです。

何かに対して区別を行うと、それを見ること、理解すること、それについて話すこと、分析することができるようになります。コーチング・モデルによって様々な区別が行われています。例えば、NLPコーチングは思考を表現する色々な目の動きについて区別を行います。私たちの目は重力の影響を受けているのではなく、目を使っていない時に下を向くのではありません。目はあちこち動き回り、私たちはそれを当然と思っていますが、いったん人の目の動きに気づくと、そのパターンが見えてきます。

オントロジカル・コーチングでは、様々な発話行為と様々なタイプの会話を区別します。ポジティブ心理学に基づくコーチングでは、快楽と満足を区別し、さらにポジティブな人格特性との間でも区別します。

職業には固有の区別があります。コーチングを実践するには、いくつかの区別を覚える必要があります。また、その区別によって専門家の語彙が身につきます。こうした語彙の目的は、専門家同士がお互いを理解することを容易にし、複雑な概念を明確に相手に伝えるということです。専門的な区別が非実用的なものになり、説明を明確にするというよりは複雑化するようになると、それは業界の特殊用語となります。

　コーチングの語彙は、それを使うコーチがクライアントの体験について仮説を立てるための区別を生みます。こうした区別は、クライアントが自己の体験について（多くの場合、別の観点を得ることで）別のモデルを組み立てる助けになります。例えば、クライアントは「被害者」のように感じたり振る舞ったりする代わりに、イニシアティブをとって行動できるようになります。

3．自分自身の限定的部分との同一視を止める能力

　私たちはみな「自分であるもの」と「自分ではないもの」との根本的区別を行っています。私たちは成熟するに従って、絶対的な自己中心性を失っていきます。世界は広くなり、世界の中で自分がいる場所に気づくようになります。私たちは自分自身を分離し、「自分であるもの」と「自分でないもの」を理解することで、自分の場所を認識するのです。人は何かと自分を同一視した時、それに影響さ

図 10.7　コーチングにおける区別

- ▶ コーチがコーチング手法の中で用いるもの（専門的語彙）
- ▶ コーチがクライアントを理解する（クライアントのモデルを作る）ために用いるもの
- ▶ コーチがクライアントの問題を理解するために用いるもの
- ▶ クライアントが自分の問題を理解するために用いているもの（有益ではないもの）
- ▶ コーチングの結果としてクライアントが自分の体験について形成するもの

れます。その何かが自分になるのです。それを見ることはできません。自分の目を見ることができないのと同じです。

あらゆるものから自分を分離すれば、それを客観的に見ることができます。つまりそれを分析し、評価できるのです。それは自分の世界の一部になります。クライアントにとって最も重要なスキルは、自己の思考を顧みる能力です。それができない限り、クライアントは思考と信念を区別きません。私たちは誰もが文化的条件づけに支配されています。しかし、別の文化の中で生活や仕事をしたいと思わない限り、それは問題ではありません。ことわざにあるように、「2つの文化を知らなければ自分の文化を知ることはできない」のです。

わかりやすい例を挙げると、ある感情状態に支配されている場合です。誰かが怒っている時、その人は怒りによって消耗していきます。怒っている人は、「ああ、私は怒っている。私は怒りたいのだろうか？　怒りたくない。この感情をどうすればいいのだろう？」とは考えません。このように考えることができれば、その時怒りに支配されることはないでしょう。怒りの感情と自分自身から距離をおいて、観察し、考え、選択する対象にしていたはずです。私たちは、私たちを支配するあらゆるものに魔法をかけられています。そのため、他人の助けがないと、それを分離することは非常に困難です。私たちはそれを所有しているのではなく、それに所有されているのです。

この話はコーチングにとって重要な意味を持っています。コーチは、自分を支配している認知的習慣を顧みることはできません。そのため、コーチは自分自身が支配されている観念をクライアントが変える手助けはできません。コーチは無意識にクライアントの考えに賛同し、クライアントが述べる他の事柄に関心を集中させるでしょう。コーチの考え方と発達のレベルで、特定の物事を理解する能力は制限されます。コーチがクライアントについて構築するモデルの豊かさは、コーチ自身の思考の豊かさを反映します。また、コーチが構築するモデルの豊かさは、コーチがクライアントに与えられる新しい観点と区別を反映します。

コーチングのすべてのモデルは、クライアントが自分の人生に挫折や問題を

もたらしている制約的観念や思考習慣を分離する手助けをします。これは行動コーチングでは「制約的観念」と呼ばれ、NLPコーチングでは「制約的信念」と呼ばれています。また、オントロジカル・コーチングでは「制約された在り方」と呼ばれます。

これらはすべて同じものを示しています。つまり、クライアントを支配し、クライアントに困難を与えている観念です。このような観念を指摘したり、クライアントがそれを理解する手助けをすることが、コーチングの主要部分になります。筋道の通った論理的な議論だけではうまくいきません。クライアントを説得してその信念を捨てさせることはできません。多くの信念は感情的要素を持っており、クライアントが世界に対処する助けになっているのです。

コーチには何ができるのでしょうか？　まず、制約的観念にクライアントの注意を向けます。これによってクライアントは、もし自分が望むのであれば、その観念を外から見ることができます。次に、その観念に基づいて行動する場合の影響と結果をすべて調べます。最後に、クライアントが行う課題を一緒に決めます。この課題は、クライアントがその観念がどこまで及ぶかを試し、フィードバックを得られるようにするものです。

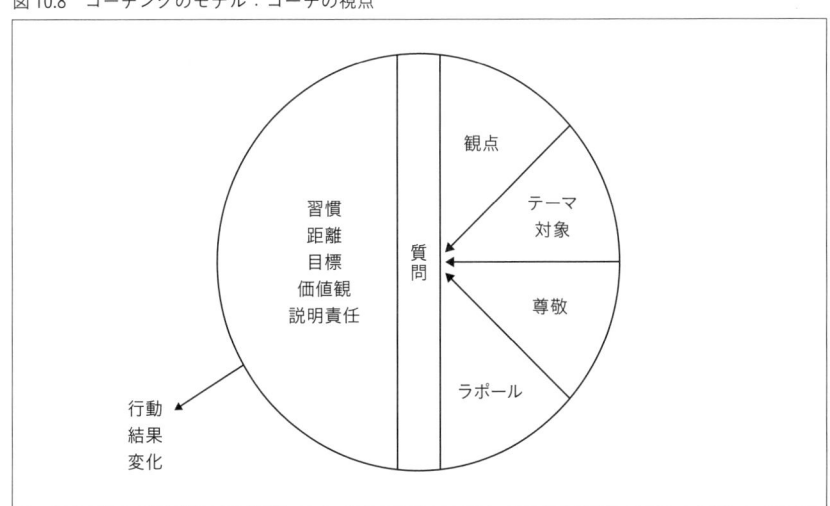

図 10.8　コーチングのモデル：コーチの視点

次に私たちのトレーニング・セッションの例を紹介します。私たちはコーチングの重要部分である目標と目標設定について話し合っていました。参加者の１人は「私はいつも与えられたものを得るのだと考えてきました」と発言しました。これは興味深い発言だったので、私たちは彼と一緒にその内容を深く掘り下げることにしました。彼はその発言を批判的にとらえていました。ここには、他人に寛大になることができ、感謝の気持ちを育むという肯定的な面がありますが、彼が述べたように、この観念は自分の人生を制約していると彼は理解していました。

実際には、この観念の全体は、「与えられたものしか得ない」ということです。彼にとってこれが本当なら、目標設定は時間の無駄になります。目標を設定しても何も達成されないからです。彼は、この観念が目標設定を妨げ、望まない出来事が起こっても受け身の態度をとる原因になってきたことを理解し始めました。

この観念は彼の職業選択にも影響を与えているようでした（彼は、生活費や社会保障を必要とする人々を支援する政府の福祉機関で働いていました）。その後の数日間で、彼はこの観念に支配されてきたことがわかり、十分な内省を行った後に、そこから自由になろうと決心しました。この観念は彼がなりたい人間にはふさわしくなかったのです。

● 3. クライアント

クライアントはコーチング関係に何を持ってくるのでしょうか？　それはクライアント自身とその問題です。クライアントは変わりたいという願望を持ち、人生の中でより良い結果を得ることを求めています。ここでのキーワードは「求める」です。クライアントは、何かを求めているのです。クライアントは、新しい方向に対する欲求、必要性、願望を持ってやってきます。また価値観や、行動・思考の習慣もあります。さらに、身体的な状態、身振りや手振り、表現方法を持ち、自分の問題や自分自身が原因で生じる感情と気分を持ち、人としての在り方や性格的な姿勢や身体言語を持っています。オントロジカル・コーチングではクライアントが姿勢を調整することを教えますが、他の主なコーチング・モデルでクライアントの身体に直接働きかけるものはありません。ただ

し、すべてのコーチング・モデルはクライアントを総体として扱うため、認知と感情の領域で生じる変化はクライアントの身体に影響し、最終的にそれを変化させます。

目標と求める方向

クライアントは、自分が持っていないものを求めています。場合によっては何かを決断したり、新しい仕事を始めたりする必要があります。クライアントの人生に何らかの問題、挫折、障害、曖昧さ、不均衡があり、それを解決したいと願っているのです。これは現在の問題によって引き起こされている場合があり、クライアントは将来の展望や人生設計を持ちたいと思っているのかもしれません。クライアントが何を求めているかを明確にする手助けこそが、コーチングの重要な部分です。

目標はすべてのコーチング・モデルの重要な要素であり、目標を明確にすることがコーチの仕事の大部分です。行動コーチングでは、目標は企業目標と結びついたパフォーマンス・レベルや管理スキルになるでしょう。NLP コーチングには、目標について考えるための高度なモデルがあります。

オントロジカル・コーチングは、目標を明確にするために可能な行動について対話を行います。GROW モデルは、目標 (goal) を意味する〈G〉が最初にあります。目標には、長期目標と短期目標、抽象的目標と具体的目標、個別的目標と一般的目標、学習目標と過程目標があり、さらに競合する目標、矛盾する目標があります。多くの種類の目標があり、様々な目標設定モデルの区別が、

図 10.9　クライアントが持ってくるもの

> ▶目標と求める方向
> ▶価値観
> ▶思考と行動の習慣

クライアントにとって非常に有益になることがあります。

　しかしコーチングは、ただ目標を達成するだけのものではありません。コーチは、クライアントが求めるものを引き受け、クライアントがそれを手に入れる手助けをするだけではありません。クライアントがコーチング・セッションに持ってくる目標は、実際には目標ではなく、別の問題に対する解決策であることがあります。コーチは、クライアントが目標を評価する手助けをして、クライアントの人生の他の目標とどのように調和するかを理解し、クライアントの価値観にいかに適合させるかを理解できるようにします。
　また、クライアントが様々な観点から物事をとらえ、新しい方向を見出す手助けをします。この過程で、当初の目標は変更されることがあります。これは当初の目標の背後に別の目標があるためです。クライアントは、求めるものを達成する様々な方法を発見できます。問題は解決するだけでなく、解消することができます。

　目標は、個人の業績についての観念と価値観に裏付けされた特別な種類の区別です。クライアントの中には、目標から物事を考えることは制約的であると思う人もいます。このようなクライアントは、自分の人生について考えることに役立つ、もっと適切な区別を必要としています。すべての文化が目標から物事を考えるわけではありません。個人の業績を重んじる北米やヨーロッパのクライアントでさえ、目標志向ではないことがあります。
　私たちは、方向設定という区別をすることが望ましいと考えています。方向設定には目標が含まれることがありますが、それが必要というわけではありません。サッカーでは、目標はボールをゴールに入れることです。この喩えで言えば、多くのクライアントは得点をとりたいと思っています。そしてコーチに対して、ボールをゴールに入れる（特定のボールを特定のゴールに入れる）手助けをしてほしいと望んでいます。別のクライアントは、ゴールがどこにあるかわからなかったり、ゴールに向かって走っていったらその場所が変わっていたということがあります。
　この場合、クライアントはボールをゴールに入れる代わりに、どの方向に走

るかを決定し、コーチはクライアントが求める方向に、クライアントが求める速さで走る手助けをします。クライアントは、走りながらボールをゴールに入れるより他にやりたいことがあるとわかったり、別のゴールを発見したりすることもあります。あるいは、サッカーなどしたくないと思うかもしれません。本当にやりたい競技が何かということは、はるかに広範囲にわたる問題です。コーチは、クライアントが人生の方向を選択し、評価する手助けをし、価値のある競技を見つける手助けをすることになります。

価値観

　すべてのコーチング・モデルは、クライアントがコーチング関係に価値観（クライアントにとって重要なもの）を持ってくるという認識で一致しています。オントロジカル・コーチングでは、これらは「関心事」と呼ばれます。クライアントが価値についてどう考えるかは、NLPコーチングでは、サブモダリティー［五感を通じて認識する際の様々な構成要素］という点から分析できます。行動コーチングでは、価値観は内発的動機づけの鍵になります。人は、可能性のあるすべての目標、または進むことができるすべての方向の中から、他に勝るものを選択します。この選択はどのように行うのでしょうか？　人は自分にとって重要なもの、自分を駆り立てるものを選択します。価値観はある方向を進む活力をもたらします。そうでなければ、何かを目指して走る理由はありません。

　価値観は見ることも、聞くことも、触ることもできません。ほとんどの場合、価値観は、「愛」「名誉」「尊敬」「健康」「友情」「正直」「高潔」などの抽象的な言葉で表現されます。しかし、これらの非常に抽象的な言葉は、人を動かし、その表情に輝きを与えます。人は自分が信じる価値のために戦います。

　行動コーチングは、行動の動機づけに関心を向けます。価値観は明らかに人を動機づけるものです。価値観はクライアントが求める方向に進む燃料になります。私たちは、3つのタイプの動機づけを与える3つのタイプの価値観を区別して考えています（図10.10）。

　第1のタイプである「外発的動機づけ」は、自分自身の外部からもたらされるものとして個人に体験され、個人の価値観には必ずしも適合しません。外発的

動機づけには、報酬のように肯定的なものや、罰や脅しのように否定的なものがあります。外的な圧力がなければ、人は何もしないことがあります。コーチは、報酬や罰を使ってクライアントを強制することは決してしません。ただし、多くのクライアントは外部に動機づけを求めたり、コーチの言葉を一種の報酬にしようとすることがあります（コーチによる賞賛は、多くの場合、報酬としてとらえられます）。

第2のタイプの動機づけは、「取り込まれた価値観」によるものです。「取り込まれた価値観」とは、他人の価値観を取り入れ、自己の価値観として体験されるようになった価値観です。クライアントは特定の仕方で行動しなければならないと感じるため、「取り込まれた価値観」を見分けることができます。またクライアントは、多くの場合、そのように行動しないと罪の意識を感じます。「取り込まれた価値観」は義務として現れ、クライアントの言葉にこれが反映されます（「私はこれをするべきです」、「私はこれをするべきではありません」など）。「取り込まれた価値観」は、外発的動機づけと内発的動機づけの中間に位置するものです。「取り込まれた価値観」については、第Ⅲ部で詳しく扱います。

「内発的動機づけ」が第3のタイプの動機づけです。これは自己の真の価値観から生まれ、少なくともそれらの価値を実現したという満足感によって報われるものです。コーチは可能な限り内発的価値観に働きかけます。コーチはクライアントを強制したり、報酬を与えることはなく、コーチを喜ばせるようにクライアントを促すこともありません。コーチは常に、クライアントがその真の

図 10.10　3つのタイプの動機づけを与える3つのタイプの価値観

① 外発的………クライアントによって自己の外部からもたらされたものとして体験される。

② 取り込み……クライアントによって内に取り込まれた外部の価値観。
　　　　　　　　自分の価値観として体験され、義務の感覚を伴う。

③ 内発的………自由に選択されるクライアントの真の価値観。

価値観と結びつくように手助けします。クライアントは、真の価値観を持つために個人としてある程度の発達段階にあることが必要です。

コーチは、次の4つの方法により価値観を扱います。

① クライアントが真の価値に気づくように手助けする。
② クライアントがその価値観に合わせて方向と目標を設定し、目標の背後に価値を見出すように手助けする。
③ 「取り込まれた価値観」が適切なものである場合、クライアントがそれを理解するように手助けする。これによりコーチとクライアントは「すべき」を「したい」に変えることができる。
④ 自己の個人としての発達から生じ、統合され一貫した価値観をクライアントが持てるように手助けする。クライアント自身が自己のパーソナリティから生じた一貫した真の価値観を持つようになるまで、コーチはクライアントを手助けできない。この問題については第Ⅲ部で詳述。

自己調和理論[★2]では、目標が個人の価値観にどれだけ適合しているかが扱われ

図 10.11　3つのタイプの動機づけ

```
                                            自己決定の感覚が強い
 ① 内発的動機づけ                                  ↑
 ……自己の真の価値観から生じる                        │
 ▶「本当にやりたいと思い、その価値があるからやる」      │
                                                │
 ② 取り込まれた動機づけ                            │
 ……外から入ってきた価値観だが、自己のものとして感じられる │
 ▶「それをやるべきだからやる」                       │
                                                │
 ③ 外発的動機づけ                                 │
 ……外から入ってきたと捉えられる価値観               │
 ▶「誰かにそれをやらされるからやる」                  │
                                            自己決定の感覚がない
```

ます。動機づけが外発的なものである場合、クライアントは外部からの強制を感じます。その結果、自己決定はほとんどありません。動機づけが内発的なものである場合、クライアントは、その理由が自分自身の内から生じていると感じ、自己決定の感覚が強くなります。

思考と行動の習慣

　クライアントがコーチングに持ってくるものの最後は習慣です。習慣とは、無意識に繰り返される行動や思考法です。意識を向けることで身についた結果、考えなくても「自然に」行ってしまうようになったものを指します。私たちは、何らかの思考や行動を決めて、それが意識の下に沈み、それを忘れるまで何度も反復します。すべての習慣はこのようにして形成されます。習慣の背後には常に何らかの価値観があります。習慣は繰り返される行動から生じ、私たちは価値があると思う行動のみを繰り返します。ただし状況が変わり、かつて有益だった習慣が制約になることがあります。

　私たちは、習慣を確立するために多くの時間を費やし、多くの反復を行い、考えなくてもそれができるようにします。そして、もっと重要なことに意識を向けられるようにします。習慣は背景に退き、生活に溶け込みます。ここに習慣の恩恵と災いがあります。習慣には思慮がないのです。生活がうまくいっている時、習慣はうまく働いており、私たちは物事の主導権を持っていると感じ、今の生活に適応しています。しかし、私たちが変化を求めた時、あるいは生活に意識を向けることが必要となり、(オントロジカル・コーチングで言う) 挫折が生じた時、習慣を変えることが必要になります。しかし、習慣はなかなか変わろうとしません。すでに多くの思索を行い、色々な身体的な努力が投入され、神経経路が形成されており、最も抵抗の少ない道筋をたどれるように習慣が作られているからです。

　ここで「習慣」と言う時、行動 (車を運転する、頭をかく、タバコを吸うなど) だけではなく、思考法も含まれます。特に私たちが当然のことと考え、経験によって強化され、自分自身に許す体験に制約を加えるようになっている思考法も習慣なのです。行動コーチングは行動習慣を直接扱います。認知コーチングは思考習慣を扱い、思考習慣の変化が行動の変化につながります。

1726年に書かれたジョナサン・スウィフトの『ガリバー旅行記』★3は、習慣の働きについてのわかりやすい喩え話になっています。ガリバーは嵐で難破した船の船乗りです。彼は流木に掴まって、ついに無人島の砂浜にたどりつき、疲れ切って1人きりで眠りに落ちます。目が覚めた時、彼は自分が動けないことに気づきます。周りを見ると、数千の小さなロープで縛り付けられていることがわかります。1本1本のロープは簡単に切れましたが、多くの本数が合わさるとどうすることもできませんでした。動くために力をかける足がかりもありませんでした。彼はリリパット人と呼ばれる小人に縛り付けられていました。リリパット人たちは浜辺に打ち上げられたこの巨人（ガリバー）を怖がり、自由になったら大暴れすると心配していました。

　このロープは習慣のようなものです。習慣が私たちを縛り付けるのです。習慣には強いものも、弱いものもあります。習慣の強さは、その形成に費やした時間と反復量に比例し、私たちにとっての価値の大きさに比例します。習慣は重みを増し、生活の惰性がクライアントを決まった位置に固定します。コーチは、あちこちの重要な位置にあるロープ（習慣）を断ち切る手助けをして、クライアントが自力で抜け出せるまで全体の拘束を緩めます。

　習慣は、主体と客体の区別が難しい特殊な例です。私たちは、習慣に気づかないと、他に選択できず、習慣に支配されます。コーチの最初の仕事は、クライアントを習慣に気づかせることです。これは、例えばテニスで球を打つ時の悪い習慣に気づく場合などの、心の奥底で行われるゲームに見られます。同じ原理が、自分を責める習慣（あるいは、ポジティブ心理学に基づくコーチングで扱われる悲観主義や、オントロジカル・コーチングで扱われる、意識の下に沈んだ否定的評価）に当てはめられます。GROWモデルでは、習慣は〈R〉で表される「現実（reality）」の中に含まれています。

　オントロジカル・コーチングには、多くの自己認識のトレーニングがあります。基本的に、ある時点で自分がどのように振る舞い考えているかに気づくようにクライアントを「目覚めさせる」仕組みを作ります。そして、個人のコーチング記録に観察結果を記録します。行動コーチングでは、行動習慣について同じ

ことを行い、クライアントがパーソナル・ディベロップメント・プラン（PDP：Personal Development Plan）を実行するように促します。自分が何をしているかに気づかない限り計画を立てることはできません。NLPコーチングでは、思考の習慣を「信念」と呼びます。

　クライアントは習慣に気づいたら、自分自身を悪いとか愚かだとか断定せずに、それについて内省します。断定を行わない「気づき」は、どのコーチング・モデルでも重要なものです。最後に、クライアントとコーチは、制約的な習慣をどのように扱うか決めます。習慣を完全に消滅させることはできませんが、解体することはできます。ばらばらにして、もっとうまく機能するものに置き換えるのです。すべての習慣は当初もっともな理由があって形成されたものであり、クライアントはそれを思い出すことが必要です。習慣は時代遅れになることがあります。そのような習慣はクライアントの人生が現在と違っていた時に形成され、過去のなごりとして生き続けているものです。例えば、多くの習慣は、特に弱く傷つきやすい幼児期に、安全を維持するために形成されます。場合によっては、習慣の理由がまだ存在していることがあります。この場合、クライアントとコーチは、現在の制約的習慣を置き換えて、クライアントを制約せず、その意思を尊重するものに変えることが必要です。

　例えば、ある女性のクライアントが、「仕事とは何かを犠牲することで、常に問題が生じる」と考える習慣を持っていました。これは彼女が支配される思考習慣で、信念のようなものでした。そしてこのクライアントはそれを疑問に思わず、彼女は自分の仕事では、それは変わらないものだと感じていました。彼女の父親は生涯を通じて熱心に働きましたが、常に問題がありました。家族は父親を尊敬していましたが、同時に父親がもっと家にいてくれたらと思っていました。父親は家族との時間を犠牲にしていました。彼女の信念は父親に敬意を払うものであり、父親は彼女の人生の中で非常に重要な人物でした。この思考に気づくと、彼女はそれが制約的なものであり、絶対的なものではないかもしれないと頭では理解しました。しかし、これまで見つけた仕事に退屈していました。

　彼女は情熱を持ってできる仕事を見つけたいと思っていましたが、そんな仕

事があるわけがないとあきらめていました。彼女はこの古い思考習慣をなくしたいと思っていたため、コーチの助けを借りて、それを「私は専門職として働き、そこで満足を得て、人の役に立つことができる」という考えに変えることにしました。「人の役に立つ」という表現が、そのまま「何かを犠牲にする」という部分と置き換えられたのです。それまで、「人の役に立つ」とは「何かを犠牲にする」と同じ意味でした。そこでコーチは、彼女がこの2つを区別するように手助けしました。彼女のアクション・プランには、可能性のある仕事を調べることから始まるものになりました。これは彼女の信念によって、それまでずっと妨げられてきたことです。存在すると思っていないものを探すことはできません。

　彼女が当初持っていた制約的信念の最初のフレーズ（「仕事とは……」）が受動的な一般化であることも興味深い点です。これはすべての仕事に当てはめられるものです。クライアントである彼女は、この文章の中に出てきません。これは仕事について述べた文章のように見えますが、当然、彼女について述べた文章でもあります。新しい信念は自分を主語にして始まり（「私は……」）、積極的なものになりました。彼女は習慣に支配される代わりに、積極的に自己の体験を求めています。

　多くのコーチング・モデルは、行動を変えるコーチング（図10.12。転換型、システム自体の交換）思考習慣を変えるコーチング（図10.13。変容型、システム内の変更）と、を区別しています。行動コーチングでは、「答えが1つの質問」と「答えが複数ある質問」を行います。一方、NLPコーチングでは、簡潔で創造的なコーチングが語られます。オントロジカル・コーチングでは、観念を問う深遠な質問と、行動を問う表面的な質問が行われます。

　次に2つの異なるタイプのコーチングの見方を紹介しましょう。行動を交換するタイプでは、クライアントは問題から出発し、コーチングによって行動に導かれます。この行動からのフィードバックが問題を解決する助けになります。この例は、権限を委任するスキルを学ぶ必要のあるマネジャーです。このマネジャーは、行動コーチングのコーチの助けを得てスキルを学びます。トレーニ

ングを重ねて、変化によって彼と彼のチームのパフォーマンスは向上します。

このマネジャーは、目標を達成し問題を解決する新しい行動を身につけるまでトレーニングを続けます。一部のコーチングはこのパターンに従います。

次に、コーチとの最初の会話で、マネジャーが次のように言ったと想像してください。「もちろん、権限委譲などしません。周りの人間は誰も信用できません。部下に仕事を任せても大失敗するだけです。これが問題だとわかっていますが、大切なことをうまくやり遂げたいと思ったら、自分自身がやるべきです」

これが思考習慣です。マネジャーがこのように考える限り、重要な仕事を他の人間に託すことはないでしょう。彼は権限委譲の原則をすべて知っているかもしれませんが、それがうまくいくと信じていないため、権限を委譲しません。ここで、コーチとクライアントはこの信念に取り組む必要があります。その誤りを立証するのではなく、そこにどれだけの真実が含まれているかを理解し、そして言うまでもなく、マネジャーの態度がどれだけ悪い結果をもたらしているかを明らかにしていきます。信念の変化は創造的変化になります。このマネジャーは、権限委譲の問題以外の懸案事項も解決できるようになることでしょう。

図 10.12　転換型コーチング

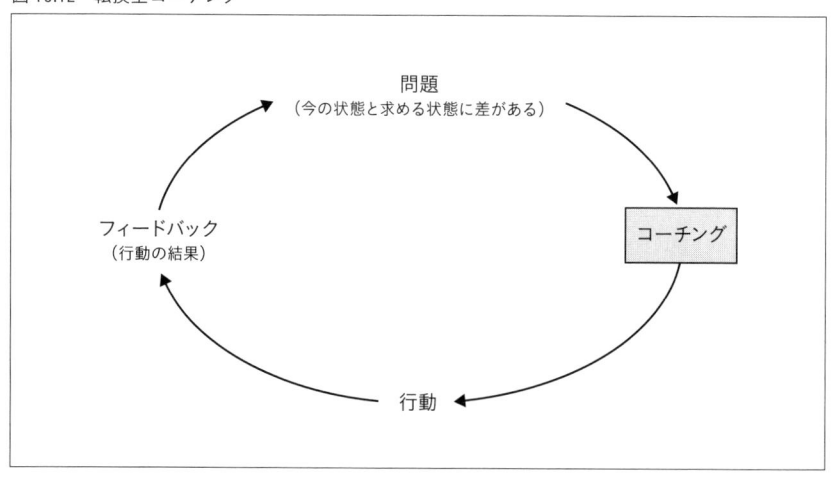

多くの実業家は、人は何かをする方法を知っているから、それをやるのだと思い込んでいます（思考習慣）。それがうまくいかない場合、もっとうまくやる方法を学ぶことが必要です。しかし、必ずしもこの通りではありません。思考習慣がスキルの妨げになることがあります。変容型コーチングは、問題を解決するだけでなく、問題を引き起こし、継続させている思考を止めるようにするものです。また変容型コーチングは、人が1つの問題を解決するだけでなく、ある種の問題全体を解決することに役立ちます。

持続可能な変化とは習慣を変えることを意味しています。新しい行動習慣を作り、強化することは、行動コーチングのコーチが多くの注意を払う部分です。すべてのコーチング・モデルは、習慣を理解し、クライアントが習慣に気づくようにし、それが問題の一部である場合、クライアントがその習慣を変える手助けをします。ほとんどのコーチングは変容型コーチングです。

━━変化

変化はコーチング関係の中で取り組みを行った結果です。「変化」という1

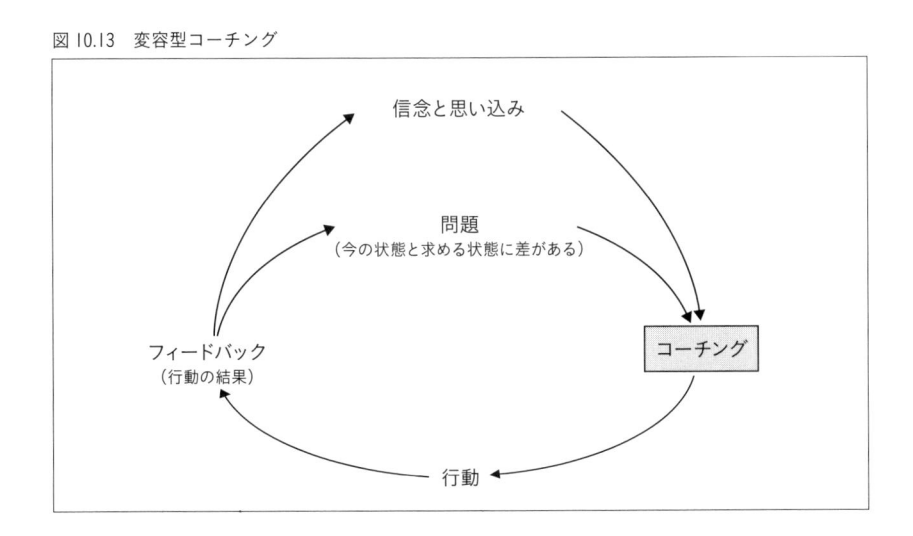

図10.13　変容型コーチング

つの言葉には、次の3つの観念が含まれます。

- 開始状態
- 終了状態
- この2つの間のプロセス

「変化」には大きく分けて「学習」と「発達」という2つの変化（図10.14）があります。学習は水平的変化につながります。これは、ある時間内の変化です。学習は少しずつ時間を追って起こり、思考と行動の両方について、より優れた能力を形成します。学習はその人が持っているものを増やします。

発達上の変化は垂直的変化をもたらします。これは時間を超えた変化です。発達上の変化は急に起こり、世界に対するまったく新しい見方や、オントロジカル・コーチングでいう「新しい在り方」につながります。発達段階は、学習の仕方や学習の組織化に影響を与えます。私たちはすべて発達上の変化を経験します。この時世界は違って見えますが、実は変わったのは私たちの方なのです。

水平的変化は、自分の部屋に高価な家具を増やすようなものです。垂直的変化は、上の階にある、もっと広くて新しい部屋に引っ越すことです。いくつかの家具を一緒に持っていくことはできますが、新しい部屋に合わないため置いていく家具も出てきます。その人の趣味も変わり、視野が広がります。インテグラル・コーチングでは、状態と段階を区別します。この場合、状態は水平的

図10.14　2つのタイプの変化

① 学習……時間内の変化（水平的変化）
▶ その人が持っているものを増やすこと。

② 発達……時間を突き抜ける変化（垂直的変化）
▶ その人のあり方を変えること。

で、段階は垂直的となります。オントロジカル・コーチングでは、クライアントの「在り方」の変化を扱います。

　コーチングは、水平的変化と垂直的変化の両方につながるものです。後で論じるように、見過ごされている重要なコーチングの機能のひとつは、発達的変化を促し、方向づけることだと私たちは考えています。第Ⅲ部では、コーチング・モデルに発達の視点を取り入れる方法について述べます。

●───説明義務と責任

　すべてのコーチング・モデルにおいて、クライアントは目標に対する説明義務を持っています。説明義務は、責任と混同されることが多く、何らかの負担や責務としてとらえられています。責任は外からもたらされるものです。責任を「とる」という点で言うと、責任はその人が受け入れたり、受け入れなかっ

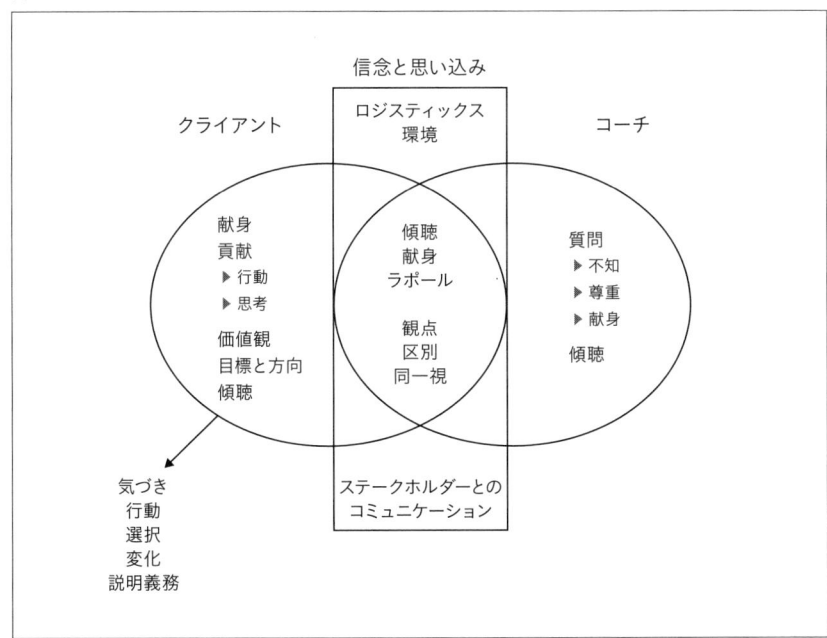

図 10.15　コーチとクライアントの役割

クライアント　　　　信念と思い込み　　　　コーチ
　　　　　　　　　ロジスティックス
　　　　　　　　　環境

献身
貢献
▶ 行動
▶ 思考

傾聴
献身
ラポール

観点
区別
同一視

質問
▶ 不知
▶ 尊重
▶ 献身

価値観
目標と方向
傾聴

傾聴

ステークホルダーとの
コミュニケーション

気づき
行動
選択
変化
説明義務

たりするものです。

　説明義務は内側から生じるものです。例えば人は、「私が説明しましょう」と言うことができるのです。コーチングは、説明義務と献身の態度を育むものです。これらはオントロジカル・コーチングでいう約束の基礎にあたります。クライアントは自分の目標に対する説明義務を持っています。コーチとクライアントは、コーチング関係とプロセスについて責任を持っています。

●───行動

　すべてのコーチング・モデルは、クライアントは行動を実行する必要があるという考えで一致しています。洞察もおそらく必要ですが、変化をもたらすには十分ではありません（行動コーチングにおいては、行動の変化が重要であり、洞察は不要だと主張されるでしょう）。習慣は行動によって作られ、これまでと異なった行動をすることで変化します。こうした行動は、クライアントのコンフォートゾーンから外れるものかもしれません。

　クライアントは、これまでと異なった行動をとるためにコーチのサポートを必要とします。そして、新しい行動が自分の価値観や新しい方向に合致していると理解し、実感する必要があります。こうした行動により、クライアントは広範囲のフィードバックを得ることができ、気づきが深められます。また、習慣が揺らぎ、自分を縛り付けている心理的拘束が壊れはじめます。行動はコーチのフィードバックと意見をもたらし、さらなる行動の進歩につながります。行動の進歩は、何らかのコーチング・プロセスの結果です。

●───移行

　変化は一度に起こるわけではありません。変化には時間がかかります。水平的変化は連続的に均一に起こります。垂直的変化または発達上の変化は、非連続的に起こる傾向があります。移行は、クライアントがその道のりを進んでいる部分なので、これまでの安全な環境を出て、まだ目指す場所にたどりついていない状態にあり、クライアントはバランスを崩しています。

　私たちが書いた『NLPでコーチング』[★4]（チーム医療、2006年）という本では、移行モデルのすべてを取り上げています。コーチングにおける移行は、ほとん

どの場合、外部の環境によってクライアントが強制されるのではなく、クライアントによって開始されます（この場合、コーチングでは、変化への適応がさらに必要になるかもしれません）。通常では、クライアントは「検討」「準備」「行動」という3つの主な段階（図10.16）を通過します。

検討

「検討」が第1の段階です。ここでは変化を起こすことについて考えますが、それについて何もしません。クライアントは、大切な何かを失うことに不安やためらいを感じることがあります。この段階では、コーチはクライアントが感じている不安やためらいの背後にある価値を追求する手助けをします。また、クライアントが前に進むことの良い点と悪い点のバランスをとる手助けをします。コーチは、クライアントが本当に変わりたいと望んでいる場合、この変化を起こすために、そのクライアントにとって何があるべき姿なのかを質問します。

準備

「準備」の段階では、クライアントは不安に対処し、先に進む用意を整えます。コーチはクライアントがアクション・プランに取りかかる手助けをし、また変化をクライアントの価値観に結びつけることでクライアントが自分自身をやる気にさせる手助けをします。コーチとクライアントは小さな変化を尊重するほ

図10.16　移行の3段階

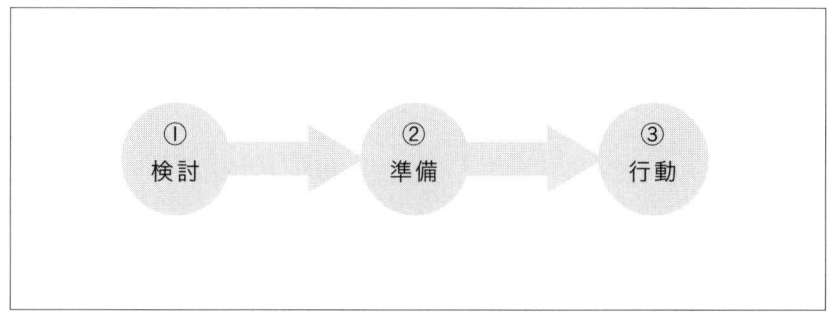

① 検討 → ② 準備 → ③ 行動

ど、大きな変化を得ることができます。人生は小さな決断の積み重ねであり、それらが結びついて大きな変化が生じます。小さな行動の積み重ねの1つ1つが、少しずつ大きな結果をもたらします。

行動

次にクライアントは行動に取りかかります。ただし、後戻りする場合もあります。コーチは常に後戻りを防ごうとしますが、後戻りが起こる場合は、自然な変化のプロセスの一環として扱うのが最も適切です。行動コーチングには、新しく学習したことを定着させ、後戻りを防ぐための多くのツールがあります。NLPコーチングとコーアクティブ・コーチングは、クライアントに学んだことを思い出させる仕組みを持っています。

この変化の期間を通じて、クライアントはより多くの選択を行い、コーチングが自分を助けてくれると感じます。

さらに多くの思考の選択があります。さらに多くの感情の選択があり、感情的知性の選択があり、そして感情と思考に支配されることを止めると、感情と思考の主人になれるのです。

さらに多くの行動の選択があり、自分は他人の物語に登場する脇役ではなく、自分の人生の主人公であるという感覚が強くなります。選択が増えることは自由が増えることです。行動や思考、感情、そして問題を話す時の話し方が変化します。クライアントは、コーチに提示した特定の問題に取り組むことになります。そして、自分の考え方がどのように問題の原因になっていったのか、また、将来そのような問題を避けるためにどうすればいいかについての洞察を得ることになります。

最後に、変化は評価が可能ですが、これは評価を行うことを事前に決めて、開始時に評価を実施していた場合にのみ行えます。評価を行うのは、開始時と終了時という2つの時点の間の相違点です。例えば、コーチングの最初にクライアントの発達のレベルを評価していないと、変化は明らかになりません。最初にパフォーマンスのレベルを評価していないと、最終レベルと比較するものがありません。しかし、これは何も起こらなかったことを意味するのではありません。

その意味では、自分が手に入れたものを評価しながら、自分が評価したものを手に入れるというパラドックスがあります。次の章では、変化の評価について考えます。

第III部

コーチングの効果

第11章　コーチングの効果測定

「理論上は理論と実践にはそれほど差がないはずだが、
　実際には大きな差があることが多い」

——作者不明

　コーチングが成功したかどうかは、どのように判断するのでしょうか？
　コーチングがリーダー育成や組織での取り組みの一環になった場合、主観的評価や裏付けの乏しい証拠は、コーチングの効果を測る適切な基準とは言えません。外部のコーチが企業に雇われる時、雇用主はクライアントではありません。雇用主は企業であり、クライアントは個々のマネジャーです。他にも多くのステークホルダーが存在する中で、コーチはこのすべてを満足させなければなりません。私たちはコーチングの影響をどのように測定したら良いのでしょうか？
　同じ疑問は、ライフ・コーチングにも当てはまります。この場合、問題はもっと単純で、クライアントはコーチの雇用主でもあります。クライアントが直接コーチングの費用を払い、コーチングをどう評価し、何を測定するかを決めます。
　コーチングの結果を測定するためには、新しい考え方を生み出す必要があります。既存のモデル、特に医療モデルを用いたいという誘惑はとても大きいのですが、医療モデルにおける病気の診断とは、既定の症状の種類のどれかに当てはめることなのです。医師の集団なら、ある症状に対する診断について意見が一致するかもしれませんが、コーチの集団では、あるクライアントをどうすべきかについて意見が一致することは極めて希でしょう。これは、医療モデルが病気と症状を扱い（これは医学上の病気に対しては適切なことです）、コーチングはクライアントを扱うという違いによるものです。

科学的な考え方では具体的でグラフ化できるような測定法が好まれます。例えば、定量化できる「行動の変化」や「収益の増加」などです。しかしこれはコーチングの結果を測定する1つの方法にすぎません。4つの象限に分かれた「インテグレーテッド・モデル」を修正すると、コーチングの効果を次の4項目によって測定できます。

① 個々のクライアントの主観による内的評価（インテグレーテッド・モデルでは、心の内部での体験を表す〈左上〉の象限にあたる）
② 個人の行動の変化（目に見える行動を表す〈右上〉の象限にあたる）
③ 企業文化や勤労意欲の変化（集団内の体験を表す〈左下〉の象限にあたる）
④ ビジネス・システムの効率と効果の向上（目に見えるシステムを表す〈右下〉の象限にあたる）

● ───**芸術や科学としてのコーチング**

　コーチングは、科学であると同時に芸術でもあります。コーチングは人間を扱うという点では芸術ですが、学問の体系があり、方法論や原理がある点では科学だと言えます。コーチングは科学なので実証的研究を基礎としなければなりません。芸術的側面は、調査研究により説明されるものではありません。
　例えばオシロスコープの波形は、その音楽を聴いて得られる楽しみを説明したり、測定したりすることはありません。それは別の領域に属することです。芸術鑑賞に関する無作為試験を行っても、人々がなぜヴァン・ゴッホの絵に何百万ドルも払うのかは説明できません。主観的な芸術性は常に外部の科学的世界に相対しますが、その科学的世界に変換することはできません。
　コーチングの実践・教育・研究の知識体系は、ますます根拠に基づくものになってきています。根拠に基づくコーチングとは、ダイアン・ストーバーとアンソニー・グラントの定義によれば、「現時点で最高の知識を理性的にかつ良心的に使用することであり、その際には、実践家の経験を統合し、個々のクライアントにコーチングをどのように提供するかを判断し、コーチ・トレーニング・プログラムを計画し教授していくもの」とされています。[★1]

これはすべての重要な要素を盛り込んでおり、適切な定義と言えます。ここでいう知識は最新のもので、常に更新されます。コーチは、自分の専門分野や関連分野の最新情報を知っておく必要があります。実践家の経験も非常に重要で、これは成功とフィードバックによって判断されます。コーチ自身も考慮の対象です。個々のクライアントも重要です。何もない空間で、現実のコーチも現実のクライアントもいないところにはコーチングは存在しません。コーチングは、どのクライアントにもまったく同じように作用する魔法ではありません。
　コンピュータと人間との類比点がよく語られていますが、人間はコンピュータではありません。手に入る最高の知識（この〈最高の知識〉には〈技術〉も付け加えましょう）とは、管理された試験を実施した研究を考慮したものとなります。多くの異なる情報源や事例史、秘話、研究などから得た互いに関連する観察結果を、すべて考慮に入れることが必要です。また、複数の観点で物事をとらえるためには、多彩な手法で結果を測定する必要があります。コーチングが複数の観点を教えるものであるなら、結果の測定のために同じ原則を当てはめることは論理にかなっています。

　コーチングはもちろん芸術でもあります。ならば今一度芸術の世界に目を向け、そこで結果の測定法や異なるアプローチの判断法のモデルとなるものを求めてみましょう。芸術の世界、あるいは映画・演劇の世界では、どの作品が佳作で、どの作品が凡作なのかをどうやって決めるかというと、それは主に専門家の意見によります。芸術の評論家は展覧会に行き、論評を書きます。熟練した目で芸術作品の検討を行い、確立された基準に基づいて批評を行います。批評家は教育を受けています。本を読み、勉強し、たいていの場合は仕事への情熱を持っています。尊敬される批評家は、世論の先頭に立つだけでなく、世論に従い、世論を形成します。
　批評家の意見は世論に影響しますが、それに取って代わることはありません。お金を払った人のほとんどが、ある美術展のことをつまらないものだと判断すれば、お金を払ってまでそれを見に行こうと思う人はいないでしょうから、その美術展は多分赤字になってしまうことでしょう。批評家は無教養な大衆を非難するかもしれませんが、お金を払うお客様からのフィードバックは重要です。

そして否定的に批評されても、成功する映画は多いのです。
　コーチングを学んだ者は、コーチングの評価において重要な役割を果たします。経験を積んだコーチに関心を寄せましょう。そういうコーチは、知識とスキルを身につけ、自分を成長させた人たちです。すべての人の意見が同じ重みを持っているわけではありません。そのため、根拠に基づくコーチング手法には、その立場や経験から意見を重視される人が常に存在することになるのです。

◉───ライフ・コーチングの評価

　ライフ・コーチングのクライアントは変化を求めています。こうしたクライアントは結果を求めますが、それはどのように測定されるのでしょうか？　クライアントはコーチングによって何を達成したいのでしょうか？　具体的には次のことを考えます。

- 違ったやり方でしたいと思うことは何か？
- もっとしたいことは何か？
- あまりしたくないことは何か？

　クライアントに役立つのは、コーチングを開始した時点でこれらの質問について深く掘り下げ、自分が何を求め、どのように結果を測定するかについて考えることです。すべてのクライアントは、コーチングをどう感じたか、自分はどれくらい進歩したと思うか、自分の期待に沿うものだったかなど、コーチングについて主観的な評価を下します。クライアントの予想には指導が必要です。クライアントは、コーチングで何が行われるのかという全体像を描けていないかもしれません。またコーチのことを、自分を変えてくれる魔法使いだと考えて、自分はただ座って待っているだけでいいと思っているかもしれません。
　結果はどのように測定されるのでしょうか？　コーチングでは、コーチとクライアントは、合意した評価基準によって進歩を把握する必要があります。ライフ・コーチングは、ビジネス・コーチングよりも期間の長さには制限が少なく、通常はあらかじめ決められた期間（平均４カ月）で行われます。ライフ・コーチングは、さらに何カ月か延長されることがあり、生活の質、人間関係の

質、発達段階など、かなり抽象的な問題を扱うことがあります。コーチとクライアントは、たとえ評価の基準が「クライアントの満足」という単純なものであっても、お互いに確認して進歩を測定することが必要です。ライフ・コーチングのクライアントは、そのコーチングをどう感じたかを評価し、自分が獲得したスキルと学習した内容や、生活の様々な部分での結果について評価します。

●──ビジネス・コーチングの評価

　イギリスでは、95％の組織がコーチングを実施していると言われています[2]。また、アメリカでのビジネス・コーチング産業の規模は10億ドルにのぼり、さらに発展中であると評価されています。色々な企業がCEOや経営幹部のコーチングのために、1年に10万ドル程度までは投資したいと考えています。

　企業はこうした投資から何を得るのでしょうか？　コーチングの効果はどのように測定されるのでしょうか？　また、どのようにそれを投資収益率（ROI）に換算したら良いのでしょうか？　コーチングの価値はどのように判断するのでしょうか？　コーチングの重要性や影響力はますます高まっている中で、コーチングに約束通りの効果があることを証明するためには、根拠に基づいた測定・評価を行う必要性が一層強まってきているのです。

　それでは、何を測定し、どのように測定するのでしょうか？　私たちは測定したものを理解します。測定されなければ目に見えないからです。また、事前に何を測定するか決めておく必要があります。私たちは変化を測定しようとしていますが、「変化」には出発点と終着点があります。また出発点と終着点の間には「経過」というものが存在しています。大工が仕事を始める前に寸法の計算を間違っていたら、その大工が作る棚はきちんと取り付けられるものにはなりません。コーチとクライアントが出発点を決めておかなければ、変化の証明は不可能です。

　現時点で、コーチングの結果を測定している企業はほとんどありません。2006年のコーチング・サービスに関するレポート[3]によると、企業でのコーチングの35％は結果の評価が行われていません。また投資収益率は、金銭という最も普遍的で議論の余地のない基準で測定されますが、この投資収益率（ROI）や有効性を評価する正規の手続きがあるのは組織のわずか9％です。し

図11.1　コーチングの結果の評価

---

① 主観的反応……クライアントの体験
② 学習……………知識とスキルの変化
③ 行動……………学習の結果としてクライアントが行うこと
④ 業績……………個人の変化の結果として企業が達成すること
⑤ ＲＯＩ…………投資収益率＝（コーチングで得た金銭的利益－コスト）÷コスト

かし、ほとんどの評価は裏付けに乏しいものです。

　ビジネス・コーチングはどのように評価されるのでしょうか？　ビジネス・コーチングでは、ドナルド・カークパトリック[4]が開発したモデルに類似したものを用いて、様々な観点から結果をとらえます。カークパトリックのモデルはトレーニングの成果を評価する際に広く用いられているものです。カーク・パトリックは評価を４つのレベルに分けて考えました。「個人の反応」「学習」「学習の転移」「業績」の４つで、それぞれ前のレベルに基礎を置いています。コーチングはトレーニングとは異なるため、私たちはこのモデルを少し修正し、「主観的反応」「学習」「行動」「業績」「ROI」というカテゴリとして用います。

１．主観的反応

　クライアントの主観的反応は、「インテグレーテッド・モデル」の左上の象限（個人の内的な気づき）に属するものです。クライアントのみがこれを測定でき、測定はコーチングの前後でのアンケートによって簡単に行うことができます。

● クライアントが体験した内的変化はどのようなものか？
● クライアントはそのプロセスに満足できたか？

- クライアントは自分が求めていた明晰な知識、方向性、成長を達成することができたか？
- クライアントの目標は何だったか？
- クライアントはその目標を自分が期待した通りに達成できたか？

測定は、すべてこの主観的反応から始まります。例えばクライアントが仕事で他人とうまくやっていく能力を高めたいと望んでいる場合、このようなクライアントは、コーチングの前後に満足度を10段階の尺度で評定できます。この数字がクライアントの期待通りか期待以上になれば、コーチングは成功です。

最近の調査[★5]によれば、大多数の人々がコーチングの結果として、「自己認識が高くなった」（68％）、「目標設定が適切になった」（62％）、「生活のバランスが良くなった」（61％）と報告しています。これは正当な手続きを経た測定で、ライフ・コーチングでは最もよく用いられるものです。どのようなことでもシンプルに10段階で測定できます。これは世界中でトレーニングを評価するために用いられている「満足度調査」の基礎となっています。組織はその構成員に幸福や満足を感じてほしいと望んでいますが、組織の視点から見て、それだけでは十分ではありません。満足感はもっと具体的な何かに言い換える必要があります。投資が正当であることを示すには、この主観的反応が異なる行動につながり、さらに異なる業績につながる必要があります。クライアントはコーチングを高く評価しながらも、自分の行動は変えないということがあります。組織の視点から見ると、これは失敗です。クライアントがコーチングをどれだけ高く評価するかに関係なく、企業はクライアントの知識、スキル、行動の変化を望んでいます。

2．学習

2つ目の観点は、クライアントが行う学習と、その結果としての知識とスキルの向上です。クライアントは主観的に（例えば「私は○○を学習した」と、どの程度強くクライアントが思っているのかなど）測定を行うことができますが、客観的に測定することも可能です。

コーチングはクライアントを直接指導はしませんが、クライアントは自分自

身のこと、自分の仕事、自分の目標や価値観について多くのことを学習します。コーチングは、過去のトレーニングを強化し、それを最大限に活用するために用いられる場合もあります。

　学習が複雑になるほど、評価は難しくなります。知識とスキルは、コーチングの前後にクライアントが受ける試験によって評価できます。学習は、公式・非公式の試験、自己評価、チーム評価によって測定できます。個人の学習の進み具合は、チームの成績が上がるという形で現れることがあります。多くの組織が、その中核になる人材の技能を育成し、測定を行っています。技能そのものは抽象的な特性であり、変化を測定するためには行動面での指針となるものが必要です。これは測定の次の段階です。

　学習と技能については、もう1つポイントがあります。コーチングには、クライアントの学習能力を高める可能性があります。コーチングを受けた後、クライアントは、より多くのことをより短期間に学習できるようになることがあるのです。つまり、コーチングによって、特定の技能を応用するクライアントの能力が向上したと言えます。結果は長期的な測定にのみ現れるものですが、組織が定期的に従業員の学習能力を測定しなければ、能力向上の証拠は、主観的で裏付けに乏しいものに留まります。

3．行動

　新しい学習とスキルは、うまくいけば行動の変化につながります。これは「インテグレーテッド・モデル」の右上の象限に属し、直接観察できるものです。新しいスキルや知識、態度は、日常生活の中で活用されているのでしょうか？　学習、知識、態度は目に見えませんが、行動は目で見ることができるので、測定が最も容易で、最も説得力のある証拠になります。

　行動の変化は、360度フィードバック、他人による観察、試験など、多くの方法で評価できます。例えば、あるクライアントはコミュニケーション・スキルを高め、チームに対する批判を抑えてもっと肯定的な態度をとれるようになりたいと望んでいます。コーチングの前に、コーチとクライアントは、非難、擁護、反論など、クライアントが行動を「変えたい」「なくしたい」「減らしたい」と望むカテゴリについて合意することが必要です。クライアントは、支持

や賛同など、増やしたい行動を挙げることもあります。これらすべては、コーチングの前に、自己評価と同僚やマネジャーからのフィードバックによって測定されます。

次に、同じようにコーチングの後に測定を行い、その相違点に注目します。

行動を測定することは、マネジャーが考えるほど単純ではありません。同じ行動が、異なる思考、異なる価値観、異なる感情から生じる場合があります。行動はその行動をする人間から切り離すことはできません。

第2に、同じ行動が異なる発達段階から生じていることがあります。そのため、ある人が思考と価値観を変えても、行動は変わらない場合があります。第3に、行動は常に文脈に関係しています。その人が異なる文脈に置かれれば、行動は変化することがあります。例えば、人にすぐに異を唱える管理職がコーチングを受けている場合、コーチングの期間中に大規模なプロジェクトを終えたため、ストレスをあまり感じていないことがあるかもしれません。

あるいは、以前このクライアントと折り合いが良くなかったチーム・メンバーが異動したこともあり得ます。結果として、彼の行動がはっきり変化し、非難や議論が少なくなっても、コーチングのみがその変化の理由になるわけではないのです。第4に、発達は段階的に起こるため、コーチング期間中には、ほとんど、あるいはまったく変化が起こらず、その後、数週間あるいは数カ月過ぎてから大きな飛躍が起こる場合があります。

これに関係しているのは時間的要素です。コーチングのどれくらい後に評価を行うのでしょうか？　1週間、1カ月、それとも1年でしょうか？　包括的な追跡調査と評価は少なくとも3カ月は継続するべきですが、その期間の他の影響を切り離すことは困難です。クライアントは無数の影響を受けているのに、いったいどうしたらコーチングの効果とその数多い影響を区別できるのでしょうか？

逆に、行動の変化がすぐに生じたが、その後効果が消え、持続しない場合はどうでしょうか？　クライアントが変化を維持するのに、コーチの存在が必要なのではないでしょうか？　クライアントはコーチングに依存しているのでしょうか？　行動は態度の変化に結びつくのでしょうか？　それは個人の発達に結びつくでしょうか？　最後に、持続可能な変化が生じた時、それがコーチ

ングの結果であるとどうやって確信できるのでしょうか？

4．業績

4番目の測定値は、行動の変化が業績に与える影響です。これは「インテグレーテッド・モデル」の左下の象限（外的システム）に属します。例えば次のようなものが挙げられます。

- 顧客保持率の向上
- 顧客レポートの保持率の向上
- チームの成績向上──チーム・プロジェクトの迅速化や質の向上
- 士気の向上と、それによる仕事の質と量の向上
- 病欠日数の減少
- ビジネスに応用できる新しいアイデア（出願特許など）の増加
- 顧客の苦情の減少

これらの結果は定期的に測定されることが多く、そのような場合、コーチングの前後での相違点がわかります。コーチは組織の中で、主にパフォーマンス向上、リーダー育成、能力開発、あるいは特定の目標達成のために利用されています。[★5]

結果は行動の変化に依存し、行動の変化は学習、スキル、文脈、発達段階の変化に依存します。コーチングは業績に関係なく、クライアントの個人的発達を助けるものです。そのため、業績の達成と、個人の精神的発達が対立することがあります。コーチは多くの場合、コーチングの結果がクライアント個人と組織の双方にとって望ましいものとなると示すことが求められます。組織にとって、これらはまったく同じものです。

しかし、クライアントにとっては違う場合があります。クライアントの発達段階が上がることから生じる結果はROIの一部になり得ますが、その結果の数量化は非常に難しいものです。

コーチング・プログラムには常に無形の利益があるのですが、この測定は簡単ではありません。無形の利益の例としては、士気、リーダシップ、コミュニケー

ション・スキル、感情的知性の様々な基準、紛争解決と仕事の満足度の向上などが挙げられます。「この会社では経営陣が社員を大事にして人材に投資しているようだ」ということが理由となって優秀な人材が会社に興味を持ち、そこに入社するのも無形の利益です。さらに、時間管理のスキルと顧客関係の向上も無形の利益の一例です。これらはすべて実際に存在している可能性があっても、常に正しく認識されて測定されるわけではありません。

5．投資収益率（ROI）

最後の測定値は ROI です。企業はコーチングに時間をかけ、費用を投資しています。コーチングによって得られる利益は相対的に見てどのようなものでしょうか？　全要素を数量化することは決して容易ではありませんが、次の項目についてはすべて合意する必要があります。

- コーチング・プログラムの目標
- 用いられる評価手法
- 測定対象——いつ、どのように、誰に対して、どれくらいの頻度で測定するか
- コーチング開始前に収集しなければならない関連情報
- コーチング・プログラムの実施中に収集される関連情報
- コーチング・プログラムの実施後に収集される関連情報
- コーチング・プログラムそのもの
- コーチングの効果
- 無形の利益

次に、測定値を金額に換算し、ROI の計算ができるようにします。ROI は次の簡単な公式で計算できます。

$$\frac{（コーチングによる金銭的な利益）-（コーチングのコスト）}{コーチングのコスト}$$

公式の「分母（下の行）」について説明すると、コーチングのコストには次のものが含まれます（下記の項目だけということではありません）。

- コーチの服務時間
- クライアントの服務時間（コーチング・セッションに費やされた時間）
- コーチへの報酬、交通費、宿泊費などの直接的コスト
- 管理費
- 通常業務の中断により発生するその他のコスト

業績は公式の「分子（上の行）」に示されています。この金銭的利益には、次のものが含まれます（下記の項目だけということではありません）。

- 顧客保持率の向上
- 顧客レポートの保持率の向上
- チームワークの向上による測定可能な利益
- クライアントとチームによる仕事の効率の向上（作業時間の短縮）
- クライアントとチームによる仕事の効果の向上（ビジネスの問題に対して、より良い解決方法を提案すること）
- 病欠日数の減少
- さらに革新的な仕事を行うこと
- 顧客の苦情の減少

　これらを財務上の数字に換算することは煩瑣（はんさ）で反復の多い作業なので、時間と労力を必要とし、それ自体がコストになります。大規模なコーチング・プロジェクトでしかROIが計算されないとしても、さほど不思議ではありません。有益な文献としては、『人的資本のROI』[6]（生産性出版、2010年）などがあり、ビジネスの人的要素の測定に役立ちます。
　また、国際コーチングコンソーシアム[7]（ICCO: The International Consortium for Coaching in Organization）によって開発された簡単な測定法があります。まず、生産性向上や節約額に変化が生じたことの価値を評価します。例えば、これが

20万ドルだったとします。次に、このうちのどれだけがコーチングの効果によるものかを判断します。例えば、割合を60％として、前出の値にこの割合をかけます。この例では、12万ドルになります。

次に、この評価について現時点でどれくらいの確信を持っているかを判断します。例えば、75％とします。最後の数値にこの割合をかけます。すると9万ドルになります。これが「補正」された「コーチングの利益」です。

次に、コーチングのコストを引きます。このコストが3万ドルとすると、「正味のコーチングの利益」は6万ドルとなります。最後に、ROIを計算するために、「正味のコーチングの利益」（6万ドル）をコーチングのコスト（3万ドル）で割ります。この例では、ROIは200％になります（6万÷3万）。

コーチングのROIについてはいくつかの調査があります。マンチェスター・コンサルティングによって1996年から2000年まで行われた調査では、エグゼクティブ・コーチング・プログラムについて600％のROIが示されています。メトリクス・グローバルLLC[8]による評価研究は、リーダー育成のコーチング・プログラムについて529％という値を出しています。一方、サン・マイクロシステムズでのコーチング・プログラムでは、ROIの評価は100％でした。これは主に従業員定着率によるものです。

期待収益率[9]（ROE）は、より一般的で、扱いやすいものです。ROEはそれほど高度な数量化は必要としませんが、事前の期待に対するコーチングの影響を測定する上での重要な要素を含んでいます。

ROIは正確に計算することが難しく、コーチングの重要な側面の多くを無視しています。ROIでは行動の変化と業績のみが考慮されます。ROIが「発達」モデルではないのは、コーチングが個人の発達を扱うもので、その発達は段階的に生じることから、長期間にわたって広範囲の測定を行い、要素を考慮することが必要とされているためです。

ラスケ[10]は、発達の変化を考慮に入れるために、コーチング投資収益率（CROI）と呼ばれる測定値を提案しています。コーチングが成長し、企業の事業の一部として認められた必須のものとなれば、効果測定のための方法論もさらに発展

することでしょう。最終章ではこの点について詳しく論じ、コーチングの将来に目を向けたいと思います。

コーチング心理学を振り返って

アンソニー・M・グラント

Column

　コーチング心理学を振り返る小文を書いてはどうかとひらめいたのは、愉快な運命のいたずらなのかもしれません。「振り返り」はコーチング・プロセスの中核となる重要な部分です。しかし、この忙しい世の中では、立ち止まって考えを巡らせる余裕などほとんどありません。私たちは未来に向かって進んではいますが、はたして私たちは今どの位置にいるのでしょうか？　私たちはどのようにすれば未来に辿り着けるのでしょうか？　また、どのような過去の教訓をこの現在の状況に当てはめたら良いのでしょうか？

　こう思うと、今回の振り返りの機会が本当にありがたく感じられます。本稿では、自分がどのようにコーチング心理学に関わるようになったかを振り返り、さらにコーチング業界の歩んできた道のりと今後の発展について考えていきたいと思います。この振り返りが意見や議論のきっかけを提供し（あるいは多少の好奇心を刺激するかもしれませんが）、コーチングの発展に寄与していくことを願っています。

　大多数のコーチと同じように、私も少し回り道をしてコーチングにたどり着きました。1960年代の初頭から今に至るまで、私の両親はグルジェフとウスペンスキーの哲学の研究に取り組み続けています。時にはその哲学を教えることもありますし、また瞑想のトレーニングや応用哲学の実践なども行っています。このように私は広く哲学や宗教、あるいは精神的な修練にまたがる事柄やフレームワークに触れて育ちました。私は禅宗の教義や、トルストイ、コリン・ウィルソンや同類の作家の著作などを魅力的だと感じる一方で、学校教育システムの堅苦しさにはうまくなじめない気がしていました。学校の成績はクラスでも下の方で、私は自分のことを「頭が鈍くて物覚えが悪いやつだ」と思うよ

うになっていったのです。

　やがて私は学校の先生たちと話し合い、15歳になる少し前に学問的な資格は何一つ得ることなく退学しました。その後の数年間は気ままな生活を送っていましたが、そうこうするうちに大工の職につき、20代後半には色々な自己啓発やピアサポート・グループ［仲間同士で助け合うことにより生活の充実や対人関係の向上を図る活動］に参加し、メンバーとして、また他の人のメンターとして活動を行っていました。

　1988年にイギリスからオーストラリアのシドニーに移りますが、オーストラリア社会の開放的で平等主義的な気風には驚かされました。イギリスとは対照的に、階級や職業はここでは何も問題にならないようでした。人間としての自分が優れていれば、自分の職業や話し方は何も気にされないのです。

　私は自己啓発グループとの関わりを続ける中で、専門家として他の人たちの成長に関わる仕事がしたいと思うようになりました。しかし私は、自分が参加したグループやコースを運営している人たちの多くを強く警戒していました。自分たちが行っていることを本当に理解しているように見えた人はごくわずかでした。ほとんどの人は限られた知識しかなく、基本となる理論を質問しても答えられません。実験に基づいた、根拠となる実証もほとんどなきに等しい状態だったのです。彼らは鋭い質問が投げられても肩をすぼめてやりすごすのが関の山で、ひどい場合は質問した人をからかったり、見下したりしていました。

　他人の成長をサポートする仕事に就きたいと思いましたが、もうそれまでには怪しい自己啓発の「教祖」をうんざりするほど見ていました。7日間や14日間で取れる「修士証明書」や学位を乱発する自主学習コースの「催眠術」博士やら「宗教」博士の資格しか持っていない人間、あるいは「独学で学んだ」と自称するような人間にはなりたくないと思いました。この分野で仕事に就くつもりなら、自分が行う内容をきちんと理解したいと考えていたのです。

　オーストラリアの大学は、イギリスよりもはるかに入学しやすく、学問的な資格を持たない成人にも学生となる道が用意されていました。1993年、当時39歳だった私は1,500名の大学1年生に混じって、学士号を取るべく勉強を

始めました。シドニー大学では心理学を専攻しましたが、心理学を選んだのは単純に「心理学は人間性の発達やウェルビーイングに関する学問に違いない」と思えたからでした。しかし入学して間もなく私が気づいたのは、当時教えられていた心理学は「行動」よりも「脳の構造」を扱うことが多く、「人間」よりも「ネズミ」を対象にする頻度が高い学問だということでした。

とは言うものの、苦労しながら勉強を続けると、学位取得過程の大部分は「クリティカル・シンキング（批判的思考）」を応用した、厳しくも興味深いトレーニングであることがわかってきました。やがて卒業の日を迎えると、驚いたことに私は最優秀表彰とユニバーシティ・メダルを受賞するという栄誉に浴しました。学校の最底辺にいた劣等生が、大学の頂点に立ったのです。これはセルフ・コーチングの効果を証明したと言えるのではないでしょうか。

1997年当時は、コーチングを教える大学はありませんでした。ほぼ唯一のコーチ・トレーニング・プログラムはアメリカのテレクラスで受講できましたが、使われている教材を見て、これは私が探しているものではないとわかりました。当時のコーチング教材のほとんどは理論的根拠がなく、自己啓発コースの使い回しのように見えました。そしてその教師の大部分は、何の学問的な資格も持っていませんでした。

私は臨床心理学の修士課程と博士課程の両方が取得できるコースに進学しました。私の論文のタイトルは、「コーチングの心理学に向けて——メタ認知、精神衛生および目標達成に対するコーチングの影響」というものでした。当時、PsyciNFOデータベースを見ると、コーチングのテーマを扱っていたものは、14人の博士と78本の学術論文だけでした。ジョン・フランクリン博士に私の博士課程指導教員になってもらったことは大きな幸運でした。私の研究テーマは臨床心理学ではありませんでしたが、博士は「君の関心を追求しなさい」と励ましてくれました。

論文が完成に近づいた頃、私は自分のことをどう名乗るべきか考えるようになりました。「臨床心理学者」とは名乗りたくありませんでした。診察や治療の必要のないクライアントに携わりたいと思っていましたし、私はカウンセリングを行う心理学者でもありませんでした。そこで「私はコーチであり、心理

学者でもある」と考えたのです。それならば、私は「コーチング心理学者」と名乗れば良いのです。この言葉の響きが気に入りました。当時、私の知る限りでは「コーチング心理学」という名の心理学の研究分野はありませんでした。もちろん、一部の心理学者はエグゼクティブ・コーチングやライフ・コーチングを仕事として行っていましたが、専門的な研究分野としてのコーチング心理学という考え方は、新鮮で刺激的でした。

　2000年、ベリル・ヘスケス教授とイアン・カーソイズ教授の格段のご尽力のおかげで、私はシドニー大学の心理学部に、世界初となる「コーチング心理学研究科」を設置する幸運を得ました。そして私は初の「コーチング心理学の大学院課程」の立案も始めました。間もなく、私の親友で同僚でもあるマイケル・カバナー博士が計画に加わり、私たちはコーチング心理学の教育法や研究、実践的応用のプロセスを開始しました。

　その後、私はコーチングに関連して、20本の正式な学術論文に加えて5冊の本を執筆する幸運に恵まれました。これらの執筆中、私は7件のコーチング成果に関する研究の進行にも関わっていました。

　最新の調査によると、現在、「コーチング」または「コーチング心理学」の正式な大学院課程を設置している大学は、世界中に15校あるそうですが、私は大学にはコーチング課程の設置が不可欠であると思っています。大抵の人は大学を古臭い象牙の塔と見ているかもしれませんが、大学は今なお敬意を払うべき重要な社会的教育機関であり、その中核は、価値が高いと認められている知識を奨励することにあるのです。さらに大切なのは、大学が、アイデアや研究を共有して同分野の学者による評価（ピア評価）を行うための、あるいは一般的な知識を発展させるための基盤を提供しているということです。こうした大学のアプローチは、民間の商業コーチング・システムの秘密主義とはかなり対照的です。

　1960年代から1970年代に見られた「人間性回復運動」の失敗の主な原因は、学界に関わることへの抵抗感でした。例えば、NLP創始者たちに「反科学」的な空気がなければ、NLPの基本となる思想は、現在、大学で教えられてい

る応用心理学のカリキュラムに大きく貢献していたことでしょう。突き詰めると、NLPの中核は認知行動科学と言語学をうまく応用したものなのですから。しかしその代わり我々が目にしているのは、NLP団体の一部がきちんとした根拠を離れて、秘伝的な学習や、場合によっては、明らかに異様なイデオロギーに向かって進んでいるという状況なのです。

　幸運なことに、コーチング心理学の発展に関しては、そのような動きは避けられました。コーチングは、専門的分野の学界の主流に受け入れられ始めています。例えば現在では、オーストラリア心理学会と英国心理学会の両方にコーチング心理学の分科会が設けられています。2000年には、コーチング専門の学術雑誌はなく、コーチング研究を発表することはとても大変でした。しかし今では論文審査のあるコーチング誌が3誌もあるのです。『コンサルティング心理学ジャーナル』誌では、エグゼクティブ・コーチングが2回特集されました。コーチングに関する学術論文の発表数も急増しています。PsycINFOデータベースによれば、2000年から2007年に発表された学術論文の数は、1935年から2000年に発表された数を上回ります。

　コーチングに対する学術的な関心の高まりから、コーチング業界では参入のハードルが大幅に高くなりました。コーチングを受けているクライアントも、コーチ・トレーニングを探している人たちも、堅実な実証的（エビデンス・ベースト）アプローチで行われるコーチングを望んでいます。コーチングは、一時的な流行から、個人と組織の変化を創造するための確立した方法論になろうとしているのです。

　しかしコーチングは、今なお本当の「職業」となるにはほど遠い位置にあります。今でも参入する際の制限はありません。誰でも自分でコーチと名乗ることができます。さらに心配なのは、何の資格もなく何のトレーニングも受けていない者であっても、皆コーチングのトレーナーとして商売を始められるという点です。コーチング・スクールの多くはかなり優秀な仕事をしています。しかしそれでも、未だ解決できない課題や難問が存在しているのが現状なのです。

　例えば、私たちの調査では、ライフ・コーチングのクライアントの25%から52%が、臨床的に重大な精神衛生上の問題点を持っている可能性があるこ

とが示されています。ここに何らかの不安があることは明らかですが、今のところ、この問題はコーチング関係者の間で広く議論されてはいません。多くの人は、コーチングはセラピー（心理療法）ではないと主張することで満足しています。もちろんその言葉は間違ったものではありません。「コーチング」は「セラピー」ではないのです。しかし現実には、多くのコーチングのクライアントは、コーチングを社会的に受け入れられる形態のセラピーとみなしています。そう考えるとコーチング業界には、これに対処する明確な責務があります。私たちは、コーチ・トレーニングが精神衛生（メンタル・ヘルス）の要点を網羅し、コーチが正しく理解してこれを引用できるようにしなければならないのです。

また私たちは、コーチング業界が、コーチングの効果についての俗説や根拠のない主張にとらわれないように気をつける必要があります。コーチングは現代の企業の問題に対する万能薬ではありません。途方もない人生の夢をコーチングがかなえてくれると証明する研究はなく、そのようなことを信じる根拠もないのです。コーチング業界には、偽の資格がはびこり、何の資格も持たないのに「全世界の思想的リーダー」を自称する人物が溢れています。2006 年に調査を行い、オーストラリアのライフ・コーチング・トレーニング企業の会社案内を調べあげたところ、飾り立てた宣伝文句を掲げる企業が数知れずある一方で、常軌を逸した文言を掲げるものすら何社か見つかりました。私たちは、誇大広告や偽科学を警戒し、コーチングという新興の職業にふさわしい堅実な基礎を作らなければなりません。

私は、「コーチング」にも「コーチング心理学」にも明るい将来があると信じています。コーチングは、まさに変革を創造するための、極めて効果的な方法論になるものです。しかし、コーチングには、簡単で実用的な入門書から、複雑で理論的な学術資料までに及ぶ、信頼に足る適切な情報が必要です。コーチングの経験の深さにかかわらず、皆さんが本書を気に入ってくださり、また本書を皆さんのコーチング活動の進展とコーチング業界全体の発展にお役立てくださることを、心より願っています。

アンソニー・M・グラント ［Anthony M. Grant］
コーチング心理学者。シドニー大学心理学部コーチング心理学研究科を創設し、現在はその指導教官。現代の「コーチング心理学」と「エビデンス・ベースト・コーチング（根拠に基づいて進めるコーチング）」における中心人物として広く認められている。

第12章　発達コーチング

「状況は変わらない。私たちが変わるのである」
　　　　　　　　　　　　――ヘンリー・デイヴィッド・ソロー

　私たちが行う「探究の旅」は1つの冒険小説のようなものです。そしてこの探求は、すべての優れた冒険小説と同じように、あるパターンに従っています。最後には難問と障害物が待ち構えており、それを乗り越えると全員が無事に家に帰りつけるのです。さて、私たちには2つの難問が残っていますが、まず本章では「コーチングでは成人の発達はどのように扱われるのか」という点について取り上げます。そして次章では、「異文化間の問題はコーチングの中でどのように考慮されるのか」という点を扱っていきます。

●───発達段階

　コーチングは人を助ける職業であり、その対象は人間の学習と成長です。しかし、成長とは何を意味するのでしょうか？　少しの間、あなたの人生を振り返ってみてください。10年か15年前にはできなかったが今はできるようになったことは何でしょうか（ここでは身体的な能力以外のことを考えてください）？　人間関係はどう変わったでしょうか？　考え方はどう変わったでしょうか？　当時は解決できなかったが、今なら解決できるという問題は何でしょうか？　何が真実かであるかについての見方はどう変わったでしょうか？
　自分の人生の軌跡に目を向けると、自分が多くのことを学び、知識を増やしただけでなく、自分自身や世界を見る様々な見方を伸ばしてきたことがわかります。あなたの考え方は深められ、また新しく物事を区別する力や新しい観点を得て、過去にあなたを制約していた観念に支配されることはなく、過去とは

違う行動をとっているのです。問題だったことのいくつかは問題ではなくなり、代わりに新しく別の種類の問題が生まれています。

　私たちは学習し成長を続けてきました。学習とは水平的変化で、自分が持っているものが増え、すでにできることがもっとうまくできるようになります。直線的に起こり、ほぼ一定のペースで進行します。また学習は心の中の部屋の家具を追加したり買い換えたりするようなものです。

　一方で成長は垂直的変化で、より多くのことを学び、異なるやり方で学ぶことを意味します。成長は、上の階の部屋に引っ越し、より広い視野が開けるようなものです。家具の中には、一緒に持っていけるものもあれば、残していくものもあり、もしかすると、すっかり取り換えることになるかもしれません。成長は一定のペースでは進まず、階段を上がるように上に進みます。動き出すまで階段の一段に留まり、その次の段階では上の段に上がっています。このため、コーチングで成長を測定することは非常に困難です。コーチングが終了して1週間後、あるいは1カ月ほど経ってから効果が現れることもあるからです。精神の地平を広げ、心と感情の深みを詳しく探るほどに、成長は進展し、私たちはさらに高みに登ることができます。

　成人は生涯を通じて成長できますが、手助けを必要とすることがあります。

図12.1　学習と成長の違い

学習（自分は何を持っているか）	成長（自分はどういう状態にあるか）
① 水平的な進歩	❶ 垂直的な進歩
② 直線的な進歩	❷ 不連続な進歩
③ 自分の持ち物を増やす	❸ 自分のあり方を増やす
④ 心の部屋の家具を増やし、模様替えする	❹ 視野が広がる上階の部屋に引っ越す
⑤ 連続的	❺ 不連続的
⑥ 絶え間なく起こる	❻ 普通、各段階の間に起こる

彼らは次第に、自分たちの世界を複雑で体系立った方法で構築できるようになります。本章では、成人の成長の各段階について考え、それを図式化し、コーチングへの影響を考えます。

●───思考の段階

ジャン・ピアジェは、子どもの思考を研究することで段階的な精神の発達モデル[★1]を提唱した最初の人物です。子どもの理論の立て方は、大人の思考法の間違ったものではなく、その子どもの年齢と精神の発達にふさわしい特定のタイプの思考法なのです。子どもは初めにそのような思考を獲得し、そこから次の段階に進まなければなりません。

ピアジェは成長を、徐々に複雑な理解ができるようになっていく一連の段階として説明しました。ピアジェによれば、成長はただ1つの方向に進みます。(精神的な疾患がないならば) 前の段階に戻ることはありません。また、段階は階層的なもので、各段階は直前の段階の上に構築されます。段階を飛ばすことはできません。この原則はすべての人間の成長に当てはめられます。

ピアジェによれば、子どもの思考は4つの段階を踏んで発達していきます。これらの段階は発達心理学で広く受け入れられています。第1の段階は感覚運動期です。この段階では、子どもは反射運動の調整を行っています。この段階

図 12.2　ピアジェによる子供の発達段階

段階	年齢	特徴
感覚運動期	0〜2歳	▶ 反応を調整している。 ▶ 自己と世界の区別はない。
前操作期	2〜7歳	▶ 自己中心的だが、自己が世界から分離される。 ▶ 呪術的思考。思考が出来事を引き起こす。
具体的操作期	7〜12歳	▶ 物を操作できるようになる。 ▶ 抽象的な推論はできないが、自己や他者の視点を持つことができる。
形式推論期	12歳以上	▶ 抽象的・論理的思考ができる。 ▶ 概念を操作できるようになる。

の子どもは、自分自身と、他者を含む世界との区別をほとんど行いません。自分自身が「世界」なのです。この段階は子どもが２歳くらいになるまで続きます。

　第２の段階は、前操作期です。子どもは、世界から分離した自分自身を意識します。この段階の子どもは自己中心的です。世界に対する認識は発達していますが、自分が世界の中心にいます。世界は巨大で恐ろしい場所であり、子どもはそれを支配し、理解する方法を見つけようとしています。この段階は呪術的思考の段階です。子どもは、原因と結果のつながりをうまく理解できないため、自分が考えるだけで現実世界に変化を引き起こすことができると考えます。また、自分が大きな力を持っていると想像します。この段階の子どもはまるでスーパーマンになっているかのようです。
　その後、奇跡のように子どもは次の段階に進み、思考の具体的操作期に入ります。ここでは、子どもは他者の役割を演じること、つまり「他者の身になって考える」ことを学びます。これは他者が自分とは違う観点を持っていることに気づくこと（途方もない知的飛躍）であり、子どもは心的に他者の観点を持つことが可能になります。

　私たちは、成長するにつれて、抽象的に考え、物だけでなく概念を操作することを学びます。これは形式推論の段階で、ピアジェの考える最後の段階です。私たちは思考と感情を結びつけ、行動とその結果の結びつきを理解するようになります。自己中心性は徐々に消えていきます。世界が大きくなるにつれて、私たちは小さな存在になっていきます。宇宙飛行士のジョン・グレンも、「生活のことだけを考えて暮らしていると、結局はとても小さい宇宙に心をとらわれることになる」と述べています。
　形式推論は分析的で現代的なもので、問題を解決するために、問題を色々な要素に分けて分析します。形式推論は、現代的で科学的な思考様式です。この段階の人は、自分は他から独立した責任のある存在であると考えます。また、理性的な決断を下し、自分は人生を支配していると考えます。成人の思考がこの段階に留まるなら、世界は本当に退屈な場所になってしまうことでしょう。

しかし、歳をとるにつれ、私たちの思考はさらに次の段階に進みます。私たちは、より系統立った思考ができるようになり、問題の多くの側面が見えてきて、物事が相互にどう影響し合っているかを理解できるようになります。また、文脈の重要さがわかり、ある文脈で適切な行動が別の文脈では不適切になる場合があることを理解します。「真実」は「不確かな」ものに変わります。私たちは抽象概念についての抽象概念を持つようになります。さらに、あらゆるものがそれ以外のものに依存していることを理解します。こうした思考の発達においては、言葉が重要な役割を果たします。
　私たちは歳をとるにつれて、より複雑で多様なタイプの思考と理解力が発達していきますが、それは多くの研究者によってまとめられています。最も著名な研究者は、キング＆キッチナー[★2]、ウィルバー[★3]、バッセチェス[★4]です。

　精神的な発達は、より緻密に区別する力を獲得し、それを階層的な意味の体系に整理する連続的過程です。単純な例として、「数」について考えてみましょう。
　第1の段階（感覚運動期）では、幼児は、快と不快の感覚しか持っておらず、数の概念を持っていません。計算の本を与えると、幼児はそれをかじろうとするかもしれません。
　第2の段階である前操作期の思考においては、子どもは、積み木のような「物」を操作することを覚え、それらに名前（「1」、「2」など）を付けるようになります。これらの物は、普通、子どもの願望や子どもが魔法によって起こると信じていることに従います。
　第3の段階である具体的操作期の思考においては、子どもは具体的な物としての「数」を理解するようになり、それらに対する様々な人々の意見に気づきます。しかし、子どもは数の体系と、数と数の間にある何らかの関連性を学び始めたにすぎません。
　形式推論の段階では、人は数を扱えるようになります。また数がどのように変化するかがわかり、計算の規則を正しく理解できるようになります。微積分法の本を与えたら、それを読もうとするかもしれません。

　上記の例から明らかなことは、人が「何を」学ぶか、「何から」学ぶか、また「ど

のように」学ぶかは、その発達段階に依存するということです。私たちは、幼児が成長する過程に、これらの発達段階を見て取ることができます。明らかに、幼児の「意識」は、成熟した成人とは異なる種類のものです。しかしそうだとすると、身体的成長が止まれば、精神、感情、社会性の発達も止まるという仮定も成り立ちますが、実際はそうではありません。

コーチが成長の差を否定することはありませんが、成長の差に目をつぶることはあります。私たちが同じではないことは明らかです（「私たちは皆全く同じである」とは、実際には、「あなたたちは皆私と同じである」と言い換えられます）。成長が成人期に止まると仮定する理由は何でしょうか？ 成人期がとらえにくい概念であることは確かです。私たちは厳密にはいつ成人になるのでしょうか？ 生物学的に完全な形態になった時でしょうか？ 暦の上の年齢（誕生してからの年数）は、精神年齢と完全に一致するわけではありません。「年齢以上に賢い」という人を誰もが知っているはずです。また、20代で思考が止まっていて成長していないように見える人もいます。

● ──── 発達段階

精神と感情の成長は、すべての文化で生涯を通じて続くものです。私たちは新しい考え方と感じ方を豊かに育んでいきますが、どうやったらそれがわかるのでしょうか？ 同一の行動であっても、それが大きく異なる動機から生じることもあるため、行動だけではわかりません。段階が異なると、生じる行動も異なってきますが、「行動」と「その行動のもととなった精神の構造」とを取り違えてはいけません。

こうした段階はどのように「見る」ことができるでしょうか？ これは言葉の使い方の変化でわかります。言葉は思考を直接反映します。言葉は世界を構成するためのツールであり、世界を描写するだけでなく、私たちがどのように世界を構成しているかを反映します。30年以上にわたる研究により、成人の感情と思考は、多くの発達段階をたどることが明らかになっています。これらの各段階で、個人は世界に対する様々な視点を持ち、「自分自身」や「他者」や「世界」を様々な形で規定します。

成人の発達段階を証明する多くの証拠があり、これはそれぞれ独自の特徴を

持っています。段階は階層構造となっていて順番につながり、前の段階の上に次の段階が構築されます。このことから発達コーチングは、例えば、マイヤーズ・ブリッグズ・タイプ指標、DiSC、エニアグラムなどを用いるコーチングなどとは異なるものになっています。これら３つは、クライアントの現在の状態をコーチが知るための静的精神測定の種類の例です。これにより、コーチはクライアントの現在の状態に関する知識を得ます。また、こうした精神測定法はコーチとクライアントによって理知的に理解され、その理解に従って利用されます。こうした精神測定法はたいへんわかりやすいものですが、発達段階はこれとは異なります。発達段階は、「世界」がどのように自分の経験・文化・言葉から構築されているかに基づいて考えます。

クレア・グレイヴス[★5]は社会と個人の発達に広く用いられているスパイラル・ダイナミクスのモデル[★6]を作った研究者ですが、グレイヴスは次のように述べています。「存在の段階や、起伏、水準は連続的に生じ、これらのそれぞれは、人が別の存在に移る過程で通過する状態の１つである。人間は１つの存在状態（重心）への集中化がなされると、その状態に特有の心理を持つようになる。感情、動機づけ、倫理観、価値観、生化学的特徴、神経活性化の程度、学習システム、信念の体系、精神衛生の概念、精神病とその治療法に関する観念、また、経営、教育、経済、政治の理論と実践についての着想と好みは、すべて特定の状態に適したものになる」

発達段階はインテグレーテッド・モデルの一部になっており、ケン・ウィルバーは発達段階について詳細に説明しています。キャロル・ギリガン[★7]は、女性の社会性、感情、道徳の発達について３つまたは４つの段階を図式にまとめています。私たちがコーチングに適用する上で最も有益であり研究の進んだモデルは、ロバート・キーガン[★8]によって精巧に作り上げられたモデルです。

キーガンは、形式推論の段階に達した後に成人が経験する多くの段階を明らかにしました。これらは型にはまったものではなく、人は２つの段階の間をゆっくり移動し、両方の特徴を示しながら変わっていくことが普通です。これらは（ウィリアム・ジェームズの表現を用いると[★9]）重心のようなものです。重心はバランスを崩した後にも戻ってくる位置であり、これはうまい例えです。ほと

んどの人々は、各段階、あるいは段階と段階の間に重心を置いています。そして、ストレス、状況、その他の要素に従って、その重心をずらしていきます。発達コーチングに関して多くの著述があるオットー・レイクは、人が成長のどの位置にいるかを理解するために、各段階の間隔をさらに小さく分割し、そのモデルをコーチングに当てはめています。

各段階は自然に発生するもので、次の段階に進むためには、その前の段階を通過する必要があります。段階を飛ばすことはできません。どの段階も間違いではなく、そこにいる時には1番良い場所に思えます。どの段階も、その次の段階より悪く劣っているということはありません。新しい段階は人生を送る別の場所であり、そこには世界を構築する別の方法があるのですが、新しい段階はその1つ直前の段階が「足場」となって築かれるのです。このようにして、階段を上るようにだんだんと豊かで変化に富んだ世界が作り上げられていきます。

●――第2段階　個人主義者

　キーガンのモデルにおける最初の段階は「第2段階」、つまり「個人主義者」です。この段階の人々は、他者を自分が使う道具とみなします。自己と他者は対立しています。勝ち負けで物事を考える傾向があり、当然ながら、この段階の人は勝つことを望みます。人生は最高の武器を使って勝利しなければならないゲームです。個人主義者の自己洞察は低い水準に留まり、すべては明確であり、「自分は自分、人は人」と思い、また弱肉強食の法則で行動するため、他者のニーズよりも自分のニーズを優先します。企業内の個人主義者は、ひたすら自分の出世を追い求めます。その過程で自分が踏みつける者のことはあまり気にしません。個人主義者は魅力的かもしれませんが、人を利用します。彼らの物の見方のもとになるのは1つだけ――それは「自分自身」です。彼らは自己のエゴに支配されています。つまり、自分自身の外に出て、自分の限界を知る能力がないということです。

　研究では、成人の約10％がこの段階にあることが示されています。誰もが青年期にこの段階を経験します。これがコーチングが子どもに用いられない理

図12.3　第2段階　個人主義者

> - 他者から切り離されている。
> - 最大の不安は、他者の助けや支えを失うことである。
> - 自己の利益によって動かされる。
> - 人がどれだけ自分の役に立つかという点から人を理解する。
> - 自己の観点を持っている。
> - 勝ち負けのゲーム（ゼロサム・ゲーム）を行う。
> - 自分について他者が抱く感情に共感できない。「人の身になって考える」ことができない。
> - 自己の小さなエゴに支配されている。

由です。コーチングは、人間関係、つまり他者とその観点を理解する能力に関係するからです。第2段階にある人は、まだこの能力がありません。この段階では、自分の世界と他者の世界は異なっているが、その折り合いをつけることができず、自分の世界が優勢でなければなりません。

　第2段階の成人に出会うことはまれで、ほとんどの人は10代のうちに卒業します。個人主義者は他者の意見を考慮しますが、それは他者が自己の利益に影響を及ぼす場合だけです。個人主義者は、他者の思考や感情を想像できません。10代の若者が家に電話するのは、そうしないと面倒が起こると思うからで、眠らずに心配している両親の気持ちがわかるからではありません。10代の若者は、社会のルールが自分の考えと合う場合や、そのルールを守らなければ罰せられると思う場合に、そのルールに従います。

第3段階　社会の構成員

「第3段階」は、伝統的社会の段階です。この段階の人たちは簡単に、別の考え方をすることができます。問題は、その中で自分が失われることです。彼らは、自己の欲求や価値観と、内面化された他者の欲求や価値観をはっきり区別できません。第3段階にある人たちは、自分のニーズよりもグループの他者のニーズを優先させることを身につけています。研究では、成人の55％がこの

段階にあることが示されており、彼らは内面化された集団の価値観を持ち、社会の期待に従います。また、自分には多くの義務があると感じ、それを果たせないと罪悪感を抱くことがあります。

　仕事では、ベスト・プラクティスに頼ります。自分の生き方に縛られますが、それは自分の属する社会の価値観に基づいたものです。自分が住んでいる社会や文化から取り込んだ価値観の外に出ることができません。オントロジカル・コーチングは、私たちは人生のほとんどを他者の権威（宣言）のもとで送ると述べています。

第4段階　自己創造

　次の段階である第4段階は、「自己創造」と呼ばれます。この段階の人は自分自身を自分の望むとおりに創り上げます。他者の視点を理解できるため、彼らは個人主義者をはるかに越えたところにいます。第4段階にある人は、深い自己洞察を持ち、自己の価値観によって自分自身を規定します。彼らにとっては誠実さが重要な価値であり、「自分自身に正直」でなければなりません。また、自己の個人的体験を大切にし、自己の価値と独自性をよく理解しています。第

図 12.4　第3段階　社会の構成員

- ▶ 他者の視点が内面化されている。
- ▶ 社会の期待によって規定される。
- ▶ 社会の価値観を堅持する。
- ▶ 義務を感じ、義務を果たせないことに罪悪感を抱く。
- ▶ 最大の不安は、他者の尊敬を失うことである。
- ▶ 集団の利益によって動かされる。
- ▶ 自己の観点は、内面化された他者の観点から構成される。
- ▶ お互い得をするゲーム（非ゼロサム・ゲーム）を行う。
- ▶ 他者の体験を容易に想像でき、「人の身になって考える」ことができる。
- ▶ 多くの異なる考え方を持つことができる。
- ▶ 模範事例（ベスト・プラクティス）に頼る。

4段階の人の価値観は自らが決定したもので、彼らは誠実さを求めて努力します。そして自己の価値観に基づいて行動します。彼らが最も恐れるのは、自分自身を裏切ることです。そのため集団の圧力に抵抗し、第3段階の個人が避ける危険を冒します。第4段階の個人は、最高の自分になることを望みます。そして他者から距離をおき、自力でやり遂げることを必要とします。彼らは他者を尊重し、他者の価値観や目標に干渉しようとはしません。自己の価値観と自分を同一視しています。

　第4段階の個人はプロフェッショナルになることができます。プロフェッショナルとは、他者のために働きながら、自分自身を高度な行動規範によって縛られていると考えることができる人です。彼らは自分が従う価値基準や倫理観を持っています。また第4段階にある人は、自分の雇用主が求めるものと、自分自身の価値観が求めるものとのバランスを保てます。プロフェッショナルならば、自分自身の性格を反映しない客観的態度を持つ必要があります。弁護士や医師はプロフェッショナルですが、彼らが自分のクライアントや患者に味方してルールを都合のいいように解釈したとすれば、それはプロフェッショナルとしての振る舞いではないと言えます。

図 12.5　第4段階　自己創造

- ▶ 自己の価値観によって規定される。
- ▶ 誠実さを求めて努力する。
- ▶ 自分の道を明確に定め、他者から距離を置く。
- ▶ 最大の不安は、自分に対する誠実さを失うことである。
- ▶ 自己の価値観によって動かされる。
- ▶ 自己の観点を持つが、他者の観点も考慮する。自己の体験と他者の体験を厳密に区別する。
- ▶ プロフェッショナルになることができる。
- ▶ 他者を尊重し、助言を与えたり相手に干渉することを避ける。
- ▶ お互いが得をするためにゲームのルールを規定する。または取引をしない（非ゼロサム・ゲーム）。
- ▶ 他者の体験を容易に想像でき、「人の身になって考える」ことができる。
- ▶ 模範事例（ベスト・プラクティス）を生み出すが、それに従わないことがある。

自己創造を行う人は、自己の価値体系に支配されます。自己の価値体系を省察することはありません。それは彼らにとって文字通り真実なのです。彼らは自分自身に対する誠実さを手放すことがなく、他者がどのように自分を規定しているかを常に気にしているわけではないため頑固に見えることがあります。第3段階の人は自分の価値観を外から取り込みますが、第4段階の人は自分の価値観を自分で決め、それに従って生活します。研究では、成人の20〜25%がこの段階にあることが示されています（この研究のほとんどはアメリカで実施されたものです）。

　次に、第3段階と第4段階の違いを表す例を挙げます。これは優れたコミュニケーションについてのよく知られた法則で、否定的フィードバックを与える時に、「私」を主語にした表現を用いるというものです。
　例えば「あなたは〇〇〇のようですね」とか「あなたはこれを間違えました」と「あなた」を主語にした表現を使う代わりに、「私は〇〇〇と感じます」とか「私はこれは間違いだったと思います」という言い方をします。「私」を主語にした表現は自分自身についてのもので、相手についてではありません。そのため、相手が非難されたと感じて身構えることが少なくなります。これは相手を自分の感情の原因にしているのではなく、「あなたがすることに反応して、私はこのように感じる」と述べながら、相手が今行っていることを変えようとすることを願っているということです。
　第3段階では、誰かが何か良くないことを体験して、「私」を主語にした表現で話した時、その人は自分で物事を正すことはできません。その人と、その自身の人間関係はダメージを被り、立て直すことが必要になります。相手は今行っていることを変え、ほころびを修復しなければなりません。「私」を主語にした表現を使っていても、物事を正すことを要求し、結果として「相手」が変わることを期待するものとなっています。
　第3段階の人は、フィードバックとして「私」を主語にした表現を聞くと、人間関係を維持するために間違ったことを正さなければならないという義務を感じます。そして防衛的になります。彼らは「非難されて面白くない」という内容の経験を組み立ててしまうのです。なおかつ、相手の感情について責任を

感じます。さらには、相手が「あなた」を主語にした表現を用いた場合と同じように、自分が何かを要求されていると感じます。このため、例えば念入りに用意されたフィードバックを行う際でも、「私」を主語にした表現を用いると、そのフィードバックを聞いた第3段階の人の反応や感情は、話者の意図したとおりにはなりません。「十分なコミュニケーション・スキル」（「私」を主語にした表現を含む）は、それを用いる話者だけでなく、その話者の相手側にも要求されます。このスキルの要求は第4段階でなされるべきものです。発言の意図はともかくとして、発言を聞いてどう受け取るかは発達段階との相関関係になります。

さらに、「私」を主語にした表現によるフィードバックが、第4段階の人によって行われる場合を考えてみます。この段階の人は、人間関係や状況がどうあるべきかという「自分の」視点から、何か不適切なことがあったかどうかを判断します。自分自身と価値体系の視点から不具合の有無を理解するのです。彼らはその人間関係にどれだけ深く関わっていても、肝心な部分ではその人間関係の外に存在しています。また、自分のフィードバックに対する相手の反応を評価しますが、相手に物事を正すよう要求することはありません。

第4段階の人は、「私」を主語にした表現のフィードバックを聞く側になると、それをその通りに（相手の主張として）理解し、相手の責任になる部分で自分が責任をとることはありません。彼らは、自分の価値観に基づいて、変わること（または変わらないこと）を決断します。

●――第5段階　自己への気づき

キーガンが明らかにしている最後の段階は「自己への気づき」の段階です。この段階では、人は自己の特異な価値観を克服します。この段階の人は、非常に高度な自己洞察を持ち、自分をコントロールする必要はほとんどありません。また、自分が他者を規定しているのと同様に、自分自身も他者によって規定されていると考え、自己のエゴについては、人生を見る時のフィルターと見なしています。

第5段階の人は、人生の流れを理解することができます。自己の歴史や文化、あるいは基準となる枠組みの限界に気づきます。彼らは、しばしば自分が損を

しても他者を育成します。彼らの関心は、個々人よりも人間全体に向けられます。彼らは他者と交わるという点で第3段階と似ていますが、他者の価値観、意見、期待に支配されたり、それに依存することがない点で異なっています。研究では、成人の約10％が第5段階にいます。第5段階の人は、自己の価値体系に支配されることはなくなります。彼らは自己の価値観を解体することに専心し、自分以外の人間からプラスになるものを得ます。驚くほど複雑な世界（そこに自分自身も含まれる）を前にして謙虚さを示し、複数の観点を持ち、ありのままに文脈から気づきを得ます。

　これらの段階は通過するのに時間がかかります。1つの段階を完全に通過するのに数年かかることが普通であるため、第4段階と第5段階の人たちは、40代以上である傾向があります。年齢は成長の指標ですが、保証ではありません。歳をとったからといって、自動的にすべての段階を通過するとは言えません。第2段階のまま歳をとる場合もあります。各段階の配分は暦年齢に従う傾向がありますが、その2つが厳密に結びついているわけではありません。

　10代の若者における社会化のプロセスとは、人が第2段階から第3段階に移行するために強制される社会的仕組みです。社会は第3段階の成員を求めま

図12.6　第5段階　自己への気づき

- ▶ 自己の個人的な歴史や価値観、その影響について気づいている。
- ▶ 他者と自己の関係によって規定される。
- ▶ 流れに価値を置く。
- ▶ あえて人間関係に対し自分自身をオープンにする。
- ▶ コントロールの必要がない。
- ▶ 自分自身の特定の面に固執することがない。「流れに身をまかせる」。
- ▶ 複数の観点を基礎としてさらに複数の考え方をする。
- ▶ 終わりのないゲームを行う。ゲームを続けることが目的になる。

す。（こうした専門用語が使われることはありませんが）親の義務には、子どもを第2段階から第3段階に移行させることが含まれています。学校もその役割を果たしています。道徳を教える教師も、生徒を第2段階から第3段階に移行させることを目的にしています。第2段階の個人は共同体社会にうまく適合できないためです。

　しかし、第3段階に達し、社会性を確立した後、さらに人を先に進ませるための社会的仕組みはありません。あとは自力で頑張るのみです。これが、ほとんどの人が第3段階に留まる理由です。コーチングは人を第3段階から第4段階やそれ以上に進める社会的仕組みとして発達したものです。これについては後で論じます。

●────後慣習段階の発達

　多くの著述家や研究者、精神世界の探究者は、後慣習段階または後自発段階と呼ばれる段階について考えをめぐらせてきました。第5段階は通常、最初の後慣習段階として定義されています。

　社会的感情の発達は、自己中心性を失うことを意味します。各段階を通じて、自己は徐々に小さくなり、世界は徐々に拡大します。自分を支配していたものが、客体［意識から独立して存在する外界の事物］になり、省察の対象になります。後慣習段階の発達で最も目立つ点は、意味を理解するプロセスそのものが制限になっているとみなす能力の発達です。第5段階から先に進むと、自己は制約であり、体験を妨げるものであると徐々に気づくようになります。ここには自己が自己を排除することを望むというパラドックスに対する鋭い意識が現れています（自己の不寛容に対して不寛容になった方がいいのでしょうか？　いったいどうすれば、望むのを止めたいと望むことで欲望を克服できるのでしょうか？）。失うべき自己がない限り、自分自身を失うことはできません。また、言葉がどのように現実を形作り、区別のないところに区別を生み出すか、社会生活とコミュニケーションにとって言葉がどれだけ必要であるかに気づくようになります。

　これは精神的探究者の世界であり、私たちの探究はまだこの不思議の国に到達していません。この分野の主な研究者は、スーザン・クックブロイダー[11]、ウィリアム・トーバート[12]、ハーブ・コプロウィッツ[13]、ケン・ウィルバー、ジェイン・

ロヴィンジャー[★14]です。

●───コーチングへの影響
　これらの発達段階はコーチングにどのように影響するのでしょうか？　実はこれにはかなりの影響力があり、主にオットー・ラスケ[★10]によって研究されています。

コーチ自身の成長
　コーチングは様々な段階に注意や感覚を向けています。また、様々な段階でコーチングが認められています。コーチングでは、コーチはクライアントのモデルを構築します。これはその人物らしくなるように作られたものです。また、コーチは世界のモデルを持っています。そして、世界はどのようなものか、クライアントはその中にどのように組み込まれるかを表したものです。コーチは、「このクライアントは何ができるだろうか？」、「このクライアントは何をすべきだろうか？」と自分自身に問いかけます。コーチの発達段階は、コーチが考えつく答えを制限します。つまり、コーチが到達した段階によって、クライアントをどこまで支援できるかが決まるのです。これは最も重要なポイントです。
　すべての人は自己の発達段階に支配されています。コーチングの重要な要素は、クライアントの手助けをすることです。クライアントが自分を支配するものと自分を同一視することを止め、それを把握する手助けを行います。また自分を支配するものを生活の中で具現化することを止め、それを省察する手助けも行います。コーチがこうした事柄を自分自身で省察できない限り、コーチはクライアントに問題点を指摘できません。コーチ自身にとらわれているものがあるなら、コーチはそこからクライアントを解放することはできません。そのため、コーチが自分より上の段階に進もうとしているクライアントを手助けすることはほぼ不可能です。
　存在論（オントロジー）の視点からは、クライアントは自己の在り方に気づくことはできないと言えます。それをクライアントのために客観化するのがコーチです。しかし、これができるのは、もともとそのレベルの経験があり、そこから自分自身を切り離しているコーチだけです。コーチが発達段階の観念

を持っていなければ、自覚のないままで自分のやり方を用いることになります。このようなコーチは、コーチングの方法論に支配されます。つまり、自己の発達レベルを知ることはコーチにとって倫理的な義務であるといえます。これは自己管理と自己発達の重要な部分です。

　まだ取り上げていませんでしたが、コーチに求められることとして明らかにすべきものがあります。第2段階の人はコーチになることができません。実際には、それらの人たちはコーチのような職業に魅力を感じることはほとんどないでしょう（たくさんのお金が儲かると思えば別かもしれません）。彼らはクライアントを自己の利益を得るための手段として扱い、クライアントとつながりを持つことはできません。

　第3段階のコーチは、クライアントも第3段階である場合はうまくコーチングすることができます。この段階のコーチは、クライアントが行動を変える手助けをして、クライアントを教育し、良好なコーチング結果を得ることができます。しかし、それが何らかの発達段階の進展につながることはないでしょう。第3段階のコーチは、第4段階のクライアントを効果的にコーチすることはできません。ある程度の行動の変化を達成することはできますが、おそらく、自分はクライアントを理解していないと感じるか、クライアントはどこか「孤独な人」だという感覚を持つでしょう。そして、第4段階のクライアントの発達を遅らせる可能性があります。第3段階のコーチはベスト・プラクティスを用いますが、自分より高いレベルの人をコーチしようとすると、ロバート・キーガンの言う「なすすべがない」状態になります。

　デンマークの哲学者で、オントロジカル・コーチングの生みの親の1人であるセーレン・キェルケゴールは、150年以上前に次のように書いています。「他者を実際に助けるためには、私は相手が理解しているものを理解しなければならない。それがわからなければ、私の理解が優れていても相手には何の役にも立たないだろう。（中略）教育は相手の立場に立って考えることから始まる。そして、相手が理解しているものを、相手が理解している通りに理解するのである」[★15]。相手がどの段階に位置しているのかわからなければ、相手の立場に立っ

て考えることはできません。相手が靴を履いていなければ、その人の靴を代わりに履いて歩くこともできないのです。

　第４段階のコーチは、第３段階のクライアントを非常にうまくコーチすることができます。ただし、「重心」から遠く離れたところに手を出してバランスを崩さないことが条件です。第４段階のコーチは、プロフェッショナルになり、自己の立場とクライアントの立場の違いを理解します。この段階のコーチは、適切な形で、社会慣習やクライアントへの期待から完全に距離を置くことができます。そして、相手に干渉するのではなく、クライアントが望む変化を起こす手助けをします。同様に、第４段階のコーチは、第４段階のクライアントを手助けすることができます。ただし、クライアントが発達段階を進展させる手助けはできないことがあります。

　多くのトップ経営者は、第４段階かそれに近いところにいます。このレベルの人たちを扱い、必要とされる視野を持つことはほとんど必須の事柄です。第４段階のレベルより下にいるコーチには、ある程度の行動の変化を超えて、重要な支援を経営者に提供できることはほとんどありません。経営者との関係においてコーチに「存在感」が生じるには、第４段階に進む必要があります。私たちは、エグゼクティブ・コーチングがうまくいかない場合、コーチとクライアントが異なる発達段階にいるためではないかと疑います。第５段階のコーチは、第３段階または第４段階のクライアントをコーチすることができますが、「重心」から遠く離れたところに手を出して自分のバランスを崩す危険性があります。第５段階の人がコーチになるのは、より難しいことです。第５段階のコーチは、どの程度まで職業的立場に留まることができるのでしょうか？　また、クライアントから距離をおいて干渉しないようにしながら、同時にクライアントと同じように率直でいることができるでしょうか？　これは容易なことではなく、第５段階のコーチは衝突にさらされることになります。多くの場合は、方法論としてのコーチングをあきらめます。

　発達段階の変化がなぜそれほど重要なのでしょうか？　それは発達段階の変化が別の広い世界観につながるからです。発達のレベルが高くなると、人は自分の世界を形成し、それぞれ違った形で世界を理解するようになります。自己

のエゴと自分をあまり同一視しないようになるため、より体系的に考えることができ、より精密な区別をして、世界をより大きな場所としてとらえることができるようになります。このような人は、多くの場合、リーダーになります。発達コーチングは、リーダーシップを得るためのコーチングです。

また社会的な発達段階によっても、人の考え方が変わり、そのため意思決定の能力や複数の観点から物事をとらえる能力が変わります。これらはコーチング関係におけるコーチングの重要な指標です。クライアントに対するコーチの発達段階は、コーチングの成功を予測する上で最も重要な要素の1つになります。

コーチングの規範と倫理

コーチの発達段階は、コーチングの職業規範と倫理についての理解や解釈にも影響を及ぼします。傾聴、クライアントの尊重、職業規範はすべて、発達段階の各レベルで少しずつ異なった意味を持っています。ただし、これは明確に規定されているのではなく、暗黙のうちに理解されているものです。多くのコーチング・スキルやものの見方は、第4段階のコーチを想定しています。

自己調和

第2部の10章で取り上げた自己調和理論[★16]は、外発的価値観（外部のものとして体験される価値観）と、取り込まれた価値観（取り入れられ自己のものとして体験される価値観）を区別しています。どちらも、本当に自己のものである内発的価値観とは異なっています。

外発的価値観や動機づけはすべての段階で作用しています。しかし、取り込まれた価値観は第3段階特有のものです。多くのクライアントは、「すべき思考」や義務感の圧力を受けてコーチングにやって来ます。期待に応えていないことに罪悪感を抱いている人もいるかもしれません。これは第4段階に向かう道のりの出発点になります。ただし、成長という点で何が起こっているかコーチが理解できることが条件です。つまり、コーチ自身が、取り込まれた他者の価値観を超えて先に進んでいる必要があります。

中には、クライアントが2つの義務にとらえられていることもあり、これが

多くの難しい決断の基礎になっています。彼らは板挟みの状態にあります。あることをすると責められ、それをしなくても責められます。そして何かをしないといけません。板挟みから抜け出る唯一の方法は、板挟みが省察の対象になる別のレベルに進むことです。この場合では、第4段階で自分が本当は何を望んでいるのかを判断できるようになります。クライアントは何かを失う悲しみを感じることがありますが、罪悪感はなくなり、2つの価値観の間に立って、決断を下します。そして「すべき」を「したい」に変えることができるようになるのです。

　第4段階のコーチは、クライアントを手助けして、真にクライアント自身の人格から生まれ、統合され一貫性を持った価値観を発達させるように支援することができます。第3段階のコーチにはこれはできません。

コーチングに何ができるか？

　コーチングは、人が水平的・垂直的に変化する手助けをするものです。ほとんどの場合、コーチングは、クライアントの思考や知識、学習能力を伸ばす手助けをします。また、クライアントの成長を手助けすることもできます。

　コーチングは、人を第3段階から第4段階に移行させるために発展した社会的な仕組みです。そして適切なコーチがいれば、おそらく第4段階から第5段階にも移行させることができます。これは、コーチング活動の根幹にある前提や、人間性に対する楽観的な見方、自己実現を行う自然な行動に適合したものです（これらの発達レベルは、多くの点で、マズローが「自己実現」と呼ぶものに至る一歩になります）。発達コーチングは、自己実現を真剣に扱っています。コーチは、クライアントのために多くのことができると考えています。クライアントに目標達成を強いることが大切なのではなく、クライアントが目標を達成し可能な限り成長することを妨げている障害物を取り除くことに重きをおいているのです。人は自分の限界を知らないために、限界を作ります。しかし作られたものならば、それを壊すこともできるのです。

第13章　脱近代主義的コーチング

　コーチングは、近代主義（モダニズム）的な世界の見方に対する反動である「人間性心理学」から発展しました。

　近代主義者は典型的な科学者で、論理と実験によって明確に定義された問題を解決し、あらゆることを形式張った理論に当てはめます。彼らは、不変で合理的な「自我」である「この内側」を信じており、内省を通じてその自我を知り、理性によって世界を知ることができると信じています。近代主義者にとって、すべてのことは理性で分析できます。この視点から見ると、「現実」は、あたかも未知の大陸のように「外部のどこか」にあり、発見されるタイミングを待ち続けている存在だと言えます。

　つまり「現実」は客観的で、人知で理解できる世界であり、「真実」は観察者には左右されずに、独立的に存在しています。科学は中立的で客観的であり、普遍的な真実を与えてくれます。そしてこの真実が進歩につながるのです。言語は合理的で明快です。言い換えると、「言葉」は、それが表わす「対象」との間に明確なつながりがあるということです。純粋な行動主義は、かつては近代主義の心理学だったのです。

　近代主義は途方もない成功を収めましたが、量子物理学、異文化間研究、比較言語学に対峙した時、自分の敗北を認めるしかありませんでした。数学の分野では、クルト・ゲーデルの不完全性定理によって、それまでの地位を失いました。不完全性定理では、閉鎖系を説明することは、その閉鎖系によっては証明できない「何か」を外部から持ち込まない限り、本質的に不可能であるとされます。現実は閉鎖系とは異なりますが、私たちが知る以上に、あるいは、おそらく私たちが理解できる範囲を超えて、不安定なものです。言葉は定義された不変の意味を持っているわけではありません。10人が同じ状況を見れば、10の異なる視点が生まれます。外部から見ただけで、すべてを知ることはで

きません。近代主義は基本的に、包括的世界観としては過去のものなのです。

　第Ⅱ部で見たように、コーチングは構成主義的アプローチの上に成り立っています。人間性心理学やコーチングは、世界の芸術的部分である人間を賛美しています。人間性心理学は、人間を、その内面、思想、目標、価値観、生き方からとらえます。しかし、私たちは、すべてを内面から知ることができるとは言えません。それができるということは、世界がインテグラル・モデルの左上の象限のみに存在していることを意味し、これでは近代主義の裏返しに過ぎず、同じように誤解されることになりかねません。

「脱近代主義」（ポストモダニズム）は、近代主義の枠を越え、対人関係という別の視点を取り込んでいます。私たちの人格や行動様式、知識のすべては、対人関係や相互主観的ネットワーク、そして特に「言語」にどっぷりと浸かることから生まれます。脱近代主義は、主にインテグラル・モデルの左下の象限から世界をとらえます。

　私たちは、対人関係のネットワークの一部であり、そこから切り離されているように感じていたとしても、その外部に出ることはできません。また、自分の対人関係を通じて、文化や言語、思考、知識を取り込みます。私たちは１人きりでここにいるのではないのです。すべてが自分自身のものであり、１個の完全で他とは分離された意識を持っているように見えますが、それは幻想です。個人的な内省だけで自分自身を知ることはできません。私たちを共同体に結び

図 13.1　近代主義——仮説

- ▶ 問題は、明確に定義することができる。
- ▶ 自我は、不変で合理的であり、内省を通じて知ることができる。
- ▶ 現実は、「外部のどこか」にあり、客観的で理解でき、観察者に左右されずに独立的に存在している。
- ▶ 言葉は、明確な対象や観念を指し示している。
- ▶ 世界は、インテグラル・モデルの右上の象限だけによって定義される。

つけている絆は、自分の内をのぞき込んでも目に見えないからです。内省だけでは、過去のものは見えず、現在しか見えません。

　私たちの体は、それ以外の世界と分離しているように見えますが、数年ですべて違う分子に置き換えられます。物質は絶えず私たちの体を循環し、1つの分子として、5年間同じ場所に留まっていることはありません。肉体は、一種のパターンによって組織されています。私たちの自我も一種のパターンであり、それは静止しているように見えますが、川のように絶えず新しく生まれ変わっています。川は同じ場所にとどまっているので1つの物のように見えますが、絶えまなく流れ続けています。
　私たちの思考や知識は、言語に基づいています。言語がなければ、他の人間と関わることはできません。言語は、単にそこにあるものを説明するだけではないのです。私たちが見るものに対する解釈も言語であり、その解釈は仲間と共有されます。私たちは自分の言語にとらわれた囚人です。空間的な余裕は与えられていますが、遠くに行こうとすると壁に突き当たります。
　構成主義は「外部のどこか」にあるとされた客観的世界を破壊しました。その破壊は、既定の客観的現実を受動的に受け入れることではなく、自分が体験している世界の創造者であると示すことによって行われたのです。その後、脱近代主義が「この内側」にある客観的世界を破壊しましたが、それは客観的世界が実は言語や文化、社会関係の連なりであることを示すことにより行われました。私たちには「人との結びつきがある」のではなく、ある意味では、私たち自身が「結びつき」として存在しているのです。自分自身を理解するためには「内省」だけでなく、「過去の出来事」も必要とします。ただし、これは、「すべては相対的であり、把握すべきことは何もない」という意味ではありません。「どの観点も同じように価値がある」という意味ではないのです（これはどう見ても矛盾した主張です。この極端に相対的な観点が、他よりも優れていると主張しているわけですから）。

　コーチングは、脱近代主義的な視点を必要とします。コーチは問題のもつれをほどこうと試みますが、クライアントの問題はクライアントの頭の中にだけ

存在しているわけではありません。クライアントが1人で問題を起こしたわけではなく、また独力で問題を解決することはできませんが、コーチはこのことをクライアントに理解させるのに役立つ手立てを必要とします。クライアントの状況と経験は、それが人間社会の中で生じ、間主観的ネットワーク［間主観とは、人と人が接点を持つことで自然発生する第3の主観のこと］の不可欠な一部となっていることに基づいています。自分の考え、あるいはこの世の中のことを適切に描写しようとして、言葉の使い方を間違えてしまうことがありますが、そうした時に「問題点」を解き明かす方法として、言語は大きな役割を果たしています。言語は社会的な構築物です。様々な形態のコーチング（特にオントロジカル・コーチングやNLP）において、クライアントの問題を解決する一手段として、クライアントの言葉の混乱点を解きほぐす支援が行われています。私たちが問題をどのように考えるかということ自体が、問題の一部になることがあるのです。

コーチングは、脱近代主義から何を学べるでしょうか？　脱近代主義には、次の4つの主な考え方があります。

① 世界は既定のものではなく、私たちの知覚、経験、言語によって構築され、「この内側」の世界は人との対人関係によって構築される。このことは、知識は普遍的でなく、状況によって決まる仮のものであることを意味する。
② 行動の意味は、それが行われる文脈に依存する。
③ 常に選択が可能な多くの視点があるため、どれを選ぶかが重要になる。優先的な視点が力を持つ。視点は力である。
④ 私たちの意識は、社会的ネットワークから作られている。この社会的ネットワークは内省しても目に付かない。

これらのことはコーチングにとって何を意味するのでしょうか？　コーチングは、人々が人生の意味を見出す手助けをしますが、これは科学や宗教的信仰のような近代主義的な確信が損なわれているためです。コーチは、より肯定的

な態度で、クライアントの力になるように、クライアントが世界を構築する手助けをします。コーチは、他者依存という第3段階から、自己創造という第4段階に、クライアントが移行する手助けができます。自己創造の段階では、クライアントは、長年にわたって「自分を不安定な基礎に縛り付けていた縄」を断ち切る決心をします。この「縄」は、部分的には、他人の期待からできています。自己創造的な人間として、クライアントは、特定の言語や社会という制約から自分自身を解放する最初の一歩を踏み出すのです。

また、脱近代主義は、コーチング関係（コーチとクライアントの間に形成されるもの）の重要性を理解する助けになります。コーチは、自分の価値観や見地をクライアントに押しつけることなく、それらを明確にしなければなりません。これは、コーチが第4段階に入っているか、それに近いところにいる必要があることを意味します。また、クライアントは自分が必要とするすべての答えや資源を持っているわけではなく、こうした答えや資源はコーチとの関係や他者との関係からも構築されるということも意味します。

● ───コーチングの中でのジェンダー

脱近代主義的思考は対人関係を取り扱っています。コーチとクライアントの関係について、私たちはどのような「区別」を理解しておくべきでしょうか？

明らかに区別すべきものは「ジェンダー（性差）」です。男性と女性の考え方や重視する事柄が違うことを示す研究は数多くあります。進化生物学の研究では、男性と女性は考える方法が異なり、また異なる事柄に気づき、異なった優先順位を持っていることが示されています。

一般的に、男性は、より分析的で責任や権利、義務に関心があります。一方で女性は対人関係を重視します。理解や解釈の仕方は男女によって異なり、はっきりとした境界線はありません。しかし、例えばラテン系諸国の「マッチョ」な男性などのように、どの文化にも極端な例があります。

最善の結果を得るために、クライアントは、自分と同じジェンダーのコーチを選んだ方が良いのでしょうか？　これは、すべてのクライアントが自分で答えを出す必要のある問題です。世界的に見ると、女性のコーチが男性よりもや

や多いのですが、男性は女性をうまくコーチできない、あるいは女性は男性をうまくコーチできない、というわけではありません。

　コーチは、ジェンダーに特有の問題処理の仕方を考慮し、意識して、クライアントと接する際にそうした点をできるだけ分けて考えられるようにする必要があります。コーチングにおけるジェンダーの問題は、ほとんど研究されておらず、非常に興味深い分野ですので、もう1冊本を書かなければ十分に論じることはできないでしょう。本書では、男女2人が執筆することで、ジェンダーによる偏りという落とし穴を回避できたと考えています。

●───異文化間コーチング

　異文化間のコーチングがどう作用するのかは、まだ十分に研究されていないテーマです。

　脱近代主義では、私たちは自分の「文化」と「言語」にとらわれた囚人であるとされていますが、私たちを囲んでいる監獄の鉄格子は目には見えません。私たちは1つの文化の中で生まれ育ち、その文化には目に映らない数多くの相互主観的ネットワークが存在し、私たちはその文化を取り込んでいきます。そして、その「文化」こそ「世界」というものに向き合うための最上のものだと考えたり、あるいはその「文化」が世界と向き合う唯一の方法だと思ったりします。多くの候補の中から1つの方法を選ぼうとするのではないのです。私たちは文化的な「条件付け」の影響を受けやすく、その文化は思考を制限します。様々な文化が様々な違いを作り出しています。言語ではこれが特に顕著です。ことわざにあるように、「自分の文化を知るには別の文化を知らなければならない」のです。これは、自分の文化と別の文化とを比べてみて初めて自分の文化を客観的に見ることができるようになるということです。この比較を行うには、両者をはっきりと確かめる必要があり、これは、文化的な偏見を除外し、他者の文化をその文化の視点で認識することを意味します。

　本書の著者である私たちは、それぞれ別の文化の中で暮らしてきたため、この点はよく理解しています。アンドレアは2年間アルゼンチンで暮らしました。ジョセフは人生のほとんどをイギリスで暮らしたので、ブラジルに引っ越したことは文化的に大きな変化となりました。最初、彼はどう振る舞っていいのか

わからず、ブラジルの人たちは、彼のイギリス的な控えめな態度を無作法だと受けとめました。それから２年が過ぎて、ようやくジョセフはイギリスの文化がブラジルの文化とどのように違うか、それがブラジルの人たちにどれほど奇妙に見えるか、理解できるようになったのです。

　さてここからは、私たちから問題提起してみましょう。多くのコーチング・モデルは、文化的な「条件付け」がなされています。それらのモデルは、ある文化の中ではうまく機能しますが、別の文化に持ち込むことは簡単にはできません。コーチが自分の文化圏でコーチングを行う限り、これはコーチにとって問題にはなりませんが、国際企業が国際的事業のためにコーチを呼ぶようになり、ますます多くのコーチが地理的な壁、さらには文化的な壁を越えるようになっています。本書の執筆時点では、異文化間コーチングを扱った本は私たちの知る限り１冊しかありませんが[1]、今後間違いなく増えてくるでしょう。文化は行動の中に見出すことができますが、その行動の根底には、地下水脈のように存在する一連の価値観や観念があり、それが温泉のように湧き出して具体的な行動となります。コーチングにとってこれは多くのことを意味します。ここでは私たちが最も重要だと考えるものを取り上げます。

「文化」は、共有された期待を含むため、発達の第３段階の「要求」と「義務」の一部になります。このことは、第３段階にあるコーチは異文化間では効果的なコーチングができないことを意味します。対人関係をどう扱うのか、権限と責任についてどう考えるか、個人と集団の関係をどうとらえるかなど、多くの点で、それぞれの文化は異なっています。また、人々が感情、プライバシー、時間管理、社会的地位をどう扱うかも違います。文化の違いに関しては、優れた内容の本がいくつかあります。これらは異文化出身のクライアントをコーチする方々にとって興味深いものです[2,3,4]。

● ── **言語**
　言語は文化の一部です。同じ言語を話す国でも、その話し方は異なります。例えば、イングランド、アイルランド、スコットランド、アメリカに住む人々は英語を話しますが、それらの文化は大きく異なっています。ブラジル人が話

すポルトガル語は、ポルトガル人が話すポルトガル語とは大きく異なっています。言葉を話すということは、ある見方で世界を見るということです。言語が異なれば、世界も異なります。

ではコーチの方のために、いくつかの例を挙げてみましょう。ポルトガル語には、英語の「be（〜である）」に相当する動詞が２つあります。「ser」という動詞は、「be」のうち、ずっとその状態が続く意味で使われます。例えば、「I am a person.（私は人間です）」、「I am an author.（私は作家です）」、「We live here.（私たちはずっとここに住んでいます）」、「You are this nationality.（あなたはこの国の国民です）」などを意味する文で使います。さらに、一時的な状態や行為に用いる「be」の意味を持つ動詞「estar」があります。これは例えば、「I am tired.（私は疲れています）」、「You are hungry.（あなたは空腹です）」、「They are living here at the moment.（彼らは、今はここに住んでいます）」などの文章で使われています。このことが意味するのは、英語を母国語とする人にはできない「区別」がポルトガル人にはできるということです。

つまり、「行為・行動」と「性質・条件」を表すのに同じ動詞を用いることから生ずる混乱が、はるかに少ないのです。例えば、「You are angry.（あなたは怒っています）」と「You are an adult.（あなたは成人です）」では、一方は「一時的な心理状態」ですが、もう一方は「性質」を表します。英語では同じ「be」動詞を使っていますが、その意味は異なるのです。このように、ブラジル人とポルトガル人は、より可変的な時間の感覚を持っています。英語において定義されているものが、必ずしも絶対的な定義だとは言えないのです。

クライアントがコーチング・セッションで価値観を語る時、非常に重要なことは、彼らが自分の言葉を使っているという点です。言葉は、母国語である時にのみ感情に訴える力を持ちます。母国語は、経験や感情と結びついているからです。「翻訳された言葉」は一種の「気の抜けた概念」のようなものです。「言葉」の中には、適切な訳語のないものもあります。「Saudade」というポルトガル語は、しばしば「nostalgia（郷愁）」という英語に翻訳されますが、その他にも「憧憬、私語、切なさ」などの色々な意味を含んでいます。「Duende」は、スペイン語でオリジナルの意味は「妖精」ですが、今日の芸術を語る際には、「フラメン

コ」のように情熱と暗さが複雑に混ざり合ったものを意味しています。また英語には「freedom（主体的な自由）」と「liberty（制度としての自由）」という2種類の「自由」を意味する言葉がありますが、ポルトガル語には「liberdade」という1種類の言葉しかありません。英語の「freedom」と「liberty」には、はっきりした区別がありますが、1種類の単語しかない言語に翻訳すると、その違いが消えてしまいます。このように、別の言語や通訳を使ってコーチングを行ったり、別の言語圏のネイティブ・スピーカーのコーチングを行う場合には、言語的な落とし穴があります。

すべてのクライアントが「自分の運命の支配者」になりたいと望んでいるわけではありません。すべての文化が、近代西洋世界の精神で世界を征服したいと望んでいるわけではないのです。このことは言語にも表れています。イギリスとヨーロッパでは、「決定する」と言う時、「決定を選び取る（決定を取る = 'take' decisions）」という言い方をします。アメリカでは「決定を行う（決定を作る = 'make' decisions）」と言い、ドイツでは「決定案を詰める（決定を切り取る = 'cut' decisions）」と言います。チベットやインドでは、「こういう決定になった（決定が私を選び取った = 'the decision took me'）」と言います。目標達成の方向がコーチングの中で文化的制約を受けるのはこのためです。なので、私たちはクライアントが自分で自分の方向を見つけることを優先しています。

　自分の文化に対する視点がなければ、別の文化の視点で人々を判断することになります。そして、その判断はしばしば否定的なものになります。例えば、アメリカとイギリスの人たちは、仕事と私生活を分けるのに苦労することはありません。マネジャーは部下の仕事をかなり厳しく批判することがありますが、その後で、帰りに仲良く一緒にビールを飲みに行ったりします。批判は仕事という背景から出ることはありません。ブラジルの文化では事情は違います。ブラジルの人たちは、物事を個人的にとらえ、仕事と私生活といったはっきりした線を引くことはありません。ブラジル人社員に対して、前述の例と同じ様な批判をしたマネジャーは、無作法で失礼であると見なされるでしょう。もちろん、ブラジル人マネジャーもフィードバックを行いますが、もっと遠回しに、長々とした言葉で伝えます。このような方法はアメリカ人マネジャーを苛立たせま

す。しかし、ブラジル人は、アメリカ人マネジャーには理解できないそのような批判の仕方が有効であることを知っています。

　時間管理がもう1つの問題です。ほとんどのラテン系諸国（チリは除きます）では、時間は弾力的です。午前10時に始まる予定の会議が、10時20分まで始まらないということがよくあります。ドイツでは、会議が10時に始まると予定されていれば、きっかり10時に始まります。時間に遅れると、礼儀を欠いていると見られます。多くのラテン系諸国では、時間通りに来ても、礼儀正しいことにはなりません。そうした国での態度としては、他の人が来るのを待ってあげることが必要です。

　文化の違いの3つ目の例は、社会的距離に関するものです。ブラジル人は、イギリス人と比べて、物理的に相手に近づいても安心していられます。ブラジル人の方が、社会的距離が短いのです。そのため、ブラジル人がイギリス人に話しかけようとすると、ブラジル人は絶えず相手に近づいて行き、（イギリス人には、これはパーソナル・スペースの侵害であり、失礼であると解釈されます）、イギリス人は、もっと安心できる距離を取ろうとして、絶えず相手から離れていきます。この場合、ブラジル人はイギリス人を冷淡で「よそよそしい」と考えます。どちらが正しいわけでも、間違っているわけでもありません。これは文化に基づいた考え方の問題です。コーチング・セッションにおける心理の地理学的違いに対応する場合、コーチはこの点を理解する必要があります。

●───異文化間の誤解

　異文化間コーチングが陥りやすい過ちをうまく表している例があります。私たちは、スペイン人のコーチとアルゼンチン人のクライアントによるセッションを指導していました。私たちはバルセロナにいて、アルゼンチン人のクライアントもバルセロナに1年間住んでいました。そのクライアントは、アクティブ・リスニングのスキルを向上させたいと思っていました。

　コーチが良い質問をしました。「あなたにとってアクティブ・リスニングとは何を意味しますか？」

クライアントは、「人と一緒にいる時には、心の中で何かつぶやくようなことは慎み、注意散漫になるのを避け、相手をしっかりと見つめることです」と答えました。彼は、相手に「視線」を集中させたいと思っていました。これは彼にとってアクティブ・リスニングの中で最も重要なことでした。また、重要なこととして落ち着きを挙げました。内面的な落ち着きがほしいと彼は言いました。

　彼はこのアクティブ・リスニングのスキルをどこで使いたかったのでしょうか？　もちろん自分のクライアントに対してこのスキルを使いたかったのでしょうが（彼はコーチとして働いていました）、彼は生活の他のすべての領域でも使いたかったのです。特に、スペイン人の恋人との関係を良くしたいと思っていました。セッションでこのコーチとクライアントは問題の追求を続け、そこで明らかになったのは、このクライアントが、「話をしている相手に対して、視線を集中したい」と思っていることでした。彼は例として、恋人と一緒にレストランにいる時のことを挙げました。レストランで彼は周りを見てばかりいたので、彼の恋人は「私のことは見向きもしないのね」と彼を問い詰めました。彼は、「すぐに気が散ってしまうんだ」と言って、恋人を見つめようとしましたが、人と一緒にいる時、周囲に視線を走らせる癖が自分にあることに気づきました。

　コーチは2つの方向から追求を続けました。第1に、クライアントが持っている資源のうち、焦点をあてるべきものは何か？　第2に、過去のどの時点で、彼は意識を集中した状態でいられたか？　また、じっと見つめることを妨げたものは何か？　クライアントは、「じゃあ、目の前の人しか見えないように、馬に付けるブリンカー（遮眼帯）でも買ったらどうだろう」と冗談を言いました。彼は本当に恋人に注意を向けたいと思っていたのです。彼女はその時の彼にとって最も大切な人だったのに、彼女が「あなたは他の女性に興味があるのね」と言ったことから、2人はこの問題で言い争いをしてしまったのです。

　セッションは続き、最後にはクライアントはこの問題に関して気持ちが楽になりました。私たちは、クライアントがブエノス・アイレスの貧困地域で育ったアルゼンチン人であるという事実から、この状況について、あることを直観的に見抜きました。私たちは、セッションの間、彼がじっとコーチを見つめていたことに気づき、「あちこちに視線を走らせることのない場所はありますか」

と彼に尋ねました。彼は「あります。しかし、公共の場、特にレストランのような場所や、通りを歩いている時などは気が散ってしまうようです」と答えたのです。

　私たちは、彼の考えを知るために、ある意見を述べました。ブエノス・アイレスの貧困地域は危険なところです。公共の場所では、強盗がいないか周囲を見渡すことは、生き残るための大切な技術です。子どもたちは早くからこのスキルを身につけ、それが本能的なものになっています。彼は公共の場所で無意識に周囲を見渡していました——これはブエノス・アイレスでは（実際は南米の大都市ではどこにおいても）必要なことでしたが、バルセロナではその必要はありませんでした。しつけが欠けているとか、一種の問題だとして彼が悩んでいたことは、実際には有用な習慣ではありましたが、彼の新しい環境では必要のないものでした。このことに気づいた時、彼は周囲に視線を走らせることが必要かどうかを判断できるようになり（彼の恋人も安心しました）、ブリンカーを使うこともありませんでした。

　文化の違いに関する知識が、こうした直観による展開を可能にしてくれたのです。私たちは実際には正しく判断できましたが、間違いを犯していた可能性もあります。先ほどの状況で、コーチは、じろじろと周囲を見ることは悪い習慣であり、それを止めるべきだというクライアントの考えを額面通りに受け取りました。他の文化を知ることはコーチにとって有用です。それは、自分の文化で正しいとされることに基づいて早急に結論を出したり、クライアントが自分の習慣に基づいて下した判断を額面通りに受け取ることを回避することに役立つのです。

　次の最終章では、コーチングの将来に目を向けます。私たちの探求の旅も終わりが近づいてきました。

第 14 章　コーチングの未来

「私たちが皆、未来について心配するのは、
　人生の残りをそこで過ごさなければならないからだ」

　　　　　　　　　　　　　　　　——チャールズ・ケタリング

　私たちの探求の旅も終わりに近づいてきました。本書は「混沌の縁にあるコーチング」から始まっていますが、これは1つのメタファー（喩え）です。学習と変革は必要ですが、崩壊するほど不安定な状態ではないことを表しています。実際には「綱渡り」なのかもしれません。私たちは、「この先もう何年かの間、コーチングがこの綱渡りの支えとなり、創造的に学びと成長を続けていくことができますように」と願うばかりです。綱渡りには力学的なバランスが必要です。どちらかの方向に少しバランスがくずれたら、すぐにバランスを取り直すのです。一方に偏り過ぎるとバランスを失って下に落ちてしまいます。また、もう1つの選択は1歩も踏み出さず、足場でじっとしていることですが、そんなことをすると見物人はもっと面白い見せ物の方に行って誰もいなくなってしまいます。

　この5年の間に、コーチングの発展を後押しする動きはますます加速してきました。私たちは、自分ではコントロールできない状況に対応したり、ますます短くなるタイムスパンに適応しなければならなくなっています。そして数十年前なら「魔法のようだ」と思われていた行為も、今では日常的に「ちょっと驚いたな」程度のことに変わっているのです。

　私たちは「ジャグリングは神業だ」と思っていた昔の人を笑いますが、100

年後には、誰かが私たちの狭い物の見方を笑っているかもしれません。「未来」は年々、ますます早く訪れるようになってきましたが、私たちには、それに対処するための詳細な見取り図もなければ、概要図すらありません。精神の世界では、生物の世界と比べて、はるかに速く進化が進みます。コーチングはそうした進化の現れですが、もしかすると「答え」の一部なのかもしれません。この「進化」を人に喩えると、「精神の進化」さんは、私たち人間がこの現代に適応するために必要な「何か」を与えようとしてくれているのかもしれません。

そこで優秀なコーチに倣い、私たちも「答え」ではなく、いくつかの「質問」を投げかけて、本書を終わることにします。

◉───未来には何があるのか？

「未来を予測する最良の方法は、それを創造することである」

──ピーター・ドラッカー

こうした背景を持ったコーチングの未来とは、どのようなものなのでしょうか？　私たちにはわかりません──しかしこれは誰にもわからないことでしょう。私たちは、コーチングがますます力をつけて、人々の変化と成長を手助けできるようになり、それらの人々を通じて、ビジネス分野にも役立つようになってほしいと願っています。そしてビジネスを通じて、人間全体が変化し、成長することを願っています。すべての者が利益を得るのです。私たちがこの章をどう書くかあれこれと考えていた時、「夢」と「悪夢」のことが話題になりました。そして「夢」と「悪夢」をここに記し、それらが自ら語るのに任せることにしました。

悪夢

私たちは廃材置き場にいました。コンクリート板があちこち地面から突き出し、まるで酔っ払ってふらついた墓石だとでも言うように、でたらめな方向に傾いています。その中央に、上を向いた三角形のような型の物体がありました。その先端には大聖堂の模型が乗っていましたが、不安定で、大聖堂は風に吹かれて揺れ動いていました。すると急に風が強くなり、大聖堂は大きく傾き始

ました。つむじ風で埃が舞い上がり、ごみくずが壊れたコンクリートの間を飛んでいきます。突風が廃材置き場を吹き抜けていきました。すると、私たちの目の前に、琥珀色の巨大な光の玉が現れました。光の玉は青い稲妻をあらゆる方向に放っており、まるでその稲妻で自らを地面につなぎ止めておこうとするかのように見えました。稲妻が炸裂し、熱い鍋に水滴を落とした時のように、「シュー」という音がしました。あまりに眩しすぎて稲妻の姿を見ることはできません。私たちは顔を見合わせました。雷鳴がとどろき、光が消えると、手足をついてうずくまった男が現れました。

その男の姿は、スターティングブロックに足を置いてこちらに向かって駆け出そうとしている短距離走のランナーのようにも見えました。彼は猫のようにゆっくりと立ち上がりました。私たちは飛び退きましたが、彼の顔には人なつっこい笑顔が浮かんでいます。彼はサングラスをかけ、茶色のスーツを着て、黒い紐靴を履いていました。黒い髪は頭にぴったりと撫でつけられていて、あまりにきれいに整っているので頭と髪の毛の境目がわからないほどでした。風の中でも髪の毛は一筋も乱れませんでした。

彼は私たちの方に歩いてきました。

「私は〈何時〉にいるのだろうか？」と彼は聞きました。
「〈どこ〉と尋ねたいのですか？」と私たちは尋ねました。
「いやこれでいいんだ。ここは〈何年〉かな？」
「2007年10月ですよ」と私たちは答えました。「あなたは誰？」
「私はコーポレート・クラス・コーチE37。我々は急がないといけない。〈道のり〉には〈時間〉がありすぎるから」
「いつの時代から来たの？」と私たちは聞きました。
「別の〈時〉から」と彼は言いました。どういうわけか、これには驚きませんでした。
　私たちはバネが飛び出た古いソファに一緒に座りました。
「あなたの時代のコーチングのことを教えてくれませんか」と私たちは聞きま

した。

「ああ、それを聞いてほしかったんだ。我々はコーチングのやり方を知っているよ」と彼は言いました。「成功の方程式を知っているんだ。投資収益率は数百パーセントもあるよ。クライアントは計算されたとおりの潜在力を発揮している。その誤差は数パーセントポイントの範囲だ。コーチングは世界中に広まっていて、統制されたプロセスが確立している。コーチはそのメソッドに従うだけだ。クライアントは自分に何がなされているのかわからない。世界コーチング理事会が手配して、厳格な品質管理がきっちりと行われている。コーチングは真面目な仕事なんだよ。我々は毎月会議を開いていて、登録コーチはすべて、年3回はそれに出席しないといけないんだ」

「出席しないとどうなるの？」

　未来から来た私たちの友人はこう言いました。「登録資格を失って、IDカードを没収されるんだ。登録して更新しないと仕事はできない。未登録のコーチなんて誰も雇わないんだ。そんなコーチを雇うと、ブラックリストに名前が載せられてしまうとわかっているからね。コーチには17の階級があって、クライアントの依頼が入ると、適切な階級のコーチが割り当てられる。おまけに階級が1つ上のスーパーバイザーも付く」

「コーチは世界中にいるの？」

「もちろんだよ！　クライアントは、世界中どこからでも自分に合ったコーチに来てもらうことができる。バーチャル・セッションもできるよ。特別なソフトがあるから、コーチは色んな文化に対応できるようなトレーニングを受けるんだ。コーチング・セッションの最後に、コーチはメンター・コーチに提出するレポートを書く。そのレポートはオンラインで保存されるんだ」

「そのシステムに障害が起きることはないの？」

「問題が起こるとすれば、たまに誰かが未登録コーチを雇って、CP（コーチング警察）が踏み込んでしょっぴかれるぐらいだね。悪いことを考える人もいるから。善意でやったことだとしても、正真正銘の〈変化〉をもたらすコーチの代わりはできないんだからね」と、その男は笑いました。「世界には認定トレーニング校が3校ある。どこも定員以上の応募があって、優秀な者だけが選ばれる。応募者は色んな心理テストや身体テストに合格する必要がある。それにコーチはバックギャモン［ボードゲームの一種］の腕前も良くなければいけないんだ」

「どうしてバックギャモンなの？」

「いいじゃないか。だって、他のことなんて興味ないだろう？ 皆、いつもバックギャモンのことばかり尋ねてくるよ。私には理解できないけどね。彼らの頭の中はどうでもいいことで一杯なんだ。コーチングにはパワーがあるから、誰にでもやらせるわけにはいかないんだよ」

「あなたはなぜここにいるの？」

「私はコーチのスカイネットワークから来たんだ」と彼は答えました。「昔のひどい時代にコーチングがどう行われていたかを調べて、あなた方に任務を与えるために来たんだよ。あなた方がそれを受けるとすればの話だけどね。ただ、時間の流れを変えないように注意しないといけない……」彼の動きが止まり、顔が溶け出しました。「ああ、まずい」と彼は言いました。「私はもう……、このことは言っておくが……あなた方は……」彼の声が小さくなっていきました。その身体がどろりと溶けていくに従って、声はさらに低く、ゆっくりした響きに変わっていきます。やがてソファの横には、中心に黒い点のある、つややかな茶色の液体の水溜りができ、濡れたプラスチック製のIDカードだけが、彼がここにいた証として残っていました。私たちは、その液体が鈍く光りながら石の上に広がっていくのを悲しい気持ちで見つめていました。

　すると突然、バンという大きな音がして、回転する巨大な球体が私たちの目

の前に現れました。それは透明で頑丈な樹脂製の球で、ジャイロスコープのような形をしていました。球体は目にもとまらない速さで回転していましたが、少しずつ速度を落とし、やがて止まりました。透明樹脂のハッチがシューッという音を出して開き、蒸気が噴き出しました。中から、茶色い木綿のスーツと真っ赤なスカーフをまとった女性が出てきました。球体から出てくる時、彼女は宙に浮かんでいるように見えました。

彼女は、私たちの方に来て、足もとの金属質の水溜まりに目をやりました。

「もう一人の〈未来〉は溶けてしまったのね」と、彼女はくすくす笑って言いました。
　私たちは彼女をじっと見つめました。「あなたは誰？」と私たちは言いました。

「私はコーチのロザモンド。また別の〈どこか〉から来たの。今年は何年かしら？」
「2007年」
「ジャイロスコープを調整しなきゃいけないわね」と彼女は言いました。「遅刻したわ」
「君の時代のコーチングのことを教えてくれないかな」私たちはソファに座りました。そこは、3脚のアームチェアとテーブルランプのある、こぢんまりとした部屋に変わっていました。

ロザモンドは身を乗り出しました。「すごいのよ！」と彼女は言いました。「コーチングは至るところで行われているわ。ほぼ全員がコーチね。少なくとも550,761校のコーチトレーニング校があるの（わざわざ数えたのよ）。誰もがコーチングしているけど、皆、自分のやり方でやっている。音楽を使ったコーチング、ビートルズを使ったコーチング、モーツァルトの晩年のピアノ協奏曲を使ったコーチング、フラワー・アレンジメントを使うコーチング、折り紙を使うコーチング、魔法のコーチングまであるのよ。セラピスト・コーチ、メンター・コーチ、マネジャー・コーチ、政治家コーチ（これは人気のある分野じゃ

ないけど)、バックギャモン・コーチがいるでしょ、それから、背の高い人用の背の高いコーチ、背の低い人用の背の低いコーチ、そしてその逆のコーチもいるの」ここでロザモンドは話すのを止めました。彼女は混乱しているようでした。「とにかく、そういうコーチがいるのよ。コーチングは地球を支配している。もうすぐ他の星も支配するでしょうね」と、彼女は笑いました。「コーチングには力があるのよ。誰でもやらせてもらえるの」

彼女は立ち上がりました。「もう行かなくちゃ。少し時間を操作して先に進めないと」球体が回転を始めました。
　これは単なる〈悪夢〉なのです――現実でなくて良かった！

　次は〈夢〉の話です――。

夢
　私たちは〈悪夢〉の時と同じ廃材置き場にいました。風が吹いています。やがて激しい雨が降り出しました。何時間か雨が降り続いた後、日が出て地面を照らし始めました。地面から蒸気が立ちのぼりました。背後から物音が聞こえ、私たちは飛び上がりました。そこには１人の男性が傘を持って立っていました。「やあ！」と彼は言いました。「この傘を貸してあげようと思っていたんだけど、こっちに気づいてなかったのでね」

　彼は黒いＴシャツを着て、青いズボンを履いていました。靴は履いていませんでしたが、それがとても自然に見えました。

「あなたは誰？」

　彼は自分のシャツを指さしました。そこにはC-O-A-C-H(コーチ)という真っ赤な文字がプリントされていました。

「あなたは未来から来たの？」

「それは〈今〉がいつなのかによるね」

　私たちは顔を見合わせ、この人はまた別の、コーチングのパラレル・ワールドからやってきた新しい訪問者だと思いました。私たちは彼がこの前の2人よりましな人であることを願いました（少なくとも身なりはましなようです）。

「あなたの世界ではコーチに何かの規則があるの？」
　彼は顔を上げました。「〈規則〉は僕の子どもたちだね。親じゃないよ、って言っても、すぐに僕らの後ろにくっついてくるからね」
「質問に答えていないよ」
「どうしてそう思うんだい？」
「あなたはいつも謎めいた言い方をするの？」
「僕には〈いつも〉やってることなんてないよ」
「遊んでいるんだな。コーチングは遊びなのかい？」
「遊び？」彼は笑って言いました。「そうかもね。遊ばなきゃいけない人は、遊ぶことができないもんさ」
「コーチングはどんな調子？」
「とても順調だよ。ありがとう」
　彼は足もとから消え始め、ついに顔だけが残されました。彼はにっこり笑って、そして消えていきました。

　これもただの〈夢〉です──。

では、現実は？
　悪夢や夢を見るのはもう沢山です。私たちには、コーチングがこの先どうなっていくのかはわかりませんが、予想をしたり希望を持ったりすることならできるかもしれません。おそらく、今後5年間でコーチングはさらに広がっていくことでしょう。特に企業ではその傾向が強いのではないでしょうか。マネジャーはコーチング・スキルのトレーニングを受けるようになり、ビジネス・コーチ

ングとエグゼクティブ・コーチングが成長するでしょう。コーチングのネットワークが拡大し、トレーニングやコンサルティングを提供している大手企業の大部分が、コーチング・ネットワークを所有するか、外部に委託するようになります。コーチングは、ほとんどの企業内大学の一部に組み入れられるでしょう。

●───職業としてのコーチング

　コーチングとはどのような活動なのでしょうか？　今までコーチングは、1つの領域、専門分野、学問分野、活動分野として扱われてきましたが、果たしてコーチングは、専門的な職業と言えるのでしょうか？　専門的な職業とは、一般に次の5つの基準によって定義されます。

① その職業の構成員が、専門的な知識またはスキルを持っている。これはコーチングに当てはまる。そしてこれまで見てきたように、コーチングには中心的な根本原理となる「コア・スキル」が存在する。
② その職業の構成員が、社会の他の構成員よりも高い倫理規範を順守している。コーチとしてトレーニングを行う者は、規範や倫理を定めた趣旨書に署名し、それを順守することが重要。
③ その職業に自律性がある。業界自体が、その職業への参加の規制、仕事ぶりの監督、責務あるいは倫理に違反した者の除名などを行っているということ。現在これを行っているのは一部のコーチング企業のみ。
④ 重要な利益を社会に提供すること。これはコーチングに当てはまる。
⑤ その職業の構成員が、社会のすべての成員に与えられるのではない特定の権利と責務を持っている。これはあまりコーチングには当てはまらない。

　従って、コーチングは現時点では完全に専門的な職業であるとは言えません。ただし国際コーチング連盟などの一部の連盟組織では専門職として扱われています。少なくとも今後5年は、コーチングは資格が不要で自主的に管理される活動分野という状態が続きそうです。
　私たちは、個人的には、今後数年の間にいくつかのことが実現してほしいと

期待しています。

　まず1点目は、コーチングのルーツ（起源）や歴史にもっと焦点を当てるということです。自分の経歴を思いかえすと、今の自分がよくわかるようになります。コーチングのルーツに目を向けると、コーチはコーチングの際に自分がどのような制約を受けているのかがわかり、ベスト・プラクティス以上のことを行えるようになります。ベスト・プラクティスが「ベスト」であるのは、短い期間に過ぎません。

　現在のベスト・プラクティスの状態に違和感を覚える人々がいるのなら、そうした人の手により、ベスト・プラクティスはさらに質の高い「ベターな」ベスト・プラクティスを目指して進化していきますし、またそうした進化が行われなくてはなりません。ベスト・プラクティスを無批判に受け入れていると、その学問分野や活動分野や職業は駄目になってしまいます。

　2点目として、私たちは、コーチ自身の成長をもっと重視する必要があります。コーチは、自分自身の成長段階を超えるレベルでクライアントを手助けすることはできません。コーチ自身の成長段階や盲点が、コーチのスキルの限界を定めます。世の中には多過ぎるほどコーチ・トレーニングが存在しているのに、「コーチ教育」は十分ではありません。コーチが成長段階に応じたトレーニングを受け、成長段階に関する十分な知識を持ち、また自分が第3〜5段階のどのレベルであるのか、自分の成長段階をよく理解しているようになったところを見てみたいと思います。そうすれば、コーチは、クライアントの成長段階に関して、知識に基づいた判断ができるようになります。

　現在、コーチ・トレーニングの大部分はバランスを欠いたものになっています。自己認識を深めることも、自分を成長させることもなく、ただ情報だけがコーチに与えられているのです。コーチ・トレーニングは偏狭になりすぎています。コーチ・トレーニングは受講者（コーチ）の行動を重視しすぎる傾向があり、そのために、コーチが自分のクライアントの行動を重視しすぎる状況をもたらしています。私たちは、コーチ教育がもっと重視されることを期待しています。コーチの「在り方」は、クライアントに変化を与えるものです。コーチが何を「する」ことができるかではなく、コーチがどういう人間で「ある」

かが重要なのです。

コーチに必要なものは「知識」と「スキル」と「自分の成長」です。つまり「知ること」と「行うこと」と「（何かの状態で）存在していること」です。「知ること」と「行うこと」は途中でも止めることができますが、「自分であること」を中断することはできません。

3点目は、私たちは、コーチングが他の十分に確立した学問や専門的な職業の分野とのつながりを持つことを期待しています。これによって相乗効果が生まれ、コーチングの信頼性が向上します。自己啓発を扱う学問分野はあまりにも多いため、それぞれが独自の道を進み、自分以外の心理学の分派や学界を見下し、成果を出せずに衰退しています。私たちは、コーチング研究が発展を続け、世間に認められた学問領域とコーチングを関連づける学位論文研究が行われることを願っているのです。論文審査のあるコーチング学専門誌もさらに増えてくれることも期待しています。

また、異文化間コーチングに関して、もっと研究が行われて重視されるようになることを楽しみにしています。この分野は、多国籍企業が様々な国の社員のためにコーチを呼ぶようになれば、間違いなく成長する分野です。文化に対する意識の低いコーチは、コーチとは別の文化圏のクライアントには効果的に対応できなくなることでしょう。

●───コーチングが行うこと

コーチングは、日常生活を自己啓発の場に変えます。これがコーチングの強みです。日常生活は、退屈なものになることも、チャンスや行動のきっかけに満ちたものになることもできるのです。

さらにコーチングは人がより自分らしくなる手助けをするものです。コーチングは社会的慣習や取り込まれた価値観と自分を同一視する「第3段階」から、自分のリズムで歩き、自分の価値観に従う「第4段階」に移行するための社会的手段です。そのためコーチングを行うと、社会を豊かにできる人間が増えていきます。コーチングは、インターネットがすでに行った方法で、さらに常識を破り、ニッチを増やし、小さなコミュニティを育んでいくのです。

またコーチングは、人々が自分自身のあいまいさを許せるように手助けしま

す。そしてその結果として、人が他人のあいまいさを許せるように、また急速に変化する世界に対処できるようにも手助けを行います。さらにコーチングは、複合的で豊かな視点を提供して、複合的な視点から複合的な背景（コンテキスト）を眺める脱近代主義的思考を育みます。コーチングによって人々は「力」について、あるいは「力」を持つ者と持たない者について考えるようになります。「考え方」は「力」でもあります。「力」は特権を与えられた「考え方」に集まるため、人々は、どの「考え方」に特権が与えられるかを判断する人物に気づくようになります。

　さらにコーチングは、人々が新しい認識法を作り出せるように手助けします。これは人々がいっそう豊かで幸福な人生を送り、芸術や科学やビジネスの分野で日々創り出される新しい認識法に適応するのに役立ちます。

　最も良いコーチングは、人々が「私は信頼に基づく人間関係を築くことができるんだ」と気づけるようなサポートを行います。そして「私はその人間関係を手がかりにして、自分の人生に信頼に基づく人間関係を広げて行ける」と気づけるようにも手助けしていきます。

　私たちは、今も、そして来たるべき未来においても、こうしたスキルのすべてが私たちには必要であると、強く信じています。

●───今後の研究

　コーチングは、さらに実証的（エビデンス・ベースト）な存在になる必要があります。さまざまな角度からコーチングのエビデンスを眺めると、コーチングへの理解度が深まります。エビデンスは、目に見える行動の視点からだけではなく、複合的な視点に基づいたものでなければなりません。エビデンスには、質的なエビデンス（コーチの知覚や「在り方」に基づくもの）と、量的なエビデンス（クライアントが達成した測定可能な結果に基づくもの）の両方が必要です。

　優れた研究というものは、すべて次の３つのルールに基づいています。

① 「これを知りたいなら、あれをしろ」という命令、あるいは理論的枠組み（パラダイム）や指示。例えば、自分の成長段階を知りたいなら、「成人発達心理学」の「発達段階」という領域を確立した長年の研究に基づ

いて、成長段階を調べる専門的な検査面接を行う必要がある。
② データまたは経験。経験は、ある意味で評価と測定が可能なデータと言える。この経験というデータは実験によって得られる。経験は自分が探求している「対象」に光を当てる。上述の成長段階の調査に即して言うなら、「検査面接」によって、自分自身に関する考えが明らかになっていく（ここで言う「考え」とは、その人の経験のいくつかの側面、つまり「どのように自分が感じて、行動するのか」を説明するもの）。データや経験は自己省察を推進し、別の視点や認識法を与えてくれる。
③ 最後に、この経験やデータは、社会からの承認や拒否という判断を受けなければならない。それには複合的視点からのフィードバックが必要で、特に実験を実施した側からのフィードバックが重要。研究者個人の主観的な経験には限りがあるため、こうした複合的なフィードバックを行うと、さらに正しい評価が得られる。

私たちの願いは、コーチングという分野の「中で」研究が行われようになることです。これは「内側」の人々により行われる研究で、コーチは自分の活動を分析して考察し、そこから学び、アイデアを応用し、実験を行い、結果を報告します。また、コーチングに「対する」研究、つまりコーチング分野の「外側」の人による研究が行われることも期待しています。ではコーチングは何を行っているのでしょうか？　そしてその成果は他の活動分野とどのように関係しているのでしょうか？

コーチングの成果は「人間の成長と変化」という、大きな枠組みの中で、どのように位置づけられるのでしょうか。そこでは、事例史、査読済み論文、測定データが必要となりますが、これらはインテグラル・モデルの次の4つの主な視点に基づいたものでなければなりません。

- 内面から見た個人の視点
- 測定可能で目に見える行動の領域
- 外的システム（ビジネス・コーチングでの「企業」、ライフ・コーチングでの「個人の対人関係」や「財務状態」など）に与える影響

- 文化に対する解釈、コーチ間の共通認識の度合い

　エビデンス・ベースト・コーチング[★1]は、他の学問の領域と論理的な関連づけが行えれば、経験的（実験的・実践的）知識と理論的知識に根ざしたものになるに違いありません。

●───エピローグ

　私たちの探求の旅も、終わりの段階となりました（少なくとも本書ではこれが最終章になります）。探求をあきらめざるを得なかった魅力的な脇道もいくつかありました。どうぞ皆さんは、T・S・エリオットの美しい詩にあるように「通ったことのない小道を抜け／まだ開けたことのない扉に向かい／薔薇の園へと入っていく[★2]」ことができますように。そしてみなさんが（特にみなさん自身の）コーチングの理論と実践を作り上げ、それを探求し、冷徹な目で考察していけますように。

　探求の旅は、何かを探し求める特別な旅です。そして、多くの場合、そこで見つかるものは、自分が期待していたものではありません。素晴らしい探求の旅の中で見つかるものは、自分自身に対する、以前よりも深められた理解です。私たちは出発した時とは別人となって戻ってくるのです。

　1977年に、テリー・ブルックスは『シャナラの剣』[★3]というファンタジー小説を書きました。この作品は、主人公シェイ・オムズフォードが、『指輪物語』のサウロンのような「闇の王」を倒すために、題名になっている「シャナラ」という魔法の剣を探す冒険物語です。シェイは剣を見つけますが、それは役に立たないものに思えます。剣は、超人的な力や透明になる能力どころか、全く何も授けてくれないからです。しかし、彼はその剣だけを頼りに「闇の王」と戦わなければなりません。彼は、その剣が「本当の自分」──自分の良い部分、悪い部分、醜い部分──をつぶさに教えてくれるものであることを知ります。剣はごまかしや言い訳のない真実を示します。それは自己を発見するためのお守りのようなものです。他には何もしてくれません。シェイは自分自身との対峙に耐えます。そして自分のすべてを受け入れます。

「闇の王」が剣に触れると、「闇の王」もまた自分という存在に対峙しなければならなくなります。彼は「悪」という存在であるため、自己発見に耐えることができません。「闇の王」は、心の底で自分を否定していたため滅ぶのです。

　お守りや魔法などは、私たちに自分自身のことを教えてくれます。ある人は、この宝物を、自分自身の外側に出て、遠くに行くことで得ようとします。また自分自身の内側を深く探ることで、それを求める人もあります。どちらの旅人も同じ場所にたどり着きます。それぞれ違う道をたどって、同じ１つの目的地に至ったことを知るのです。私たちは世界の一部であり、「自己認識」とは世界を知ることなのです。その他に知るべきことがあるでしょうか。

　コーチングが皆さんの歩みの助けとなりますように。皆さんの探求の旅が素晴らしいものになることを心よりお祈りしています。

付録

●──コーチングと他のアプローチ法の違い

「コーチとはどのような存在なのか」、「コーチは何をするのか」ということについては、未整理の部分が存在しています。特にビジネスの世界ではそれが顕著なようです。これを明確にする1つの方法が、「コーチングではない」ものを示すことで、コーチングの境界を定めることです。

こうすることで、コーチングは他の領域から分離されます。他と重なる部分があるかもしれませんが、コーチングが他とは違う独自の個性を持っていることがはっきりわかるようになります。次の図は、これらの違いを示したものです。

右側にあるのは、対話の際に「専門家」が経験的知識を発揮する職業です。左側にあるのは、対話の際に「クライアント」が経験的知識を発揮する職業です。上側は専門家の働きが主に「質問を行う」もので、下側は主に「答えを与える」ものです。「友人」は図の中心に位置します。友人はどの部分の役割も行いますが、友人に料金を支払うことはありません。

職業間で重複するものもありますが、一般に、コンサルタント、マネジャー、教師、トレーナー、メンターは、右下の象限に当てはまります。これらは各分野のエキスパートとみなされ、答えを人に与えるために雇われます。

●──コンサルタント

コンサルタントは、ビジネス・システム全体を扱います。システム全体について診断を行い、提案を示し、答えを出します。コンサルタントの答えには、重要人物のコーチングが含まれる場合があります。

コンサルタントが自らコーチングを行う場合もありますが、この場合、コンサルタントの「肩書き」を外し、コーチの「肩書き」を見せる必要があります。

（たくさんの「肩書き」を持っているコンサルタントもいます）。

コンサルタントについては、変化をうまく取り入れるために、コーチングを提案することが徐々に増えてきています。変化の敵は惰性であり、惰性は習慣から生じます。組織の習慣とは既定の手続きであり、個々人の習慣とは主な役割を持った人たちの限定された思考習慣のことです。コンサルタントは、新しいシステムを計画することがありますが、限定された古い考え方を持ち続ける人に新しく計画されたシステムを押しつけようとすると失敗することになります。このため、コーチを使い、キーパーソンとなる人たちに違う考え方をするよう促し、組織の変化を実現します。

図 付録.1　コーチングと他のアプローチの違い

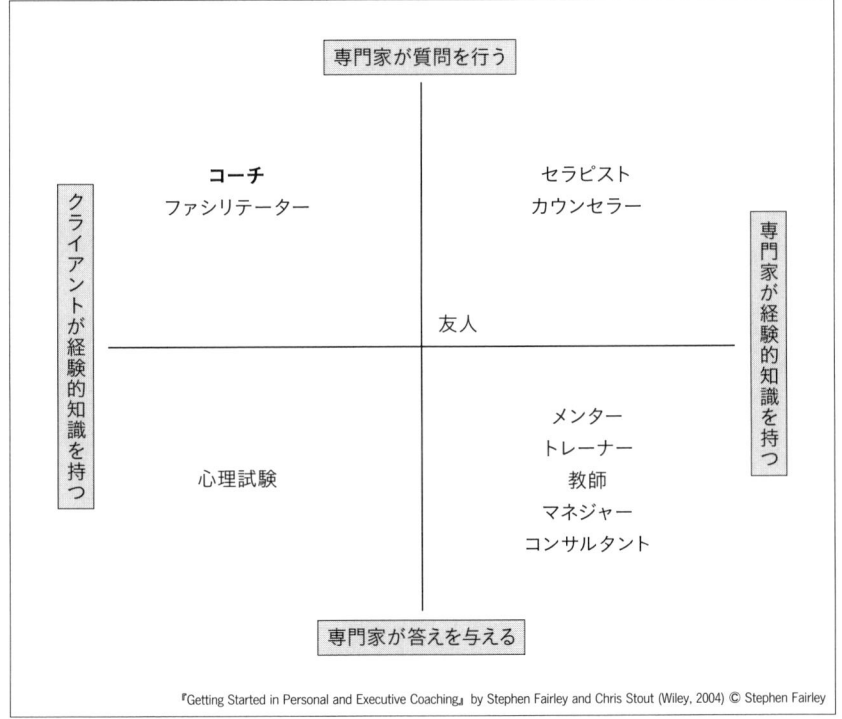

	専門家が質問を行う	
クライアントが経験的知識を持つ	コーチ ファシリテーター	セラピスト カウンセラー
	友人	専門家が経験的知識を持つ
	心理試験	メンター トレーナー 教師 マネジャー コンサルタント
	専門家が答えを与える	

『Getting Started in Personal and Executive Coaching』 by Stephen Fairley and Chris Stout (Wiley, 2004) © Stephen Fairley

同様に、ビジネス・トレーナーは、トレーニングをサポートするものとしてコーチングを提案し、多くの場合、フォローアップ・コーチングを行いますが、この理由は明らかです。あまりによく見かけることですが、マネジャーたちは週末に豪華なホテルに行き、そこで優れたトレーニングを受けて、新しいスキルと新しい思考法を学び、素晴らしい時間を過ごします。月曜日の朝には、情熱にあふれ、学んだことを実行したいと思って仕事に戻ります。

　しかし、職場はトレーニング環境と同じではありません。いつもの人間関係や習慣が、彼らをいつもの様式に引き戻そうとします。トレーニングを受けていない職場の同僚たちは、トレーニングのことについては何も知りません。同僚たちは、新たな情熱にあふれたマネジャーをいつもと同じように扱います。やがて（通常は約３週間かかります）、過去の習慣に戻ることへの誘惑が強くなります。最初の情熱は消えて、習慣が力を持ち始め、マネジャーはお決まりの仕事をこなす状態に戻ります。マネジャーに動機と変化を維持する手助けができるコーチがいない限り、このようになってしまいます。コーチの手助けがあれば、長期間にわたる違いが生じます。学んだことを忘れないようにするコーチングがなければ、多額の費用をかけたトレーニングも時間の無駄になるのです。

◉──マネジャー

　マネジメントには多くのスタイルがありますが、最終的に、マネジャーは仕事の結果に責任を負うため、彼らは（自分に関係する範囲で）最も効率的・効果的に仕事をする部下に対して、強い個人的関心を持ちます。コーチはこのような関心を持ちません。

　マネジャーは、結果に対して給与を得ます。また他人に仕事の指示を与える権限を持ち、部下はその会社で働き続けたければそれに従います。こうした構造を考えると、マネジャーはコーチにはなれません。ただし、マネジャーは、結果を得るために部下を動機づけ、刺激し、奮起させる様々な手段を持っていれば、特定の状況でコーチング・スキルを用いることができます。徐々に、マネジャーは自分の武器となるスキルにコーチングを加えるようになってきています。

コーチング・スキルがあれば、マネジメント方法の選択肢が増えます。それでも、マネジャーは、多くの状況で、これまでと変わらず部下に仕事の指示を与えることになります。これは古いマネジメントの枠組みです。マネジャーは、問題の解決方法について、答えや指示、あるいはヒントを与えることが必要です。そのため、自分がその問題を理解できるように質問を行います。これは適切なことで、多くの状況でうまくいきます。特に、スピードが重要である場合や、緊急事態の場合、または、解決策が技術的なものである場合（管理法が教育のようなものである場合）に有効です。「コーチとしてのマネジャー」という新しい枠組みでは、マネジャーは、「相手自身」が問題を理解し、自分で問題を解決できるように質問します。コーチングでは、個人をより創造的・自立的にし、自分の仕事について権限を与えます。

　マネジャーは、問題が感情に関係するものである場合、コーチングのアプローチを採用する必要があります。また、コーチングのアプローチ法をキャリア開発に用いることも可能です。同様にマネジャーは、従業員に指示を出したい気持ちを抑える場合には、1日のうちの「コーチングをする時間」を活用し、指

図 付録.2　マネジメントの枠組み

古いマネジメントの枠組み
マネジャーが質問するのは、マネジャー自身が問題を理解し、その解決方法について、人に答えや指示、またはヒントを与えるためである。

↓

新しいマネジメントの枠組み
マネジャーが質問するのは、個人が問題を理解し、問題を自分で解決できるようにするためである。

示の代わりに、相手が自分で問題を解決する助けになる質問をすることもできます。

　マネジャーがコーチングを行うのは難しいことです。従業員の問題はマネジャーの問題になることがあるかもしれませんが、それに対してコーチはクライアントの問題に巻き込まれてはならないからです。現在、「コーチとしてのマネジャー」には大きな関心が寄せられています。「マネジャーの立場」で振る舞う時と、「コーチの立場」で振る舞う時を見極めることが非常に重要になっています。

　残念ながら、多くのマネジャーは、「コーチの役割」を身につけるまでは、「マネジャーの立場」から解放されないようです。今後、コーチングは、人が仕事でもっと良い成績を上げ、もっと良い従業員になるための手段として見なされるようになっていくでしょう。従業員が間違ったことをした場合にのみ「コーチング」を受けるということもあるのかもしれませんが、コーチングは「ご褒美」の存在であるべきです。これは、組織内の上から下までのあらゆるレベルでコーチングが活用され、価値が認められる、コーチングの文化を創ることを意味します。

●——メンター

　メンターとコーチはよく混同されますが、メンターはコーチではありません。メンターとは、自分の分野で豊かな知識と経験を持ち、経験の少ない人たちにそれらを伝える者です。「メンター」という言葉は、ギリシア神話から来たものです。ホメロスは、トロイア戦争とその後のオデュッセウスの冒険を描いた英雄叙事詩『オデュッセイア』の中で、その由来を語っています。

　イタケーの王オデュッセウスは、パリスがヘレネ（伝説の美女）を夫のメネラオス（アガメムノンの弟）のもとから連れ去った後、トロイアを滅ぼすために、アガメムノンと共に航海に出たギリシア人の1人でした。オデュッセウスは、イタケーを出る時、息子のテレマコスをメントールという老人に預け、息子にメントールが持つ英知を授けてほしいと頼みました。

　この語が今日の言語に引き継がれ、優れた知識を持つ者、生きる術を教える

賢明な教育者を意味するようになったのです（実際には、教育を行ったのは、メントールに姿を変えた女神アテナでした。ホメロスはメントールを弱く無能な男として描いています）。頼りになる助言者としてのメントールは、フランス人作家フランソワ・フェヌロンの作品『テレマコスの冒険』の中で、大変強い人物として描かれています。

現在では、メンターとは一般的には、経験の少ない年下の同僚を指導しサポートする経験豊かなビジネスパーソンを指します。そのため、メンターの由来は、コーチング・モデルよりも徒弟モデルに求められます。メンターは通常、クライアントのための基本方針を持っていますが、コーチにはそうした基本方針はありません。

●──教師とトレーナー

コーチングは、教育でもトレーニングでもありません。教師とトレーナーは、自分が担当する科目の専門家であり、知識やスキルを伝えることが期待されています。コーチはプロセスを扱いますが、内容は伝えません。トレーニングや教育には、大抵、教師によって定められた明確な目標や期待される結果があります。受講者は自分が望むものを得ることを期待し、それを学ぶために教育やトレーニングを受けます。

ジョセフは、ポルトガル語を学びたいと思い、英語、ポルトガル語、フランス語に堪能であるレアンドロという教師を雇いました。レッスン中、2人はポルトガル語だけで話をしました（ただし、適切な言葉が見つからずジョセフが言葉に詰まってしまった時は除きます）。

レッスンを進めながら、レアンドロは重要な語彙や文法を紙に書き出して行きました。他の教師なら、本を通読したり、文法を学習したり、ポルトガル語の単語やフレーズを暗唱したりといった別の方法を用いるかもしれません。ジョセフがポルトガル語の学習についてコーチに相談した時、コーチは、彼を教えたり、何かを提案することはせずに、ポルトガル語の学習とは何を意味するのか、ポルトガル語が話せるようになったことをどのようにして判断するのか、また、ポルトガル語を学習することの何が彼にとって重要なのかを探る手

助けをしました。

2人は、ジョセフがすでに持っている外面的・内面的資源、ジョセフが必要とする外面的・内面的資源、さらに、最も早く簡単に学習できる方法を探りました。ジョセフはすべてを明確にしました。

教育が徐々に変化してコーチングになるのは、より高いレベルで教師が何の制限も設けずに1つのテーマを学生と一緒に追求する時だけです。ここでは、教師は答えを押しつけず、生徒がそのテーマについて考え抜くことを手助けすることになります。これは大学のゼミなどで行われる教育の形です。

●──セラピストとカウンセラー

図の右上のとおり、コーチは、セラピストでもカウンセラーでもありません。セラピーはクライアントの心の健康を扱うものです。コーチングはクライアントの心の成長を扱います。コーチングのクライアントは、十分に仕事をこなすことができ、医師の治療が必要なうつ状態には陥っていない成人です。コーチングはクライアントが自分の健康問題にどう対応するかを手助けする場合がありますが、コーチが直接に健康問題に対処することはありません。ほとんどの形態のセラピーは、苦痛や不快から逃げることが主な動機となっているクライアントを扱います。そのようなクライアントが問題に対応している方法は強いストレス下にあり、重大な障害が起こっている可能性があります。セラピーは病気を治療するものです。クライアントは何かを治したいと思っており、悪いところがあると知っています。

1から10の点数で評価される満足感の「物差し」を考えてみましょう。1は「強い不満」を表し、クライアントがほとんど仕事をこなせていません。10は、クライアントは満足を感じ、大きな成果を出していることを意味します。中間の5は、「不満はない」「それほど悪くない」を意味します。セラピーのクライアントは、1から4の評価点をつける傾向があります。そうしたクライアントは5を得ることを望んでいます。普通に仕事をこなせるようになったら、セラピストは、評価点をさらにあげようとするかもしれません。セラピストのとこ

ろへ行って、「満足を感じていますが、もっと満足できるようにしてください。」と言う人はいません。しかし、これはコーチングのクライアントがよく言うことです。コーチングのクライアントの評価点は、最低でも4または5から始まる傾向があります。場合によっては、7または8から始まります。コーチは、クライアントの評価点を9や10に上げたり、場合によっては「物差し」をもっと目盛りの沢山あるものにすることを目指します。これは10という満足感の数字は単にそのクライアントが認識した限界にすぎないためです。

　また、セラピーの多くは、過去に原因を求めます。コーチングは、主に、現在の状況を探り、未来を計画します。クライアントがどのように今の状況に至ったかは、今の状況に対処することに比べると、あまり重要ではありません。さらに、セラピーはクライアントの「感覚」に強い関心を向け、クライアントはたいていの場合、あらゆる感情を経験することになります。苦痛を与える感情を探り、それを解消することに焦点を当てることも多いのです。コーチングのコーチはこのようなことをしません。コーチングの中でいくつかの感情が明らかになることはありますが、それが主軸となることはありません。コーチングの中心は、行動（action）と新しい行動様式（behavior）にあります。感情は、

図 付録 .3　満足感の「物差し」

```
1------2------3------4------5------6------7------8------9------10

非常に不満                                          非常に満足
非常に悪い結果                                    非常に良い結果
セラピー                                              コーチング
```

救済されたり解放されることよりも、新しい自己洞察によって生まれ、クライアントは、過去よりも、現在と未来について考えるように促されます。

多くの場合、セラピーで前提とされるのは、自己洞察のみが変化をもたらすということですが、コーチにとって、気づきは最初のステップにすぎません。例えばあるクライアントが自分の問題や経緯、その変遷のパターンをすべて理解しているとしましょう。行動を伴わずにこのクライアントが気づきを得たとしても、クライアントは依然として事態を変えるには自分は無力だと感じており、問題は行き詰まったまま残ってしまうのです。

●──ファシリテーター

コーチはファシリテーターではありません。ファシリテーターはグループと協力し、そのグループが意思決定を行う手助けをします。理想的なファシリテーターは、プロセスを支援しますが、その内容には口を出さず、提案もめったに行いません。グループが意思決定を行ったり、合意に至った時点で、ファシリテーターの仕事は終わります。「ファシリテーター（facilitator）」という言葉は、「物事を容易に行わせる人」を意味するラテン語から来ています。コーチの方が、1対1で仕事をすることが多くなります（ファシリテーターは1対1で仕事をすることはありません）。また、コーチの方が、コーチングで自分の人間性を見せる機会がずっと多いのです。

参考文献

コーチング関連書

1. Auerbach, J. (2005) *Seeing the Light: What Organizations Need to Know About Executive Coaching*, Collage of Executive Coaching.
2. Dilts, R. (2003) *From Coach to Awakener*, Meta Publications. ロバート・ディルツ著『ロバート・ディルツ博士のNLPコーチング——クライアントに「目標達成」「問題解決」「人生の変化」をもたらすNLPコーチングの道具箱』(佐藤志緒訳, 田近秀敏監訳, ヴォイス, 2006年).
3. Doyle, J. (1999) *The Business Coach: A Game Plan for the New Work Environment*, Wiley.
4. Downey, M. (1999) *Effective Coaching*, Orion.
5. Flaherty, J. (1999) *Coaching: Evoking Excellence in Others*, Butterworth-Heinemann. J・フラーティ著『コーチング5つの原則 コーチング選書01』(桜田直美訳, ディスカヴァー・トゥエンティワン, 2004年).
6. Fortgang, L. (2001) *Living Your Best Life*, Thorsons. ローラ・バーマン・フォートガング著『生き方のコーチング——あなたの中の「黄金の地図」が見つかる』(米山裕子訳, PHP研究所, 2005年).
7. Fournies, F. (2000) *Coaching for Improved Work Performance*, McGraw-Hill.
8. Gallwey, T. (1974) *The Inner Game of Tennis*, Bantam Books. ティモシー・ガルウェイ著『新インナーゲーム——心で勝つ!集中の科学』(後藤新弥訳, 日刊スポーツ出版社, 2000年).
9. Hargrove, R. (1995) *Masterful Coaching*, Pfeiffer.
10. Hunt, J. & Weintrub, J. R. (2002) *The Coaching Manager: Developing Top Talent in Business*, Sage Publications.
11. Kauffman, C. (2007) *Pivot Points: Small Choices with the Power to Change Your Life*, Evans Press.
12. Landsberg, M. (1999) *The Tao of Coaching*, Harper Collins. マックス・ランズバーグ著『駆け出しマネジャー アレックス コーチングに燃える』(村井章子訳, ダイヤモンド社, 2004年).
13. Logan, D. & King, J. (2004) *The Coaching Revolution*, Adams Media.
14. Laske, O. (2005) *Measuring Hidden Dimensions*, IDM Press.
15. Lyle, J. (2002) *Sports Coaching Concepts: A Framework for Coach's Behaviour*, Routledge.
16. O'Connor, J. & Lages, A. (2004) *Coaching with NLP*, Thorsons. ジョセフ・オコナー, アンドレア・ラゲス著『NLPでコーチング』(小林展子, 石井朝子訳, チーム医療, 2006年).
17. O'Nill, M. B. (2000) *Executive Coaching with Backbone and Heart*, Jossey-Bass.
18. Rossinski, P. (2003) *Coaching Across Cultures*, Nicholas Brealey.
19. Sieler, A. (2003) *Coaching to the Human Soul*, Newfield Publishing.
20. Skiffington, S., & Zeus, P., (2003) *Behavioural Coaching*, McGraw-Hill.
21. Stober, D. & Grant, A. (2006) *Evidence-Based Coaching Handbook*, Wiley.
22. Whitmore, J. (2002) *Coaching for Performance*, Nicholas Brealey. ジョン・ウィットモア著『はじめのコー

チング──本物の「やる気」を引き出すコミュニケーションスキル』(清川幸美訳, ソフトバンクパブリッシング, 2003 年).
23. Whitworth, L, Kimsey-House, H. & Sandahl, P. (1998) *Co-Active Coaching*, Davies-Black. ヘンリー・キムジーハウス, キャレン・キムジーハウス, フィル・サンダール著『コーチング・バイブル──本質的な変化を呼び起こすコミュニケーション　第 3 版』(CTI ジャパン訳, 東洋経済新報社, 2012 年).
24. Zeus, P. & Skiffington, S. (2000) *The Complete Guide to Coaching at Work*, Mcgraw-Hill.
25. Zeus, P. & Skiffington, S. (2000) *The Coaching at Work Tool Kit*, Mcgraw-Hill.

一般書

1. Argyris, C. (1990) *Overcoming Organisational Defences*, Prentice-Hall.
2. Austin, J. (1973) *How to Do Things with Words*, Harvard University Press. J・L・オースティン著『言語と行為』(坂本百大訳, 大修館書店, 1978 年).
3. Bandler, R. and Grinder, J. (1975) *The Structure of Magic Volume1*, Science and Behavior Books.
4. Bandler, R. and Grinder, J. (1975) *The Structure of Magic Volume2*, Science and Behavior Books.
5. Bandura, A. (1997) *Self Efficacy*, W. H. Freeman. アルバート・バンデューラ編『激動社会の中の自己効力』(本明寛, 野口京子監訳, 金子書房, 1997 年).
6. Barrett, R. (1998) *Liberating the Corporate Soul*, Heinemann. リチャード・バレット著『バリュー・マネジメント──価値観と組織文化の経営革新』(駒澤康子訳, 春秋社, 2005 年).
7. Basseches, M. (1984) *Dialectical Thinking and Adult Development*, Ablex Publishing.
8. Bateson, G. (1972) *Steps to an Ecology of Mind*, Ballantine Books. グレゴリー・ベイトソン 著『精神の生態学　改訂第 2 版』(佐藤良明訳, 新思索社, 2000 年).
9. Beck, D. and Cowan, C. (1996) *Spiral Dynamics*, Blackwell.
10. Beme, E. (1964) *Games People Play*, Penguin Block,P.(2000) *Flawless Consulting*, Jossey-bass Pfeiffer. エリック・バーン著『人生ゲーム入門──人間関係の心理学　改訂版』(南博訳, 河出書房新社, 1976 年).
11. Chuang Tzu, *Basic Writings* (Translated by Burton Watson, 1964), Columbia University Press.
12. Cialdini, R. (1998) *Influence*, Harper Collins. ロバート・B・チャルディーニ著『なぜ、人は動かされるのか　第 2 版』(社会行動研究会訳, 誠信書房, 2007 年).
13. Cook-Greuter, S. Post Autonomous Ego Development from cookgsu@comcast.net.
14. Csikszenthmihalyi, M. (1991) *Flow*, Harper.
15. Csikszenthmihalyi, M. and Csikszenthmihalyi, I. (eds) (2006) *A Life Worth Living: Contributions to Positive Psychology*, Oxford University Press.
16. The Dalai Lama & Culter, H. (1998) *The Art of Happiness*, Hodder (Riverhead). ダライ・ラマ 14 世, ハワード・C・カトラー著『ダライ・ラマ こころの育て方』(今井幹晴訳, 求竜堂, 2000 年).
17. De Ropp, R. (1968) *The Master Game*, Dell Publishing Company.
18. Drucker, P. (1989) *The New Realities*, Harper Collins. P・F・ドラッカー著『新訳 新しい現実──政治、経済、ビジネス、社会、世界観はどう変わるか』(上田惇生訳, ダイヤモンド社, 2004 年).
19. Ekman, P. & Davidson, R. (1994) *The Nature of Emotion: Fundamental Questions*, Oxford University Press.
20. Gardner, H (1993) *Frames of Reference*, Fontana Press.
21. Gebser, J. (1985) *The Ever Present Origin*, Ohio University Press.
22. Gilligan, C. (1982) *In a Different Voice*, Harvard University Press. キャロル・ギリガン著『もうひとつの声──男女の道徳観のちがいと女性のアイデンティティ』(生田久美子, 並木美智子訳, 川島書店, 1986 年).
23. Fisher, R. and Ury, W. (1983) *Getting to Yes*, Penguin. ロジャー・フィッシャー, ウィリアム・ユーリー著

『ハーバード流交渉術――必ず「望む結果」を引き出せる!』（岩瀬大輔訳, 三笠書房, 2011 年）.
24. Fitz-enz, J. (2000) *The ROI of Human Capital*, American management Association. ジャック・フィッツエンツ著『人的資本の ROI』（田中公一訳, 生産性出版, 2010 年）.
25. Flores, F. & Solomon, R. (2001) *Building Trust*, Oxford University Press. ロバート・C・ソロモン, フェルナンド・フロレス著『「信頼」の研究――全てのビジネスは信頼から』（上野正安訳, シュプリンガー・フェアラーク東京, 2004 年）.
26. Friedman, T. (2005) *The World Is Flat*, Penguin (Farrar, Straus & Giroux). トーマス・フリードマン著『フラット化する世界――経済の大転換と人間の未来　普及版』（上；中；下, 伏見威蕃訳, 日本経済新聞出版社, 2010 年）.
27. Gladwell, M. (2002) *The Tipping Point*, Little, Brown and Company (Back Bay Books). マルコム・グラッドウェル著『急に売れ始めるにはワケがある――ネットワーク理論が明らかにする口コミの法則』（高橋啓訳, ソフトバンククリエイティブ, 2007 年）.
28. Goffee, R. & Jones, G. (1998) *Character of a Corporation*, Harper Collins.
29. Goleman, D. (1995) *Emotional Intelligence*, Bloomsbury(Bantan). ダニエル・ゴールマン著『EQ――こころの知能指数』（土屋京子訳, 講談社, 1998 年）.
30. Hall, E. and Hall, M. (1990) *Understanding Cultural Differences*, Doubleday.
31. Herrigel, E. (1953) *Zen and the Art of Archery*. オイゲン・ヘリゲル著『弓と禅』（稲富栄次郎, 上田武訳, 福村出版, 1981 年）.
32. Hofstede, G. (1997) *Cultures and Organizations*, McGraw-Hill. G・ホフステード著『多文化世界――違いを学び共存への道を探る』（岩井紀子, 岩井八郎訳, 有斐閣, 1995 年）.
33. Kanter, R. Moss. (1983) *The Change Masters: Innovation for Productivity in the American Corporation*, Simon & Schuster. ロザベス・モス・カンター著『ザ・チェンジ・マスターズ――21 世紀への企業変革者たち』（長谷川慶太郎監訳, 二見書房, 1984 年）.
34. Kauffman, S. (1995) *At Home in the Universe*, Penguin. スチュアート・カウフマン著『自己組織化と進化の論理』（米沢富美子監訳, 森弘之, 五味壮平, 藤原進訳, 筑摩書房, 2008 年）.
35. Kegan, R. (1994) *In Over Our Heads: The Demands of Modern Life*, Oxford University Press.
36. King, P. & Kitchener, K. (1994) *Developing Reflective Judgment*, Jossey-Bass.
37. Kirkpatrick, D. L. (1994) *Evaluating Training Programs: the Four Levels*, Berrett-Koehler.
38. Kohn, A. (1993) *Punished by Rewards*, Houghton Miffin. アルフィ・コーン著『報酬主義をこえて』（田中英史訳, 法政大学出版局, 2011 年）.
39. Kolb, D. (1984) *Experiential Learning Experience As the Source of Learning and Development*, Prentice-Hall.
40. Koplowitz, H. (1990) *Unitary Consciousness and the Highest Development of Mind*, Praeger.
41. Laing, R. D. (1999) *The Politics of the Family*, Routledge. R・D・レイン著『家族の政治学』（阪本良男, 笠原嘉訳, みすず書房, 1998 年）.
42. Loevinger, J. (1987) *Paradigm of Personality*, Freeman.
43. Lyotard, J. F. (1993) *The Post Modern Explained*, University of Minnesota Press.
44. Maslow, A. (1998) *Towards a Psychology of Being*, Wiley.
45. Maturana, H. & Varela, F. (1987) *The Tree of Knowledge: The Biological Roots of Human Understanding*, Shambhala.
46. Morgan, G. (1986) *Images of Organisation*, Sage.
47. O'Connor, J. (2000) *The NLP Workbook*, Thorsons. ジョセフ・オコナー著『NLP 実践マニュアル――神経言語プログラミング』（ユール洋子訳, チーム医療, 2007 年）.
48. Peterson, C., & Seligman,M.(2004) *Character Strength and Virtures: A Handbook and Classification*, Oxford

University Press.
49. Plaget, J. (1952) *The Origins of Intelligence in Children*, Norton.
50. Pinker, S. (1997) *How the Mind Works*, Penguin. スティーブン・ピンカー著『心の仕組み——人間関係にどう関わるか』（上；中；下，椋田直子，山下篤子訳，日本放送出版協会，2003 年）．
51. Rogers, C. (1980) *A Way of Being*, Houghton Mifflin. カール・ロジャーズ著『人間尊重の心理学——わが人生と思想を語る　新版』（畠瀬直子訳，創元社，2007 年）．
52. Searle, J. (1969) *Speech Acts: An Essay in the Philosophy of Language*, Cambridge University Press. J・R・サール著『言語行為——言語哲学への試論』（坂本百大，土屋俊訳，勁草書房，1994 年）．
53. Schein, E. (1999) *Process Consultation Revisited*, Addison-Wesley. E・H・シャイン著『プロセス・コンサルテーション——援助関係を築くこと』（稲葉元吉，尾川丈一訳，白桃書房，2002 年）．
54. Schein, E. (1988) *Process Consultation Lessons for Mangers and Consultants Volumes 1 and 2*, Addison-Wesley.
55. Seligman, M. (2003) *Authentic Happiness*, Nicholas Brealey. マーティン・セリグマン著『世界でひとつだけの幸せ——ポジティブ心理学が教えてくれる満ち足りた人生』（小林裕子訳，アスペクト，2004 年）．
56. Senge, P. (1992) *The Fifth Discipline*, Random House(Currency). ピーター・M・センゲ著『学習する組織——システム思考で未来を創造する』（枝廣淳子，小田理一郎，中小路佳代子訳，英治出版，2011 年）．
57. Toffler, A. (1971) *Future Shock*, Pan. A・トフラー著『未来の衝撃』（徳山二郎訳，中央公論社，1982 年）．
58. Torbert, W. (1991) *The Power of Balance: Transforming Self, Society, and Scientific Enquiry*, Sage.
59. Trompenaars, F. (1997) *Riding the Waves of Culture*, Nicholas Brealey (McGraw-Hill). フォンス・トロンペナールス，チャールズ・ハムデン＝ターナー著『異文化の波——グローバル社会，多様性の理解』（須貝栄訳，白桃書房，2001 年）．
60. Waldrop, M. (1993) *Complexity*, Simon & Schuster. M・ミッチェル・ワールドロップ著『複雑系——科学革命の震源地・サンタフェ研究所の天才たち』（田中三彦，遠山峻征訳，新潮社，2000 年）．
61. Wilber, K. (2006) *Integral Spirituality*, Integral Books. ケン・ウィルバー著『インテグラル・スピリチュアリティ』（松永太郎訳，春秋社，2008 年）．
62. Wilber, K. (1996) *A Brief History of Everything*, Shambhala. ケン・ウィルバー著『万物の歴史　新装版』（大野純一訳，春秋社，2009 年）．

論文・記事

1. Anderson, M. (2001) *Executive Briefing: Case Study on the Return on Investment of Executive Coaching*, Metrix Global LLC.
2. Brock, V. (2006) *Who's Who in Coaching- Executive Summary*.
3. CIPD Survey March 2005 *Who Learns at Work?*.
4. Condon, W. (1982) *Cultural Microrhythms* in Davis(ed.), *Interactional Rhythms: Periodicity in Communicative Behaviour*, Human Sciences Press.
5. Douglas, C. & McCauley, C. D. (1999) 'Formal Developmental Relationships: A Survey of Organizational Practices', *Human Resource Development Quarterly* 10.
6. Von Foerster, H. (1994) 'Ethics and Second Order Cybermetics', SEHR,4(2): *Constructions of the Mind*.
7. Frederickson, B. & Losada, M. (2005) 'Positive Affect and the Complex Dynamics of Human Flourishing', *American Psychologist* 60.
8. Grant, A. (2003) Keynote Address at the Coaching Conference, University of Sydney.
9. Graves, C. (1981) 'The Emergent, Cyclical Double Helix Model of the Adult Human Biosocial System', Handout for presentation to World Future Society, Boston, mass, May 1981(Complied for Dr. Graves by

Chris Cowan).
10. Graves, C. 'Levels of Existence——An Open System Theory of Values', *Journal of Humanistic Psychology*, November 1970.
11. Hicks, M. & Peterson, D. (1999) 'The Development Pipeline: How Really Learn', *Knowledge Management Review* 9.
12. Jarvis, J. (2004) *Coaching and Buying Coaching Services – A CIPD Guide*, Chartered Institute of Personnel Development.
13. Laske, O. (2004) 'Can Evidence Based Coaching Increase ROI?' , *International Journal of Evidence Based Coaching and Mentoring* , 2 (2).
14. Losada, M. (1999)'The Complex Dynamics of High Performance Teams; *Mathematical and Computer Modeling* 30.
15. Peterson, D. & Hicks, M. (1999) 'Strategic Coaching: Five Ways to Get the Most Value', *Human Resources Focus* 76 (2).
16. Peterson, C. & Seligman, M. (1984) 'Casual Explanations as a Risk Factor for Depression: Theory and Evidence', *Psychological Review* 91(3).
17. Peterson, C., Seligman, M. & Valliant, G. (1988) 'Pessimistic Explanatory Style Is a Risk Factor for Physical Illness: A Thirty-Five year Longitudinal Study', *Journal of Personality and Social Psychology* 55/
18. Sheldon, K. and Elliot, A. (1988) 'Not All Personal Goals Are Personal', *Personality and Social Psychology Bulletin* 24(5).
19. Western, D. (2006) 'Confirmation Bias,(unpublished) paper presented to the 2006 Annual Conference of the Society for Personality and Social Psychology.

原注

第1章 混沌の縁にあるコーチング
1. Schein, E. (1988) *Process Consultation, Lessons for Managers and Consultants Volume 1 and 2*.
2. Schein, E. (1999) *Process Consultation Revisited*. E・H・シャイン著『プロセス・コンサルテーション――援助関係を築くこと』(稲葉元吉, 尾川丈一訳, 白桃書房, 2003年).
3. Douglas, C. & McCauley, C. D. (1999) *Formal Developmental Relationships: A Survey of Organisational Practices*, Human Resource Development Quarterly 10.
4. Downey, Myles. (1999) *Effective Coaching*.
5. Peterson, D. and Hicks, M. (1999) *Strategic Coaching, Five ways to get the most Value*, Human Resources Focus Volume 76, No.2.
6. Whitmore, J. (2002) *Coaching for Performance*. ジョン・ウィットモア著『はじめのコーチング』(清川幸美訳, 2003年, ソフトバンクパブリッシング).
7. Whitworth, L., Kimsey-House, H. & Sandahl, P. (1998) *Co-Active Coaching*. ヘンリー・キムジーハウス, キャレン・キムジーハウス, フィル・サンダール著『コーチング・バイブル――本質的な変化を呼び起こすコミュニケーション 第3版』(CTIジャパン訳, 東洋経済新報社, 2012年).
8. O'Connor, J. & Lages, A. (2004) *Coaching with NLP*. ジョセフ・オコナー, アンドレア・ラゲス著『NLPでコーチング』(小林展子, 石井朝子訳, チーム医療, 2006年).
9. Sieler, A. (2003) *Coaching to the Human Soul*.
10. Auerbach, Jeffrey. (2005) *Seeing the Light: What Organisations Need to Know About Executive Coaching*.
11. www.peer.ca/coachingschools.html.

第2章 コーチングの歴史 人物編
1. Dawkins, R. (1976) *The Selfish Gene*.
2. Gallwey, T. (1974) *The Inner Game of Tennis*. ティモシー・ガルウェイ著『新インナーゲーム――心で勝つ！集中の科学』(後藤新弥訳, 日刊スポーツ出版社, 2000年).
3. Brock, V. (2006) *Who's Who in Coaching – Executive Summary* (Privately published).
4. www.thomasleonard.com.
5. www.acto1.com.
6. Whitmore, J. (2002) *Coaching for Performance*, Nicholas Brealey. ジョン・ウィットモア著『はじめのコーチング――本物の「やる気」を引き出すコミュニケーションスキル』(清川幸美訳, ソフトバンクパブリッシング, 2003年).
7. Herrigel, E. (1953) *Zen and the Art of Archery*. オイゲン・ヘリゲル著『弓と禅』(稲富栄次郎, 上田武訳, 福村出版, 1981年).
8. Gladwell, M. (2001) *The Tipping Point*. マルコム・グラッドウェル著『急に売れ始めるにはワケがある

――ネットワーク理論が明らかにする口コミの法則』（高橋啓訳, ソフトバンククリエイティブ, 2007 年）.

第 3 章 コーチングの歴史 時代編

1. Gladwell, M. (2000) *The Tipping Point*. マルコム・グラッドウェル著『急に売れ始めるにはワケがある――ネットワーク理論が明らかにする口コミの法則』（高橋啓訳, ソフトバンククリエイティブ, 2007 年）.
2. Maslow, A. (1998) *Toward a Psychology of Being*. アブラハム・H・マスロー著『完全なる人間――魂のめざすもの』（上田吉一訳, 誠信書房, 1998 年）.
3. Rogers, C. (1980) *A Way of Being*. カール・ロジャーズ著『人間尊重の心理学――わが人生と思想を語る 新版』（畠瀬直子訳, 創元社, 2007 年）.
4. Rogers, C. (1951) *Client-Centered Therapy: Its Current Practice, Implications and Theory*. C・R・ロジャーズ著『クライアント中心療法』（保坂亨, 諸富祥彦, 末武康弘訳, 岩崎学術出版社, 2005 年）.
5. Gallwey, T. (1974) *The Inner Game of Tennis*. ティモシー・ガルウェイ著『新インナーゲーム――心で勝つ！集中の科学』（後藤新弥訳, 日刊スポーツ出版社, 2000 年）.
6. Flaherty, J. (1999) *Coaching: Evoking Excellence in Others*. J・フラーティ著『コーチング 5 つの原則 コーチング選書 01』（桜田直美訳, ディスカヴァー・トゥエンティワン, 2004 年）.
7. Von Foerster, H. (1994) *Ethics and Second-Order Cybernetics*, SEHR 4(2): Constructions of the Mind.
8. Western, D. (2006) *Confirmation Bias* (unpublished), presented to the 2006 Annual Conference of the Society for Personality and Social Psychology.
9. www.secondlife.com/web.
10. Friedman, T. (2005) *The World Is Flat*. トーマス・フリードマン著『フラット化する世界――経済の大転換と人間の未来 普及版』（上 ; 中 ; 下, 伏見威蕃訳, 日本経済新聞出版社, 2010 年）.
11. Kanter, R. Moss. (1983) *The Change Masters: Innovation and Entrepreneurship in the American Corporation*. ロザベス・モス・カンター著『ザ・チェンジ・マスターズ――21 世紀への企業変革者たち』（長谷川慶太郎監訳, 二見書房, 1984 年）.
12. CIPD survey, March 2005, 'Who Learns at Work?'.

第 4 章 インナーゲーム、GROW、コーアクティブ・コーチング

1. Gallwey, T. (1974) *The Inner Game of Tennis*. ティモシー・ガルウェイ著『新インナーゲーム――心で勝つ！集中の科学』（後藤新弥訳, 日刊スポーツ出版社, 2000 年）.
2. Chuang Tzu. (1964) *Basic Writings*, translated by Burton Watson.
3. De Ropp, R. (1968) *The Master Game*.
4. Whitmore, J. (1992) *Coaching for Performance*. ジョン・ウィットモア著『はじめのコーチング――本物の「やる気」を引き出すコミュニケーションスキル』（清川幸美訳, ソフトバンクパブリッシング, 2003 年）.
5. Kolb, D. (1984) *Experiential Learning: Experience as the Source of Learning and Development*.
6. Whitworth, L., Kimsey-House, H. and Sandahl, P. (1998) *Co-Active Coaching*. ヘンリー・キムジーハウス, キャレン・キムジーハウス, フィル・サンダール著『コーチング・バイブル――本質的な変化を呼び起こすコミュニケーション 第 3 版』（CTI ジャパン訳, 東洋経済新報社, 2012 年）.

第 5 章 インテグラル・コーチング

1. Wilber, K. (1995) *Sex, Ecology, Spirituality*. ケン・ウィルバー著『進化の構造』（松永太郎訳, 春秋社, 1998 年）.
2. Wilber, K. (1996) *A Brief History of Everything*. ケン・ウィルバー著『万物の歴史 新装版』（大野純一訳, 春秋社, 2009 年）.
3. Wilber, K. (1999) *One Taste*. ケン・ウィルバー著『ワン・テイスト』（上 ; 下, 青木聡訳, 星雲社, 2002 年）.

4. www.kenwilber.com/web.
5. Gebser, J. (1985) *The Ever-Present Origin*.
6. Beck, D. and Cowan, C. (1996) *Spiral Dynamics*.
7. www.spiraldynamics.org/web.
8. www.claregraves.com/web.
9. Graves, C. (1970) *Levels of Existence: An Open System Theory of Values*, Journal of Humanistic Psychology, November.
10. Gardner, H. (1993) *Frames of Reference*.
11. Goleman, D. (1997) *Emotional Intelligence*. ダニエル・ゴールマン著『EQ——こころの知能指数』(土屋京子訳, 講談社, 1998年).
12. www.discprofile.com/web.
13. www.myersbriggs.org/web.
14. www.birkman.com/web.
15. Gilligan, C. (1982) *In a Different Voice*. キャロル・ギリガン著『もうひとつの声——男女の道徳観のちがいと女性のアイデンティティ』(生田久美子, 並木美智子訳, 川島書店, 1986年).

第6章　NLPコーチング

1. Bandler, R. and Grinder, J. (1975) *The Structure of Magic Volume 1*, Science and Behavior Books.
2. Bandler, R. and Grinder, J. (1976) *The Structure of Magic Volume 2*, Science and Behavior Books.
3. Grinder, J. and Bandler, R. (1975) *Patterns of Hypnotic Techniques of Milton H. Erickson M.D. Volume 1*, Meta Publications. リチャード・バンドラー, ジョン・グリンダー著『ミルトン・エリクソンの催眠テクニック 言語パターン篇』(浅田仁子訳, 春秋社, 2012年).
4. Grinder, J. and Bandler, R. (1976) *Patterns of Hypnotic Techniques of Milton H. Erickson M.D. Volume 2*, Meta Publications. リチャード・バンドラー, ジョン・グリンダー著『ミルトン・エリクソンの催眠テクニック 知覚パターン篇』(浅田仁子訳, 春秋社, 2012年).
5. Perls, F. (1969) *Gestalt Therapy Verbatim*, Real People Press. F・S・パールズ著『ゲシュタルト療法バーベイティム』(倉戸ヨシヤ訳, 2009年, ナカニシヤ出版).
6. Satir, V., Bandler, R. and Grinder, J. (1976) *Changing with Families*, Science and Behavior Books.
7. Erickson, M. and Rossi, E. (1975) *Hypnotic Realities*, Irvington.
8. Berne, E. (1964) *Games People Play*, Penguin. エリック・バーン著『人生ゲーム入門——人間関係の心理学 改訂版』(南博訳, 河出書房新社, 1976年).
9. Bateson, G. (1972) *Steps to an Ecology of Mind*, Ballantine Books. グレゴリー・ベイトソン著『精神の生態学 改訂第2版』(佐藤良明訳, 新思索社, 2000年).
10. Condon, W. (1982) *Cultural Microrhythms*, in M. Davis (Ed.) Interaction Rhythms: Periodicity in Communicative Behavior, Human Sciences Press.
11. Dilts, R. (2003) *From Coach to Awakener*, Meta Publications. ロバート・ディルツ著『ロバート・ディルツ博士のNLPコーチング——クライアントに「目標達成」「問題解決」「人生の変化」をもたらすNLPコーチングの道具箱』(佐藤志緒訳, 田近秀敏監修, ヴォイス, 2006年).

第7章　ポジティブ心理学コーチング

1. Seligman, M. (2003) *Authentic Happiness*. マーティン・セリグマン著『世界でひとつだけの幸せ——ポジティブ心理学が教えてくれる満ち足りた人生』(小林裕子訳, アスペクト, 2004年).
2. Peterson, C. and Seligman, M. (1984) Causal explanations as a risk factor for depression, *Theory and Evidence*

Psychological Review 91 (3).
3. Peterson, C., Seligman, M. and Valliant G. (1988) 'Pessimistic Explanatory Style Is a Risk Factor for Physical Illness: A Thirty Five-Year Longitudinal Study', *Journal of Personality and Social Psychology* 55.
4. Csikszentmihalyi, M. (1991) *Flow: The Psychology of Engagement with Everyday Life*. ミハイ・チクセントミハイ著『フロー体験——喜びの現象学』(今村浩明訳, 世界思想社, 1996 年).
5. Peterson, C. and Seligman, M. (2004) *Character Strengths and Virtues: A Handbook and Classification*.
6. www.authentichappiness.sas.upenn.edu
7. Losada, M. (1999) 'The Complex Dynamics of High Performance Teams: Mathematical and Computer Modeling.' *American Psychologist* 30.
8. Frederickson, B. and Losada, M. (2005) 'Positive Affect and the Complex Dynamics of Human Flourishing', *American Psychologist* 60.

コラム　臨床心理学からポジティブ心理学へ

1. Kauffman, C., Grunebaum, H., Cohler, B. & Gamer, E. (1979). 'Superkids: Competent Children of Psychotic Mothers', *American Journal of Psychiatry*, 136 (11), 1398–1402.
2. Seligman, M.E.P. & Csikszentmihalyi, M. (2000). 'Positive Psychology: An Introduction', *American Psychologist*, 55 (1), 5–14.
3. Gable, S. & Haidt, J. (2005) 'What (and why) is positive psychology?', *Review of General Psychology*, 9 (2), 103–110.
4. Fredrickson, B. & Losada, M. (2005). 'Positive affect and the complex dynamics of human flourishing', *American Psychologist*, 60(7), 678–686.
5. Csikszentmihalyi, M. (1991) *Flow: The Psychology of Engagement with Everyday Life*. ミハイ・チクセントミハイ著『フロー体験——喜びの現象学』(今村浩明訳, 世界思想社, 1996 年).
6. Czikzenthmihalyi, M. (1997) *Finding Flow: The Psychology of Engagement with Everday Life*, Basic Books. ミハイ・チクセントミハイ著『フロー体験入門——楽しみと創造の心理学』(大森弘監訳, 世界思想社, 2010 年).
7. Lopez, S. & Snyder, C. R. (2003) *Handbook of Positive Psychological Assessment: A Handbook of Models and Measures*, American Psychological Association.
8. Seligman, M. E. P., Steen, T., Park N. & Peterson, C. (2005) 'Positive Psychology Progress: Empirical Validation of Interventions', *American Psychologist*, 60 (5), 410–421.
9. Kauffman, C. (2004) 'Toward a Positive Psychology of Executive Coaching', in A. Linley and S. Joseph (eds.), *Positive Psychology in Practice*, Wiley.
10. Kauffman, C. (2006) 'The Science at the Heart of Coaching', in D. Stober and A. Grant (eds.), *Evidence based Coaching Handbook: Putting Best Practices to Work for Your Clients*, Wiley.
11. Kauffman, C. (2007) 'The Practice of Positive Psychology in Coaching.' Invited Keynote Address, to be presented at the Second International Coaching Psychology Conference, British Psychological Society, London, Dec 2007.
12. Peterson, C. & Seligman, M. (2004), *Character Strengths and Virtues*, American Psychological Association.
13. Carver, C.S. & Scheier, M. (2003). 'Optimism', in S. Lopez and C.R. Snyder (eds.), *Positive Psychological Assessment: A Handbook of Models and Measures*, American Psychological Association.
14. Fredrickson, B. (2001). 'The Role of Positive Emotions in Positive Psychology: The "Broaden-and-build" Theory of Positive Emotions', *American Psychologist*, 56 (3), 218–226.
15. Fredrickson, B. (2006). 'The "Broaden-and-build" Theory of Positive Emotions', in F. Huppert, N. Baylis, and B. Keverne (eds.), *The Science of Well-being*, Oxford University Press.

16. Cohn, M. & Fredrickson, B. (2006). 'Beyond the Moment, Beyond the Self: Shared Ground Between Selective Investment Theory and the Broaden-and-build Theory of Positive Emotions', *Psychological Inquiry*, (1), 39–44.
17. Lyubormirsky, S., King, L., & Diener, E. (2005). 'The Benefits of Frequent Positive Affect: Does Happiness Lead to Success?', *Psychological Bulletin*, 131 (6), 803–855.
18. Lopez, S., Snyder, C.R., Magyar-Moe, J., Edwards, L., Pedrotti, J. T., Janowski, K., et al (2004). 'Strategies for Accentuating Hope', in A. Linley and S. Joseph (eds.), P*ositive Psychology in Practice*, Wiley.
19. Snyder, C.R., Harris, C., Anderson, J., Holleran, S., Irving, L., Sigmon, S. et al (1991). 'The Will and the Ways: Development and Validation of an Individual', *Journal of Personality and Social Psychology*, (60) 4, 570–585.

第8章 行動コーチング
1. Zeus, P. & Skiffington, S. (2000) *The Complete Guide to Coaching at Work*.
2. Zeus, P. & Skiffington, S. (2002) *The Coaching at Work Tool Kit*.
3. Skiffington, S. & Zeus, P. (2003) *Behavioral Coaching*.
4. Hicks, M. & Peterson, D. (1999) The Development Pipeline: How People Really Learn, *Knowledge Management Review* 9.
5. Kohn, A. (1993) *Punished by Rewards*, Houghton Miffin. アルフィ・コーン著『報酬主義をこえて』(田中英史訳, 法政大学出版局, 2011 年).
6. Fournies, F. (2000) *Coaching for Improved Work Performance*.

第9章 オントロジカル・コーチング
1. Sieler, A. (2003) *Coaching to the Human Soul*.
2. Flores, F. & Solomon, R. (2001) *Building Trust*. ロバート・C・ソロモン, フェルナンド・フロレス著『「信頼」の研究――全てのビジネスは信頼から』(上野正安訳, シュプリンガー・フェアラーク東京, 2004 年).
3. Maturana, H. & Varela, F. (1987) *The Tree of Knowledge: The Biological Roots of Human Understanding*.
4. Echeverria, R. (2003) *Ontologia Del Lenguaje*.
5. Heidegger, M. (1962) *Being and Time*.
6. Searle, J. (1969) *Speech Acts: An Essay in the Philosophy of Language*. J・R・サール著『言語行為――言語哲学への試論』(坂本百大, 土屋俊訳, 勁草書房, 1986 年).
7. Flaherty, J. (1999) *Coaching: Evoking Excellence in Others*. J・フラーティ著『コーチング5つの原則　コーチング選書01』(桜田直美訳, ディスカヴァー・トゥエンティワン, 2004 年).

第10章 インテグレーテッド・モデル
1. Condon, W. (1982) 'Cultural Microrhythms' in Davis (ed.), *Interactional Rhythms: Periodicity in Communicative Behavior*.
2. Sheldon K. & Elliot, A. (1998) *Not All Personal Goals Are Personal, Personality and Social Psychology Bulletin* 24 (5).
3. Swift, J. (1988) G*ulliver's Travels*, edited by Paul Turner. J・スウィフト著『ガリヴァー旅行記』(坂井晴彦訳, 福音館書店, 1988 年).
4. O'Connor, J. and Lages, A. (2004) *Coaching with NLP*. ジョセフ・オコナー, アンドレア・ラゲス著『NLPでコーチング』(小林展子, 石井朝子訳, チーム医療, 2006 年).

第 11 章　コーチングの効果

1. Stober, D. and Grant, A. (2006) *Evidence Based Coaching Handbook*.
2. Sherpa Coaching Survey, Cincinnati Ohio, available at www.sherpa coaching.com/survey.html.
3. Jarvis, J. (2004) *Coaching and Buying Coaching Services – A CIPD Guide*.
4. Kirkpatrick, D.L. (1994) *Evaluating Training Programs: The Four Levels*.
5. Auerbach, J. (2005) *Seeing the Light: What Organizations Need to Know About Executive Coaching*.
6. Fitz-enz, J. (2000) *The ROI of Human Capital*. ジャック・フィッツエンツ著『人的資本のROI』（田中公一訳，生産性出版，2010年）．
7. www.coachingconsortium.org.
8. Anderson, M. (2001) *Executive Briefing: Case Study on the Return on Investment of Executive Coaching*.
9. Skiffington, S. and Zeus, P. (2003) *Behavioural Coaching*.
10. Laske, O. Can Evidence Based Coaching Increase ROI?, *International Journal of Evidence Based Coaching and Mentoring*, 2(2).

第 12 章　発達コーチング

1. Piaget, J. (1952) *The Origins of Intelligence in Children*.
2. King, P. & Kitchener, K. (1994) *Developing Reflective Judgment*.
3. Wilber, K. (1995) *Sex, Ecology, Spirituality*. ケン・ウィルバー著『進化の構造』（松永太郎訳，春秋社，1998年）．
4. Basseches, M. (1984) *Dialectical Thinking and Adult Development*.
5. Graves, C. (1981) The Emergent, Cyclical Double Helix Model of the Adult Human Biosocial System, handout for presentation to the World Future Society, Boston, Mass., May 20, 1981 (compiled for Dr Graves by Christopher Cowan).
6. Beck, D. and Cowan, C. (1996) *Spiral Dynamics*.
7. Gilligan, C. (1982) *In a Different Voice*. キャロル・ギリガン著『もうひとつの声――男女の道徳観のちがいと女性のアイデンティティ』（生田久美子，並木美智子訳，川島書店，1986年）．
8. Kegan, R. (1994) *In Over Our Heads*.
9. James, W. (1902) *The Varieties of Religious Experience*. ジエームス著『宗教的経験の種々』（佐藤繁彦，佐久間鼎訳，星文館，1914年）．
10. Laske, O. (2005) *Measuring Hidden Dimensions*.
11. Cook-Greuter, S. (2005) Post Autonomous Ego Development, Dissertation presented to the Faculty of the Harvard University Graduate School of Education, available from cookgsu@comcast.net.
12. Torbert, W. (1991) *The Power of Balance: Transforming Self, Society, and Scientific Inquiry*.
13. Koplowitz, H. (1990) *Unitary Consciousness and the Highest Development of Mind*.
14. Loevinger, J. (1987) *Paradigms of Personality*.
15. Kierkegaard, S. (1959) *Journals*, translated by A. Dru.
16. Sheldon, K. and Elliot, A (1998) Not All Personal Goals Are Personal, *Personality and Social Psychology Bulletin* 24 (5).

第 13 章　脱近代主義的コーチング

1. Rossinski, P. (2003) *Coaching across Cultures*.
2. Trompenaars, F. (1997) *Riding the Waves of Culture*. フォンス・トロンペナールス，チャールズ・ハムデン＝ターナー著『異文化の波――グローバル社会、多様性の理解』（須貝栄訳，白桃書房，2001年）．

3. Hofstede, G. (1997) *Cultures and Organizations*.
4. Hall, E. and Hall, M. (1990) *Understanding Cultural Differences*.

第14章　コーチングの未来
1. Grant, A. (2003) Keynote Address at the Coaching Conference, University of Sydney.
2. Eliot, T. S. (1935) Burnt Norton, *Four Quartets*; see online at www.tristan.icom43.net/quartets/norton.html
3. Brooks, Terry (1977) *The Sword of Shannara*. テリー・ブルックス著『シャナラの剣』（上；下，清水ふみ，森野そら訳，扶桑社，2004年）．

［著者］

ジョセフ・オコナー
Joseph O'Connor

ICC（国際コーチング連盟）共同設立者兼ディレクター。マスタートレーナー（ICC）。NLPマスタートレーナー（NLP国際連盟）。マスターコーチアカデミー、ランベント社、ROIコーチングの共同設立者。1996年からイギリス、アメリカ、ヨーロッパ、南米、オーストラリアでトレーニングやコンサルティングを行い、シティバンクやブリティッシュエアウェイ、HPなどでコーチング、エグゼクティブコーチング、トレーニングの実績がある。コーチングやNLPに関する書籍をこれまでに18冊執筆。29の言語に翻訳され、全世界で累計150万部を記録している。著書に『NLP実践マニュアル』、共著に『NLPでコーチング』『NLPのすすめ』（以上、チーム医療）がある。
E-mail: joseph@mastercoachacademy.com

アンドレア・ラゲス
Andrea Lages

ICC共同設立者。マスタートレーナー（ICC）。ランベント社共同設立者兼CEO、ランベント社UK共同設立者兼ディレクター。ICCのコーチ養成トレーニング、NLP資格収録コース、コミュニケーションスキル、システム思考、リーダーシップ、ゴール設定などのトレーニングをアジア、ヨーロッパ、アメリカで行っている。ICC初のブラジル人トレーナーであり、ラテンアメリカ系の唯一のマスタートレーナー。英語、スペイン語、ポルトガル語の3カ国語を用いて、これまでに35カ国500人以上の経営者、役員にコーチングを行っている。共著に『NLPでコーチング』（チーム医療、2006年）がある。
E-mail: andrea@lambent.com

ICC（国際コーチング連盟） The International Coaching Community

ロンドンを拠点とする、世界60カ国6,000名以上の認定コーチを輩出した世界最大規模のプロコーチ会員組織。2001年にジョセフ・オコナーとアンドレア・ラゲスによって、「高水準のスキルと倫理を統合したコーチ」というビジョンのもと設立。

ランベント Lambent

ロンドンに拠点を置く、国際的なコーチング、トレーニング機関。2002年にジョセフ・オコナーとアンドレア・ラゲスによって設立。ヨーロッパ・コーチング・メンタリング協会からヨーロッパ品質賞（EQA）を受賞した世界6社の1つであり、同協会、ICF（国際コーチ連盟）、ICCから認定された唯一の企業。

[訳者]

杉井 要一郎
Yoichiro Sugii

株式会社グレディス代表取締役社長
青山学院大学法学部卒。ICC（国際コーチング連盟）認定トレーナー。サンフランシスコ州立大学客員教授。日本アクションラーニング協会認定ALコーチトレーナー。形而上学博士号。
1978年に赤井電機のカナダ法人を立ち上げたのち、80年代半ばにベンチャー企業設立。バーン社本社副社長兼日本法人会長、アルテミスインターナショナル社長、ポータルソフトウェアジャパン社長を歴任後、外資系IT企業顧問を経て、2004年に経営コンサルタント・エグゼクティブコーチ業を個人事業として始める。2009年に株式会社グレディスを設立。
コーチングや経営コンサルティングにおいて、30年にわたる経営経験とカナダ、ヨーロッパをはじめ、中南米、中近東、アジア全般でのグローバルビジネスノウハウに定評がある。IT、製造、小売、食品等の外資系企業、大手商社、一部上場企業、中小企業の社長、役員にエグゼクティブコーチングを提供。
2011年からICC認定トレーナーとして、エグゼクティブコーチ養成を開始。また2012年からは、青山学院大学経営学部でコーチング講座をICC認定ビジネスコーチと共に担当。

―――――――――――――――――

株式会社グレディス　GLEDIS, Inc.

「リーダーの育成を通じた、企業のグローバル化の支援」をビジョンに掲げ、エグゼクティブコーチング、グローバル経営コンサルテーションを提供。またグローバル経営経験を抽出し、経営ビジネス倫理を核に置いた、メンタリング、コーチング、経営コンサルティング融合の独自エグゼクティブコーチングプログラムを開発。グローバル企業の次期CEO育成や新規事業開発、次世代リーダー育成プログラムとしてクライアントに導入している。

● 英治出版からのお知らせ

本書に関するご意見・ご感想を E-mail (editor@eijipress.co.jp) で受け付けています。
また、英治出版ではメールマガジン、ブログ、ツイッターなどで新刊情報やイベント情報を配信しております。
ぜひ一度、アクセスしてみてください。

メールマガジン：会員登録はホームページにて
Web メディア「英治出版オンライン」：eijionline.com
Twitter / Facebook / Instagram：eijipress

コーチングのすべて
その成り立ち・流派・理論から実践の指針まで

発行日	2012 年 10 月 30 日　第 1 版　第 1 刷	
	2023 年 3 月 10 日　第 1 版　第 5 刷	
著者	ジョセフ・オコナー	
	アンドレア・ラゲス	
訳者	杉井要一郎（すぎい・よういちろう）	
発行人	原田英治	
発行	英治出版株式会社	
	〒 150-0022 東京都渋谷区恵比寿南 1-9-12 ピトレスクビル 4F	
	電話　03-5773-0193　　FAX　03-5773-0194	
	http://www.eijipress.co.jp/	
プロデューサー	山下智也	
スタッフ	高野達成　藤竹賢一郎　鈴木美穂　下田理　田中三枝	
	平野貴裕　上村悠也　桑江リリー　石﨑優木　渡邉吏佐子	
	中西さおり　関紀子　齋藤さくら　下村美来	
印刷・製本	シナノ書籍印刷株式会社	
装丁	英治出版デザイン室	

Copyright © 2012 Yoichiro Sugii
ISBN978-4-86276-152-1　C0034　Printed in Japan
本書の無断複写（コピー）は、著作権法上の例外を除き、著作権侵害となります。
乱丁・落丁本は着払いにてお送りください。お取り替えいたします。